한·일 초등학교 국어 교과서 대조연구

이 저서는 2014년 정부(교육부)의 재원으로 한국연구재단의 지원을 받아 수행된
연구임 (NRF-2014S1A6A4A02024577)

한·일 초등학교 국어 교과서 대조연구

- 어휘, 삽화, 텍스트에 나타난 양국의 사회·문화적 가치관의 차이에 주목하여 -

저자 이미숙·송정식 | 감수 강연실

역락

┃일러두기┃

1) 일본어는 가능한 한 한자로 표기하되, 의미의 유추가 가능한 경우는 한글로 표기한다.
단, 의미의 유추가 어렵거나 한국어와 의미가 다를 경우에는 ( )안에 한국어로 해석
을 붙인다.
- 日本國立國語研究所, 또는 일본국립국어연구소
- 教育語彙データベース(교육어휘 데이터베이스)

2) 일본어 한자는 일본에서 통용되는 약자체를 사용한다.

3) 일본인명은 한글로 성을 표기하고 괄호 안에 한자를 부기한다.
- 스즈키(鈴木, 1972), 李美淑(2012)

4) 지면 제약상 다음과 같이 약기하는 경우가 있다.
- 교과서 : 초등학교 국어 교과서, 한 : 한국, 일 : 일본, 저 : 저학년(1~2학년),
중 : 중학년(3~4학년), 고 : 고학년(5~6학년), 개 : 개별어수, 전 : 전체어수 등

필자의 경험에 비추어 개인의 윤리관 및 가치관은 초등학교 시절의 학교 교육, 특히 도덕과는 물론 국어과의 영향이 크다고 생각한다. 한국이나 일본과 같이, 국가 수준의 교육과정에 근거하여 작성된 교과서의 사용이 의무화되어 있는 나라에서는 더욱 그러하다. 물론, 교과서 이외의 읽을거리가 충분하지 않았던 이전에 비해, 인터넷 등을 통해 다량의 정보에 노출되어 있는 요즘 세대와는 정도의 차이가 있을 것이다. 더구나 이제는 교과서에서 지배 이데올로기나 특정 가치를 노골적으로 강요하기 어렵고 다문화, 다양화시대를 맞이하여 교과서의 수용 폭이 넓어진 것도 사실이다. 한편에서는, 빠른 속도로 늘어나는 다문화 가정 아동, 중국동포, 외국인 아동(특히 일본이라면 재일 한국인 등)을 고려하여 '국어'라는 용어 사용에 대한 재고가 필요하다는 목소리도 나오고 있는 상황이다.

필자는 초등교사로서 국어를 가르친 경험과 일본에서 동남아권 유학생들에게 일본어를 가르친 경험, 그리고 현재 대학에서 일본어를 가르치고 있는 입장에서, 보다 객관적으로 한국어와 일본어를 바라보게 되었다. 무엇보다 개인적으로는 두 아이를 한국과 미국, 중국, 일본에서 초등과정을 수학시키며 그들의 학습과정을 지켜보면서 각국 초등학교의 교육방식 및 국어 교과서에 관심을 가지게 되었다.

특히, 2009년 일본의 오비린대학(桜美林大学)에서 사사키(佐々木倫子) 교수의 대학원 수업을 참관하던 중, 미국과 일본의 국어 교과서를 비교한 이마이(今井, 1990)의 연구를 접하면서 큰 충격을 받았다. 이마이(1990)는 미국과 일본의 교과서에 수록된 텍스트 분석을 통하여 미국은 '창조성과 개성 풍부한 개인'을, 일본은 '따뜻한 인간관계 속의 친절한 일원(一員)'을 지향한다는 결론을 내렸는데, 이는 교과서의 사회·문화적 의미를 재고하게 함과 동시에, 서로간의 이해가 부족한 한국과 일본의 교과서 대조가 필요하다는 것을 깨닫게 해 주었다. 더구나 언어연구자도 사회학자도 아닌 그가 미국에 데려간 자녀들의 학습을 도와주는 과정에서 교과서를 통해 차이를 발견하고 이를 연구로 결실을 맺었다는 점에서 그동안 생각으로만 그쳤던 나 자신의 나태함을 반성하는 계기가 되었다. 때마침 일본 초등학교 6학년에 다니게 된 아이를 돌보는 김에 적극적으로 양국의 국어교육 및 국어 교과서를 연구해보자고 다짐했다.

　본격적으로 일본의 초등학교 수업을 참관하고 6년분 교과서 및 교사용지도서를 수집하여 2009년 말에 돌아와서야 일본 교과서가 2010년 검정을 거쳐 2011년부터 새로이 개정, 사용되기 시작한다는 것을 알았다. 종래의 자율교육(ゆとり教育)에서 전향하여 학습량의 증가를 꾀하는 이른바 탈자율교육(脱ゆとり教育)의 전면 실시를 선언하며 교과서도 평균 25% 증량하여 개정되었다. 한편, 한국은 2007년에 개정된 교육과정이 2년만인 2009년에 다시 개정되었는데, 교육과정과는 별도로 교과서는 '2007 개정 교육과정'에 의거하여 2009년부터 2011년까지 순차적으로 제작된 교과서를 사용하는 등 교육과정 운영상 극심한 혼란기였다. 그러나 결과적으로 2011년은 양국의 초등학교 교과서를 대조 연구하기에 가장 적절한 시기였다고 생각된다.

　참고로, 본 연구에서 분석한 교과서는 다음과 같다.

<한국> 교육과학기술부(2009)『국어 읽기』1-1·1-2, 2-1·2-2
　　　　교육과학기술부(2010)『국어 읽기』3-1·3-2, 4-1·4-2
　　　　교육과학기술부(2011)『국어 읽기』5-1·5-2, 6-1·6-2 (총 12권)
<일본> 光村図書(2011)『こくご』一上·一下, 二上·二下,
　　　　『國語』三上·三下, 四上·四下, 五, 六 (총 10권)

아이러니하게도 본 연구가 종료되기 전에 한국은 2013년부터 1~2학년 교과서를 시작으로 2014년 3~4학년, 2015년 5~6학년을 끝으로, 2016년 현재 '2009 개정 교육과정'에 의거한 교과서 개정을 완결하였다. 일본 역시 2014년 개정되어 2015년부터 새롭게 개정된 교과서가 사용되고 있다. 이미 과거의 산물이 되어버린 교과서에 대한 연구가 되었지만, 교과서가 갖는 시대성 및 역사성은 변함없이 중요한 가치라 생각한다. 더불어 현재 사용중이거나 앞으로 새롭게 개발될 교과서 연구를 위해서도 꼭 필요한 분석 자료가 되어줄 것으로 믿는다.

본 연구는 다음과 같은 독창성을 가진다.

1) '2007 개정 교육과정'에 의거하여 2009년~2011년에 걸쳐 출간된 한국의 초등학교 6년분 국어 교과서와 이른바 '제 7기' 교육과정에 의거하여 2011년에 출간된 일본의 초등학교 6년분 국어 교과서와의 대조가 전무한 상태에서, 양국의 동(同) 시대 국어 교과서의 어휘, 삽화, 텍스트에 나타난 사회・문화적 가치관의 차이를 살펴볼 수 있다.

2) 양국의 국어과 교육과정, 국어과 운영, 수업시수 및 편제 등을 비교함으로써 국어과의 위상을 객관적으로 살펴볼 수 있다. 이와 관련지어 교과서의 분량 분석을 통해 한국 어린이들의 학습 부담을 예측할 수 있다.

3) 계량 언어학적 관점에서 한・일 초등학교 저학년 국어 교과서의 어휘를 품사(品詞), 어종(語種), 어구성(語構成) 측면에서 대조한다.

4) 일본 국립국어연구소의 '分類語彙表'(1964)에 근거하여 양국의 초등학교 저・중・고학년 국어 교과서 어휘(단, 사회・문화적 의미 특징 분석을 위해 체언, 즉 명사, 대명사, 고유명사 등으로 한정)의 '비교 어휘 조사표'를 작성하고 어휘의 의미 분야별 분포에 나타나는 유의차 검증을 통하여 수량적・의미적 차이를 사회언어학적으로 해석한다.

5) '비교 어휘 조사표'는 엑셀 파일로 공개함으로써 교육적, 사회언어학적

으로 다양하게 활용 가능하게 한다.

6) 4)와 연계하여 저학년 교과서 어휘에서 유의차가 가장 극명하게 나타난 인간 및 가족 관련 항목에 주목하여 양국 아동(3학년)의 어휘 사용과 교과서와의 연관성을 밝힌다.

7) 양국의 초등학교 6년분 교과서의 '삽화'에 나타난 등장인물 및 시대, 성차(性差), 타문화 수용, 전통 등의 사회·문화적 가치관의 차이를 밝힌다. 더불어 표현 재료 및 기법에 나타난 차이를 대조함으로써 삽화의 의의에 대하여 재고한다.

8) 양국의 초등학교 6년분 교과서의 '문학텍스트'에 나타난 장르선호도 및 주인공, 시대, 성차, 타문화 수용, 전통, 제재(題材) 등의 사회·문화적 가치관의 차이를 분석하고, 텍스트의 의미에 대하여 재고한다.

9) 양국의 초등학교 6년분 교과서의 '비문학텍스트'에 나타난 장르선호도 및 제재 분석을 통하여 국가별로 인문, 사회, 과학/기술, 생활, 언어, 예술 등 분야에 대한 관심도를 대조한다.

10) 일본 교과서와 상대적으로 대비되는 의의 및 문제점을 지적함으로써, 앞으로 국어 교과서 개발에 활용 가능하며 중·고등학교 국어 교과서와 연계하여 학교 급별 특징 분석을 가능하게 하는 기초자료로서의 역할을 한다. 이전은 물론 향후 제작되는 교과서와의 차이와 변화를 연구하는 통시적 자료로서의 가치가 있다.

11) 한국의 국어 교과서 연구는 대부분 국어 및 국어교육 전공자에 의해 이루어져 왔다. 본고는 일본어 연구자로서의 시각으로 국어 교과서를 객관적으로 볼 수 있다는 점에서 국어 교과서 제작에 새로운 관점을 제공할 수 있을 것으로 본다.

12) 한국어 및 일본어교육을 위한 기초어휘 설정에 바탕이 되며, 영어 및 제2 외국어 교재 제작에 많은 시사점을 제공할 수 있다.

다각도로 아우르는 연구의 필요성을 절감하면서도 호흡이 짧아 엄두가 안 나는 작업을 시작할 수 있었던 것은 순전히 '저술 성과 확산 연구'라는 기회를 마련해준 한국연구재단 덕분이다. 여러 번 후회하면서도 이렇게 부족하나마 작은 마침표를 찍게 해준 한국연구재단에 감사드린다. 그리고 무엇보다 어휘 분석 분야의 전공자로서 연구방법론을 공유하게 해주고 이 책의 집필에 지대한 공헌을 한 공동 집필자인 인하공업전문대학의 송정식 교수의 노고와 가르침에 경의를 표한다.

그밖에 한국의 교과서 연구가 막막했을 때 좋은 지침서가 된 이원희 교수님의 2009년 보고서, 서울시 교육청 장학사 시절부터 교육과정의 변화에 대해 자문을 아끼지 않고 꼼꼼히 감수를 해주신 거여초등학교 강연실 교장선생님, 자칫 일본어에 치우치기 쉬운 한국어의 어휘연구 전반에 걸쳐 자문해 주신 명지대 국어국문학과의 조남호 교수님, 일선 현장의 목소리와 설문조사에 협력해준 초등학교 교사 이미영, 이순호, 이정재 선생님, 일본 고치대 부속초등학교의 와타나베(渡辺晴海) 선생님께 특별히 감사함을 전한다. 또한 연구 초기 단계부터 연구보조원으로 활동해 온 오영경, 김하나, 김이경, 윤민이 조교에게도 감사함을 전한다.

최선을 다했지만 필자의 좁은 시야와 타고난 덜렁거림으로 인해 통계를 정교하게 다루지 못하고, 보다 명쾌하고 통찰력 있는 해석을 내리지 못한 부분은 여전히 아쉬움으로 남는다. 그럼에도 불구하고 본 연구가 양국의 교과서 개발은 물론, 개인 및 사회, 국가 간의 상호 이해에 조그마한 씨앗이 되기를 희망한다.

2017년 2월
책임 저자 이미숙

가깝고도 먼 나라 일본.

이웃나라 일본과 우리나라는 지정학적인 위치로 인하여 교육이념이나 제도, 문화적인 면에서 비슷한 점이 매우 많다. 뿐만 아니라 한국어와 일본어가 모두 알타이어를 근간으로 하는 교착어라는 점에서 언어학적인 공통점도 갖고 있다.

교육제도와 언어적인 측면에서 유사점이 많아 한·일 양국의 국어과 교육을 비교하는 연구가 제법 많이 수행되었을 법하지만 그동안 실제로는 미미한 수준에 불과했다. 졸고『한일 초등학교 국어과 교육과정에서의 국어지식 관련 요소 비교 연구』(2002) 이후, 2~3편 정도의 논문이 검색될 정도로 한·일 초등학교 국어과 교육과정 비교 연구는 그동안 양적인 면에서 큰 성과를 올리지 못하였다. 연구의 질적인 면에서도 국가 수준의 문서상의 교육과정을 단순 비교 분석하는 수준에 그쳐 우리나라 국어과 교육과정에 새로운 시사점을 던져주기 어려웠다.

그러나 이번에 출간되는 이미숙 교수의 공동연구는 문서상의 교육과정 비교는 물론 6년분 초등학교 국어 교과서의 텍스트, 어휘, 삽화, 사회·문화적인 내용까지 비교 분석한 것으로, 오랜 연구 기간에 걸쳐 초등학교 국어과의 모든 것을 총망라하여 연구하였다는 점에서 지금까지의 연구와는 사뭇 다른 수준이었다.

본 연구는 한국과 일본의 초등학교 국어과 교육과정과 교과용 도서를 대상으로 비교·검토함으로써 교육내용 및 체계에 나타난 유사점과 차이점 그리고 사회·문화적인 경향을 밝히고자 한 연구이다. 연구자가 비교 대상으로 선정한 2011년 전후의 우리나라는 그야말로 교육과정의 혼란기였다. 같은 초등학교 내에서도 학년별로 다른 교육과정을 적용하였고, 사용되는 교과서와 교육과정의 불일치 등 그야말로 극도로 혼란스러웠다. 이러한 어려운 연구 여건 속에서 완성된 본 연구는 그래서 더 큰 의미를 지녔다고 볼 수 있겠다. 본 연구의 성과를 자세히 살펴보면 다음과 같다.

첫째, 본서는 한·일 양국 국어 교과서의 어휘, 텍스트를 비롯하여 삽화까지 비교 대상으로 하여 양국의 언어학적, 사회학적, 문화적 차이를 비교했다는 점에서 매우 고무적이라 할 수 있다. 지금까지의 한·일 국어과 교육과정 비교 연구가 문서상의 교육과정을 비교해 보고 그 차이점을 밝히는 데 중점을 두었다면 이번 이미숙 교수의 공동연구는 교육과정의 정신을 실제로 구현한 양국의 교과서를 샅샅이 비교하여 언어학적인 측면뿐만 아니라 사회·문화적 가치의 차이까지 분석해 냈다는 점에서 의미가 크다고 하겠다.

둘째, 한·일 양국의 초등학교 국어과 교육과정을 비교 분석함으로써 양국 초등학교 국어과의 변천을 통해 국어과의 위상 및 향후 국어과 교육과정 편성에 있어 큰 시사점을 제공하였다.

셋째, 국어 교과서에 사용된 삽화의 분량, 표현 재료, 표현 기법 분석 등 다각도로 연구를 수행하여 성비 및 성차, 국가 이데올로기, 가족, 전통 문화에 대한 인식 등 다양한 분야에서 한국과 일본의 사회학적인 특성을 밝혔다.

넷째, 국어 교과서에 수록된 문학, 비문학텍스트의 비교 분석을 통하여 양국의 국어 교육 방법에 대한 의미 있는 제언을 하였다.

교육자의 한 사람으로서 우리나라와 다른 나라의 초등학교 국어과 교육과정 비교 연구는 의미가 있으며, 이러한 연구를 통하여 국어교육의 공통점과 차이점을 발견하고, 그것을 바탕으로 우리나라 초등학교 국어교육의 바람직한 방향을 모색하는 데 참고가 될 수 있을 것으로 생각한다.

　이러한 의미에서 이 연구가 발판이 되어 보다 많은 나라의 초등학교 국어과 교육과정 및 교과서의 비교 연구가 좀 더 활발해지고, 더 나아가 이 논문이 향후 우리나라 초등학교 국어과 교육과정의 내용 선정 및 조직 등에 크게 기여할 수 있게 되기를 바란다.

2016년 8월
서울특별시 교육청 장학사
강연실

차례

I. 서론

1.1 들어가는 글

　'국어(國語)'란 '자기 나라의 말, 나라말'[1), '그 나라에서 공적인 것으로 여겨지는 언어, 그 나라의 공용어(公用語), 자국의 언어'[2)를 말한다. 하지만, 나라마다 '국어'라는 용어가 갖는 의미가 다르고, 여러 언어를 병용(並用)하는 나라에서 공용어를 '국어'로 부를 것인가는 민감한 사안이 될 수 있다. 한국과 일본은 세계에서 예가 드물 정도로 자국의 고유 언어가 공용어이자 '국어'로서 통용되고 있다.[3)

　교육부 『초등학교 교육과정』(2015 : 3-4)에서는 국어를 '대한민국의 공용어로서 사고와 의사소통의 도구이자 문화 창조와 전승의 기반'이라고 정의하고 있다. 즉, 언어 이상의 문화 및 가치관을 계승하는 역할을 부여하고 있음을 알 수 있다. 한국과 일본, 양국의 국어과의 목표 역시, 교과서를 통하여 국어 능력을 기르는 것을 최우선으로 하고 있지만, 이를 통해 공동체의 문화 전승이라는 역할을 중요시하고 있다.[4)

---

1) 두산동아(1997) 『동아새국어사전』.
2) 岩波書店(1998) 『広辞苑』.
3) 현재 다문화 가정이 늘고 있고 일본에서도 재일 한국인, 일본계 브라질인 등을 고려한다면 '국어'라는 용어 사용에 대한 재고가 필요하다는 목소리가 있다. 본서에서는 문제 제기를 하는 데에 그친다.
4) 양국에서 제시하고 있는 국어과의 목표는 다음과 같다.
　・한국 : 국어로 이루어지는 이해・표현 활동 및 문법과 문학의 본질을 이해하고, 의사소통이 이루어지는 맥락의 다양한 요소를 고려하여 품위 있고 개성 있는 국어를 사용하

'교과서'와 관련해서도 나라에 따라 의의와 정책이 다르다. 프랑스와 같이 의무적으로 사용해야 하는 교과서가 없고 학교나 교사의 재량에 맡기는 나라도 있으나[5], 한국과 일본은 정책 및 체제에 차이는 있지만, '초등학교·중학교·고등학교 및 이에 준하는 학교에서, 교육과정(教育課程)의 구성에 따라 작성된, 중심 교재로서의 학생용 도서. 이들 학교에는 의무적으로 교과서를 사용할 의무가 있다.'라는 『広辞苑』(1998)의 정의를 공유하고 있다. 참고로, 일본 문부과학성(文部科學省)에서는 교과서와 관련하여 다음과 같이 명시하고 있다.

> 교과서는 정식으로는 '교과용 도서'라 하며, 초등학교, 중학교, 고등학교, 특별지원학교 등의 학교에서 교과를 가르치는 중심적인 교재로서 사용되는 학생용 도서를 말한다. 우리나라에서는 학교교육에서 교과서의 중요성을 인식하고 원칙적으로 앞에 제시한 학교에서는 문부과학대신(文部科學大臣)의 검정에 합격한 교과서를 사용해야한다. (문부과학성 HP : 2016년 3월 30일 검색, 필자역)

본고에서 다루려고 하는 양국의 국어 교과서 역시, 국어과 교육과정이나 교과서 정책 등에 차이가 있지만, 국어과 교육과정의 목표를 달성하기 위해 교육과정의 구성 내용을 조직·구조화한 기본서로, 의도적이건 그렇지 않건 단순히 언어를 가르치는 것을 넘어, 그 시대, 그 국가 사회에서 필요로 하는 교육목표를 바탕으로 제작되고 있다.

이마이(今井, 1990), 이시하라(石原, 2005, 2009a, 2009 b) 등에서도 지적하고

며, 국어문화를 향유하면서 국어의 발전과 국어문화 창조에 이바지하는 능력과 태도를 기른다. (교육부 2015)
· 일본 : 국어를 적절하게 표현하고 정확하게 이해하는 능력을 육성하여 전달하는 힘을 기름과 동시에, 사고력과 상상력 및 언어감각을 배양하고 국어에 대한 관심을 높여 국어를 존중하는 태도를 기른다. (문부과학성 2010, 필자역)
5) 니노미야(二宮, 2010 : 49-50).

있듯이, 교과서는 사고방식이나 가치관을 의식적으로 가르치는 것이 아니지만, '그 나라, 그 시대가 학생들에게 바라는 이상적인 인생, 사회・문화적 가치관'이 담기기 마련이며, 오히려 교과서의 텍스트에서 보여주는 사고방식이나 가치관이 사회전체에서 암묵적으로 당연한 것으로 인식될 가능성이 있다고 보는 것이 일반적이다. 이시하라(石原, 2009 b)는 이를 '소프트한 이데올로기의 정착'이라고 표현하고 있다. 결국, 국어 교과서가 양국의 사회・문화적 가치관을 파악할 수 있는 도구가 된다는 점은 새삼 설명할 필요가 없을 것이다. 더구나, 교과서는 추상적인 교육과정을 구체화한 것이라는 점에서 교과서 분석은 곧 교육과정에서 지향하는 의도와 목표를 연구하는 것이라고도 말할 수 있을 것이다.6)

양국 모두 오랫동안 국어 교과서가 '도덕적 사상'을 강요한다고 보고 학생들에게 특정 고정관념이나 사상을 주입해서는 안 된다는 비판을 해왔고 이러한 비판이 어느 정도 충실히 반영되어 왔다고 평가할 수 있다. 이에 대하여는 본서를 통해 양국의 교육과정 개정 시기별 교과서의 삽화 및 어휘, 텍스트 등을 분석하는 것으로도 확인할 수 있다.

본서는 2011년 현재, 한국과 일본에서 사용 중인 초등학교 6년분 국어 교과서를 분석하여 양국의 사회상 및 사회・문화적 가치관의 차이를 밝히려는 데에 그 목적이 있다.

교과서의 사회・문화적 가치관은 '텍스트(Texts, 바탕글)' 및 '어휘(語彙)', '삽화(插繪)' 등을 통하여 표출된다는 점에서, 이에 주목한다. 더불어 교육과정 및 국어과의 위상 분석을 통해 총체적으로 이해하고자 한다. 본서가 양국의 교과

---

6) 교육과정과 교과서와의 관계에 대하여 이주섭(2009 : 127-128)에서는 두 가지로 나누어 설명하고 있다. 첫째는 교과서=교육과정의 관계(닫힌 교과서관)로 보는 것이고, 둘째는 교과서=교육과정의 재해석의 관계(열린 교과서관)로 보는 것이다. 후자는 교과서가 추상적인 교육과정을 교사와 학생이 이해할 수 있도록 구체화한 것이며 경우에 따라서는 교육과정의 정신과 사용자 맥락을 고려하여 교육과정을 재해석하여 변형한 자료라고 보는 것이다.

서에 나타난 유사 상이점, 특징을 대조함으로써 서로의 이해에 도움이 됨과 동시에 앞으로 양국의 교과서 개발에 조금이나마 일조했으면 한다.

1.2 연구의 필요성 및 배경

2011년 현재, 한국의 초등교육은 미시적인 교육과정 운영으로 인한 극심한 혼란 속에 단기간에 교과서가 개정되고 있다. 2007년 공표한 '2007 개정 교육과정'에 의해 교과서가 개정된 지 2년만인 2009년에 또 다시 '2009 개정 교육과정'이 발표되었고, 2011년부터 1~2학년을 시작으로 '2009 개정 교육과정'이 연차적으로 적용되었다. 그러나 교과서는 일부 교과 운용을 변경하면서 기존의 것을 그대로 사용하도록 하는 등, 교육과정과 교과서가 일치하지 않는 혼란기에 놓여 있었다. '교육과정의 재해석'7)이라고도 할 수 있는 교과서가 이처럼 단기간 내에 나오게 되면서 '준비되지 않은 교과서'8)라는 비판을 받은 것도 당연한 결과이다.

국어 교과서는 급변하는 사회구조 속에서 그 언어의 가장 기초적인 자료이자, 그 사회의 문화와 가치관을 대변한다. 소강춘(2004)에서는 '국어 교과서는 국가, 사회의 요구와 학생들의 지적 수준, 교육여건 등이 고려된 최선의 국어자료들이 모아진 결정체'이어야 한다고 역설하고 있다. 과연 양국의 교과서는 어떠한지 의문이 간다. 본고에서는 한국과 일본의 6년분 국어 교과서(이하, 교과서)의 어휘, 삽화, 텍스트 분석을 통하여 등장인물, 시대, 성차(性差), 타문화 수용, 전통과 관련된 실상을 조사하고, 이에 나타난 사회·문화적 가치관의 차이를 연구하고자 한다.

이를 위해서는 '교육과정 및 국어과의 위상 연구' 및 '계량 언어학적 연

---

7) 이주섭(2009).
8) 박만용(2010).

구'를 바탕으로, ⓐ텍스트 분석, ⓑ어휘의 의미 분야별 분포 분석, ⓒ삽화의
양적·질적 분석을 통하여 종합적으로 결론을 내리고자 한다.

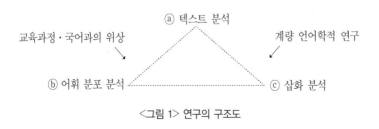

<그림 1> 연구의 구조도

1.3 양국의 교육과정 변천

1.3.1 교육과정이란

교육과정(教育課程, Curriculum)의 의미는 학자에 따라서 그 해석이 다양하나
본서에서는 '초·중등학교의 교육 목적과 교육 목표를 달성하기 위한 국가
수준의 교육과정'이라는 의미로 사용하고 있다.[9]

현행 한국의 '2009 개정 교육과정'에서는 '전국의 초·중등학교에서 어
떤 내용과 방법으로 교육을 해야 할 것인지를 제시한 설계도이며 기본적
인 틀'이라고 정의하고 있다. 『広辞苑』(1998)에서도 '교육과정은 바람직한
학습이 전개되도록 배려하여 만들어진 것으로, 학교의 교육내용 조직, 교
과, 과목 등 지도영역을 설정하고 교재를 선택, 배열함으로써 편성되는
것'이라고 정의하고 있다. 좁게는 특정 교과의 체계적인 조직으로, 넓게는

---

9) 교육인적자원부(2007).

국가 수준에서 학교를 비롯한 교육기관에서 지켜야할 교육계획을 정하고
이에 따라 일정한 교과목을 학생들에게 교육하도록 하는 활동의 조직이라
볼 수 있다.[10]

일본의 교육과정은 '학습지도요령(學習指導要領)'이라 부르는데, 이는 '학
교 교육 시행 규칙'을 근거로 문부과학성이 정한 것으로, '초등학교, 중
학교, 고등학교의 교육과정 편성, 각 교과, 도덕, 특별활동의 목표 및 내
용, 수업시수, 각 교과 등의 지도 계획 작성의 배려사항 등'에 관한 국가
수준의 기준이다. 즉, 전국의 어느 지역에서 교육을 받아도 일정수준 이
상의 교육을 받도록 학교교육법 등에 근거하여 각 학교에서 교육과정(좁
은 의미)을 편성할 기준을 정한 것으로, 각 학교에서는 학습지도요령과 연
간 표준 수업시수 등에 의해 지역과 학교 실태에 따라 교육과정을 편성
하고 있다.

2011년 현재, 한국의 '2009 개정 교육과정'에서는 학년 간, 교과 간의 틀
을 허무는 탄력적 운영이 시도되고 있다. 이는 한국에 교육과정이 처음 도
입된, 20세기 중반에는 생각도 할 수 없었던 획기적 시도이자 유연성이라
할 수 있다. 그러나 교육과정은 '시대적 변화를 반영하여 끊임없이 진화되
어야 하며, 때로는 시대를 앞서가는 변화를 이끄는 선도적 역할을 해야 한
다'[11]는 이상(理想)과는 별개로, '교육과정은 학교 교육의 기본 설계도라 하
지만, 교육의 질은 교육과정의 질을 넘지 못한다, 즉 교육과정이 교육의 핵
심이라는 것을 의미한다.'[12]라는 현실(現實) 역시 공존한다.

본서에서는 초등학교의 국어과 교육과정에 초점을 맞추어 교육과정 개정
변천을 살펴보고, 이중 본고의 연구대상인 교과서와 관련된 교육과정에 대

---

10) 한국에서는 교과과정 또는 학과과정이라 불리어오다가, '교육과정'이라는 공식용어로 사
  용하게 된 것은 1954년 4월에 공포된 초등학교·중학교·고등학교·사범학교의 '교육
  과정 시간배당 기준령'에서 비롯된다. (『한국민족문화 대백과사전』1991).
11) 김승익(2010 : 2).
12) 소진형(2010 : 1).

하여 중점적으로 살펴본다.

1.3.2 한국과 일본의 교육과정 대조

한국에서는 8·15광복 후 미군정(美軍政) 하의 학무국에서 교수요목(教授要目)을 제정하던, 이른바 교수요목기(教授要目期)를 지나 정부수립 및 6·25 전쟁을 거친 1955년에 이르러, 정식으로 자주적인 교육과정이 제정·공포되었다(제 1차 교육과정). 그 이후 일곱 번의 개정과 수차례에 걸친 수시 개정을 거쳐 오늘날에 이르렀다.

<표 1>은 이를 간략하게 표로 제시한 것이다. 본고의 연구 대상인 국어교과서와 관련이 있는 시기는 '2007 개정 교육과정' 및 '2009 개정 교육과정'이다. 편의상, 2011년 현재를 기준으로 하여, 음영으로 표시한 '2009 개정 교육과정'을 분석 대상으로 한다. 자세한 설명은 1.5.3을 참조 바란다.

<표 1> 한국의 교육과정 제·개정

차수	제·개정	실시
제 1차 교육과정	1954년	1954년~1963년
제 2차 교육과정	1963년	1964년~1973년 (시차 적용)
제 3차 교육과정	1973년	1973년~1981년 (시차 적용)
제 4차 교육과정	1981년	1982년~1988년 (시차 적용)
제 5차 교육과정	1987년	1989년~1994년 (시차 적용)
제 6차 교육과정	1992년	1995년~2001년 (시차 적용)
제 7차 교육과정	1997년	2000년~2008년
2007 개정 교육과정	2007년	2009년~2011년
2009 개정 교육과정	2009년	2011년~2016년
2015 개정 교육과정	2015년	2017년~

'제 4차 교육과정'까지는 아래와 같이 정치적인 변혁과 큰 관련이 있고, '국가가 고시한 교육과정 문서'를 의미하는 하향식 중앙집권적 특징을 보이고 있다고 볼 수 있다.

- 제 1차 교육과정(1954) : 정부수립 및 6·25전쟁
- 제 2차 교육과정(1963) : 5.16 군사정변
- 제 3차 교육과정(1981) : 산업화사회에서 국민 자질 함양과 인간 교육 강조
- 제 4차 교육과정(1987) : 제 5공화국 출범

1.3.2.1 한국의 교육과정

한국은 1992년, '제 6차 교육과정'에서 비로소 교육과정의 편성과 운영에서 국가, 지역, 학교의 역할과 책임을 명시하는 변화를 보였고, 상향식 접근방식, 만들어가는 교육과정, 교사 참여 교육과정, 학교 수준의 교육과정을 강조하게 되었다[13]. 즉, 종전의 중앙집권형 교육과정을 지방분권형으로 전환하고 단위 학교의 자율성을 부여했다는 데에 그 특징이 있다.

2000년부터 실시된 '제 7차 교육과정'에서는 1학년에서 10학년(고1)까지를 교과·재량활동·특별활동으로 구성된 '국민공통 기본교육기간'[14]으로 삼아 연계된 교육과정을 운영하고, 단위학교에 자율성을 부여했다. 이때부터 종전에 '전면 개정(改定)'으로 이루어져 왔던 교육과정 개정 체제를, 사회적 변화를 반영해야 한다는 요구 아래 '수시 개정' 체제로 바꾸게 되었다.

수시 개정 체제하에 2007년에 개정된 '2007 개정 교육과정'에 의해 2009년부터 교과서가 학년별로 시차를 두고 개정되었는데,[15] 2009년에

---

13) 소진형(2010 : 1) 참조.
14) '2009 개정 교육과정'부터는 '공통교육과정'으로 용어가 변경되었고, 기간도 초등학교 1학년부터 중학교 3학년까지로 1년 축소되었다.

또 다시 교육과정이 개정되고[16], 2013년부터 '2009 개정 교육과정'의 적용을 받는 교과서로 바뀌었다. 이는 부득이한 조치이겠지만 이를 예측하지 못했다는 것은 커다란 오점으로 남는다. 참고로, 짙은 글씨로 표시한 교과서가 본고의 연구대상이다.

· 2009년 3월 1일 : **초등학교 1, 2학년**
· 2010년 3월 1일 : **초등학교 3, 4학년**, 중학교 1학년
· 2011년 3월 1일 : **초등학교 5, 6학년**, 중학교 2학년, 고등학교 1학년
· 2012년 3월 1일 : 중학교 3학년, 고등학교 2학년
· 2013년 3월 1일 : 고등학교 3학년

(교육인적자원부 2007)

'제 7차 교육과정' 개정 이후 네 번째로 개정된 교육과정이 '2009 개정 교육과정'(2009)이다. 이 시기에는 '미래사회가 요구하는 창의적이고 경쟁력 있는 인재양성'을 위해서 '교육과정 자율화방안'을 적용한 것으로, '교과군(敎科群)' 및 '학년 군제'가 도입되었다. 여기서 '교과군'은 공통 교육과정(초1~중3)의 교과를 교육 목적상의 근접성, 학문 탐구대상 또는 방법상의 인접성, 생활양식에서의 연관성 등을 고려하여 교과군으로 재분류한 것을 의미하며, 사회/도덕, 과학/실과, 예술(음악/미술)등이 이에 해당한다. '학년군'은 교육과정 편성 운영의 경직성을 탈피하고 학년 간 상호 연계와 협력을 통하여 교육과정의 유연성을 부여하고자 시도한 것으로 1~2학년, 3~4학년,

---

15) 본고에서는 2011년 현재 양국의 교육과정을 비교하고 있다. 이 시기 한국은 '2009 개정 교육과정'(2009)이며, 일본은 '신학습지도요령'(2010)이 적용되고 있었다. 문제는 본고에서 연구하는 한국의 교과서가 2011년 현재 사용되고는 있지만, 2007년에 개정된 '2007 개정 교육과정'에 의거하여 개발되었다는 점이다. 그러나 2011년 현재, 일본과 시대적으로 맞추어 대조하기 위해 '2009 개정 교육과정'을 선택하였다. 더불어, 졸고(2012, 2013)에서 사용한 일본의 교육과정은 2011년 도쿄의 모 초등학교로부터 받은 자료에 의거했으나, 이전의 교육과정에 의한 것으로, 신학습지도요령(2010)과는 수업시수 등에 약간의 차이가 있음을 밝힌다. 뒤늦게나마 정정한다.
16) 교육과학기술부(2011).

5~6학년 등 3개 학년군으로 구분하고 있다.[17]

특히, '2009 개정 교육과정'의 주요 개정 내용은 학년군, 교과군을 통한 집중이수제 외에도, 특별활동과 창의적 재량활동을 통합한 창의적 체험활동의 도입, 교과(군)별 수업시수의 20% 증감을 허용하는 교육과정 자율권 확대라 할 수 있다.

1.3.2.2 일본의 교육과정

일본은 제 2차 세계대전 직후인 1947년, 교사를 위한 안내서 수준의 시안(試案)으로 학습지도요령을 정했고, 1958년 '제 2기' 이후, 국가적인 기준 및 구속성을 가지게 되었다. 이후, 각 시기의 사회정세나 교육사조에 따르면서 약 10년 주기로 개정되어 왔다.[18] <표 2>는 이를 간략하게 표로 제시한 것이다. 본고와 관련이 있는 시기는 음영으로 표시한 '제 7기'이다.

<표 2> 일본의 교육과정 제·개정[19]

차수(임의)	제·개정	실시
최초 학습지도요령	1947년	1947년~1948년(시차 적용)
제 1기	1951년	1951년
	1955년(초·고), 1956년(중)	1956년
제 2기	1958년(초·중), 1960년(고)	1961년~1963년(시차 적용)
제 3기	1968(초), 1969년(중), 1970년(고)	1971년~1973년(시차 적용)
제 4기	1977년(초·중), 1978년(고)	1980년~1982년(시차 적용)
제 5기	1989년 (초·중·고)	1992년~1994년(시차 적용)
제 6기	1998년(초·중), 1999년(고)	2002년~2003년(시차 적용)

---

17) 교육과학기술부(2009).
18) 문부과학성 HP「現行學習指導要領·生きる力」(2016년 1월 15일 검색).
19) 문부과학성 학습지도요령(2010), 하야마(羽山, 2015)(http：//kohokens5.pf-x.net/cgi-bin/ alist.cgi?index＝nen&year＝2006 (2016년 1월 20일 검색)).

일부 개정	2003년(초·중·고)	-
제 7기	2008년(초·중), 2009년(고)	2011년~2013년(시차 적용)
일부 개정	2015년	2018년~2019년(시차 적용)

1998년, '제 6기'에는 '자율교육(ゆとり教育)'을 지향하였으나 2011년, '제 7기'부터 다시 학력 중시로 노선을 바꾼 새로운 학습지도요령에 입각하여 국어, 사회 등의 수업시수를 10% 증량한 바 있다.

1.4 양국의 국어 교과서 정책

한국의 초등학교 국어 교과서는 '국정(國定)' 1종으로, 특정 기관에 위탁하는 '위탁제(委託制)'로 제작되어 왔다. 단, 본고의 연구 대상인 '2007 개정 교육과정'에 의해 제작된 초등학교 6년분 국어 교과서는 이전의 교과서와 달리, 기존의 위탁제에서 여러 기관이나 대학 등의 단체의 응모를 받고 그 중 하나를 선정하여 개발하도록 하는 '공모제(公募制)'로 전환되어 개발된 첫 교과서이다. 2007년 1~2학년, 2008년 3~4학년, 2009년 5~6학년 교과서 공모가 이루어졌는데, 한국교원대학교와 서울교육대학교의 컨소시엄으로 구성된 팀이 선정되었다.[20] 집필진과 관련해서는 '2.2 국어 교과서의 집필자'에서 다루기로 한다.

한국은 실험본 교과서를 시범적으로 사용해 본 후 문제점을 개선하여 완성본 교과서를 만드는 방식을 취하고 있다. 즉 시·도 교육청별로 실험본 교과서 현장 적합성 검토 연구학교를 운영하고, 운영 결과 및 교사 의견 수렴 과정을 거쳐 내용을 수정 보완하여 교과서를 발간하게 된다.

---

20) 이주섭(2009 : 117-118) 참조.

한편, 일본의 초등학교 국어 교과서는 '검정제(檢定制)'로, 매회 15종 내외
가 선정된다. 검정 신청이 있으면 교과서 검사관에 의해 조사가 개시됨과
동시에 '교과용 도서 검정 조사 심의회'에서 학습지도요령 및 검정 기준에
근거하여 심의하여 판정한 후, 문부과학대신(文部科學大臣)에게 보내면 그 결
과를 통지한다. 수정이 필요한 경우에는 결정을 유보하고 검정 의견을 통지
하면, 통지를 받은 신청자는 검정 의견에 따라 수정한 내용을 '수정표'대로
제출하는 형식이다. 단, 불합격인 경우는 사전에 그 이유를 통지하고 반론
하는 기회를 주며, 검정 의견에 대해 이의가 있는 경우에도 의견을 낼 수
있다. 이처럼 신청자의 권리가 존중됨과 동시에 신중한 검정이 이루어지도
록 조직되어 있다. 이러한 시스템은 이미 매뉴얼화되어 4년마다 안정적인
개정이 이루어지고 있다.

4년에 걸쳐 이루어지는 교과서 개정의 기본적인 흐름은 다음과 같다.21)

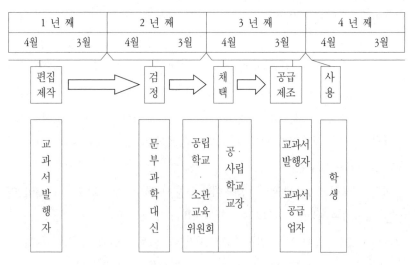

<그림 2> 일본의 검정 교과서가 사용되기까지의 기본적인 흐름

---

21) http://www.mext.go.jp/a_menu/shotou/kyoukasho/010301.htm (문부과학성 HP, 2016년 12
월 20일 검색, 필자역).

즉, 민간 교과서발행자가 학습지도요령 및 교과용 도서 검정 기준 등에 의거하여 제작한 후 검정을 신청하면, 문부과학대신의 검정을 거쳐야 비로소 학교에서 교과서로서 사용될 자격을 얻는다. 검정이 끝난 여러 교과서 중, 학교에서 사용할 1종의 교과서를 채택하게 되는데, 그 권한은 공립학교는 소관 교육위원회에, 국립이나 사립은 교장에게 있다. 문부과학대신은 보고된 교과서수를 각 발행자에게 지시한다. 이 지시를 받은 발행자는 교과서를 제작하여 공급업자에게 의뢰하여 각 학교로 보내게 된다.

<표 3>은 일본의 초등학교 교과서의 검정 및 채택 주기이다. 참고로, 음영으로 표시한 부분은 본고의 연구대상 교과서가 사용된 시기이다.

<표 3> 일본 초등학교 교과서의 검정·채택 주기[22)

	2009	2010	2011	2012	2013	2014	2015	2016	2017
검정	◎				◎				◎
채택		△				△			
사용 개시	○		○				○		

◎ : 검정년도
△ : 전년도 검정에서 합격한 교과서의 채택이 처음으로 이루어지는 해
○ : 사용 개시 연도(초등학교 및 중학교는 원칙적으로 4년마다 이루어짐)

1.5 양국의 국어과 시간 기준 배당

1.5.1 한국의 국어과 시간 기준 배당

'2007 개정 교육과정'[23)과 달리 '2009 개정 교육과정'에서는 '교과군제'(3~6학년)를 도입하였다. 즉, 저학년을 제외하고 종래 10과목이었던 것이

---

22) 각주 21)과 같음.
23) 다음은 '2007 개정 교육과정'에 의한 시간 기준 배당이다.

<표 4>와 같이 7개 교과군으로 묶이게 되고 특정 학기 및 학년에 집중 이수할 수 있으며 학교에 교과별 수업시수를 20% 증감할 수 있는 자율권이 부여되었다. 단, 예술(음악/미술), 체육, 창의적 체험활동은 감축이 불가하고, 증가만 가능하도록 하였다.

<표 4> 한국의 '2009 개정 교육과정'에서 도입된 교과군

2007 개정	국어	도덕	사회	수학	과학	실과	체육	음악	미술	영어
2009 개정	국어	사회/도덕		수학	과학/실과		체육	예술 (음악/미술)		영어

<표 5>는 2011년 시행되기 시작한 '2009 개정 교육과정'에 의한 시간 기준 배당을 제시한 것이다.[24] 한국은 학교 재량으로 학년 군별로 2개 학년

(교육인적자원부 2007, 합계는 필자)

구분		1학년	2학년	3학년	4학년	5학년	6학년	합계
교과	국어	국 어 210 238		238	204	204	204	교과 시수 5,126 (국어과 시수 1,298)
	도덕			34	34	34	34	
	사회	수 학 120 136		102	102	102	102	
	수학			136	136	136	136	
	과학	바른생활 60 68		102	102	102	102	
	실과			-	-	68	68	
	체육	슬기로운생활 90 102		102	102	102	102	
	음악	즐거운생활 180 204		68	68	68	68	
	미술			68	68	68	68	
	외국어	우리들은 1학년 80		34	34	68	68	
재량활동		60	68	68	68	68	68	702
특별활동		30	34	34	68	68	68	
총 수업시간		830	850	986	986	1,088	1,088	5,828

· 34주를 기준으로 한 연간 최소 수업 시간수(합계가 아님)
· 3~6학년은 주 5일 수업에 따라 감축된 수업 시간수(교과 수업 시간 중 연간 34시간의 범위 내에서 감축 운영)
· 초등학교 1시간 수업은 40분(실정에 맞도록 조정 가능)
24) 교육과학기술부(2009).

씩 탄력적으로 운영하도록 하고 있다. 학년군 및 교과 군별 시간 배당은 2
년간의 기준 수업시수를 나타낸 것으로, 학년 군별 '수업시수'는 최소 수업
시수를 나타낸다. 창의적 체험활동은 자율 활동, 동아리 활동, 봉사 활동,
진로 활동으로 한다고 명시하고 있다.

<표 5> 한국의 '2009 개정 교육과정'의 시간 기준 배당

(교육인적자원부 2009, 합계는 필자)

구분		저학년	중학년	고학년	합계
교과(군)	국어	국 어 448	408	408	교과 시수 5,148 (국어과 시수 1,264)
	사회/도덕		272	272	
	수학	수 학 256	272	272	
	과학/실과	바른생활 128	204	340	
	체육	슬기로운 생활 192	204	204	
	예술(음악/미술)	즐거운 생활 384	272	272	
	영어		136	204	
창의적 체험활동		272	204	204	680
학년 군별 계		1,680	1,972	2,176	5,828

· 이 표에서 1시간 수업은 40분을 원칙으로 하되, 기후 및 계절, 학생의 발달 정도, 학습
  내용의 성격 등과 학교 실정을 고려하여 탄력적으로 편성 운영할 수 있다.
· 학년군 및 교과(군)별 시간 배당은 연간 34주를 기준으로 한 2년간의 기준 수업시수를
  나타낸 것이다.
· 3~4학년의 국어과 기준 수업시수는 주 5일 수업에 따라 감축된 시간수이므로 학교에서는
  442시간을 기준 수업시수로 운영할 수 있다.

앞의 각주 23)에 제시한 '2007 개정 교육과정'과 비교하면 국어과는 중학
년에서 오히려 36시수가 줄었고 다른 학년군에서는 변화가 없다. 그러나 위
<표 5>의 하단에 제시한 바와 같이 중학년에서는 442시간을 기준 수업시
수로 운영할 수 있다고 명시하고 있다.

참고로 2016년 현재 적용중인 '2015 개정 교육과정'의 시간 기준 배당에
서는 1~2학년(군) 창의적 체험활동에 '안전한 생활'이 64시수 추가되어 수

업시수가 1,680시수에서 1,744시수로 증가하였다. 결과적으로 총 수업시수
가 5,892시수로 변경된 것 이외에는 달라진 바가 없다.25) (본서에서는 '2015
개정 교육과정'에 대하여는 다루지 않는다.)

1.5.2 일본의 국어과 시간 기준 배당

일본은 1998년 자율교육(ゆとり教育)을 지향하여 교육과정을 개정하고
2002년부터 전면 실시하였다.26) 주입식이 아닌 스스로 배우고 스스로 생각
하는 힘을 육성하는 교육으로 전환을 시도하였고, 주 5일제를 전면 실시하
면서 교육내용을 30% 삭감한 바 있다. 이는 1989년 개정 이후 1992년부터
실시된 '제 5기'에서 수업시수가 5,785시수였던 것이 이 시기에 5,367시

---

25) 교육부 고시 제 2015-74호(2015) 『초등학교 교육과정』, pp.3-5.
26) 다음은 1998년에 개정한 일본의 '제 6기' 교육과정에 의한 시간 기준 배당이다.

(학습지도요령 1998, 학년 군별 계 및 합계, 번역은 필자)

구분		1학년	2학년	3학년	4학년	5학년	6학년	합계
교 과	국어	272	280	235	235	180	175	교과 시수 4,519 (국어과 시수 1,377)
	사회			70	85	90	100	
	산수	114	155	150	150	150	150	
	이과			70	90	95	95	
	생활	102	105					
	음악	68	70	60	60	50	50	
	미술	68	70	60	60	50	50	
	가정					60	55	
	체육	90	90	90	90	90	90	
도덕		34	35	35	35	35	35	848
특별활동		34	35	35	35	35	35	
종합적 학습시간				105	105	110	110	
학년 군별 계		1,622		1,855		1,890		5,367

출전: http://www.mext.go.jp/a_menu/shotou/cs/1319941.htm (문부과학성 HP, 2016년 1월 20일 검색)

수[27]로 줄어든 것을 보아도 알 수 있다. 이 시기에 신설된 '종합적 학습시간'도 2003년 일부 개정이 있었지만, 2011년 개정될 때까지 실시되었다. <표 6>은 이 시기의 시간 기준 배당을 제시한 것이다.

일본은 2010년 3월, 새로이 교육과정을 발표하였는데, 이는 앞서 소개한 대로 학생들의 학업부담을 줄이고자 도입했던 이른바 2002년부터 실시된 '자율교육'을 수정하려는 의도였다. 즉, 학생들의 '학력저하'가 그 원인으로, 2004년 실시된 'PISA(Program for international Student Assessment, 국제 학습도달도 조사)'에서 OECD 41개국 중, 전체 순위가 2000년의 8위에서 14위로 하락했다는 사실과 직접적으로 연관이 있다. PISA의 결과와 관련하여 이시하라(石原, 2005)에서는 일본의 초등학생은 '단순 독해'는 문제가 없지만, '자유 기술', '비평'과 관련된 문제에서 정답률이 낮거나 무응답 비율이 상대적으로 높다는 사실을 밝히고 이는 이제까지의 교육방법의 문제이며, 정보 해독이 아닌 도덕이나 교훈을 주입하려는 데에서 오는 일본의 국어교육의 문제점이라 비판한 바 있다.

일본은 2011년 실시된 '제 7기' 개정에서 사고력과 활용능력을 기르고자 국어과 수업시수를 늘렸는데, 이를 저학년 국어에 배정하였다. 더불어, 초등학교 전(全) 학년 국어 교과서의 양도 평균 25% 증량하였다.[28] 이번 개정의 목적은 국어교육, 정확하게는 읽기 능력의 강화인 것이다. <표 6>은 '제 7기' 교육과정에 준한 일본의 시간 기준 배당을 제시한 것이다. 각주 26)의 일본의 '제 6기' 교육과정의 시간 기준 배당과 비교 바란다.

---

27) 각주 26) 참조.
28) asahi.com(2010년 3월 31일), 每日新聞(2010년 3월 31일).

<표 6> 일본의 '제 7기' 교육과정의 시간 기준 배당

(新學習指導要領 2010, 학년군별 계 및 합계, 번역은 필자)

구분		1학년	2학년	3학년	4학년	5학년	6학년	합계
교 과	국어	306	315	245	245	175	175	교과 시수 4,877 (국어과 시수 1,461)
	사회			70	90	100	105	
	산수	136	175	175	175	175	175	
	이과			90	105	105	105	
	생활	102	105					
	음악	68	70	60	60	50	50	
	미술	68	70	60	60	50	50	
	가정					60	55	
	체육	102	105	105	105	90	90	
도덕		34	35	35	35	35	35	
외국어활동						35	35	
종합적 학습시간				70	70	70	70	768
특별활동		34	35	35	35	35	35	
학년 군별 계		1,760		1,925		1,960		5,645

(2008년 3월 문부과학성, 학교교육법시행규칙, 별표 제 1(제 51조 관련))

이전에 비해 국어 · 사회 · 산수 · 이과 · 체육의 수업시수를 10% 정도 증가시키고, 주당 시수를 저학년에서는 주당 2교시, 3~6학년에서는 주당 1교시 늘렸다. 이에 따라 국어과는 실제적으로 저학년 69시수, 중학년 20시수, 고학년 5시수가 증가되었다.

1.5.3 양국의 국어과 시간 기준 배당 대조

양국의 교육과정에 나타난 국어과 시수를 대조하기에 앞서, 해결해야 할 문제가 있다.

앞서 서술한 바와 같이, 한국의 경우 2011년에는 '2009 개정 교육과정'의

적용을 받으나 1~2학년(군) 교과서는 2007 개정 교과서를 그대로 사용하고 있었다. 반면, 3~6학년에 사용 중인 교과서 역시 '2007 개정 교육과정'에 의해 제작된 것이나 '2009 개정 교육과정'의 적용을 받고 있었다. 즉, 3~6학년 교과서에 적용된 교육과정을 대상으로 하려면 한국은 '2007 개정 교육과정'을 사용하여야 하지만,[29] 2011년 현재 '2009 개정 교육과정'의 총론을 사용하게 되므로 이를 대상으로 한다. 2013년이 되어서야 비로소 1~2학년(군)이 2009 개정 교과서를 사용하게 되고 2014년은 3~4학년, 2015년은 5~6학년이 '2009 개정 교육과정'에 맞추어 개정된 교과서를 사용하게 된 것이다.

다음 <표 7>은 한국의 교육과정과 교과서 개정을 알기 쉽게 정리한 것이다. 본고의 연구대상은 음영으로 나타낸 부분이다.

<표 7> 한국의 초등학교 교육과정 적용 및 교과서 개정

연도	1학년	2학년	3학년	4학년	5학년	6학년
2009년	2007 개정 (2007 교과서)		7차 교육과정 (7차 교과서)		7차 교육과정 (7차 교과서)	
2010년	2007 개정 (2007 교과서)		2007 개정 (2007 교과서)		7차 교육과정 (7차 교과서)	
2011년	2009 개정 (2007 교과서)		2007 개정 (2007 교과서)		2007 개정 (2007 교과서)	
2012년	2009 개정 (2007 교과서)		2009 개정 (2007 교과서)		2007 개정 (2007 교과서)	
2013년	2009 개정 (2009 교과서)		2009 개정 (2007 교과서)		2009 개정 (2007 교과서)	
2014년	2009 개정 (2009 교과서)		2009 개정 (2009 교과서)		2009 개정 (2007 교과서)	
2015년	2009 개정 (2009 교과서)		2009 개정 (2009 교과서)		2009 개정 (2009 교과서)	
2016년	2009 개정 (2009 교과서)		2009 개정 (2009 교과서)		2009 개정 (2009 교과서)	
2017년	2015개정 (2015 교과서)		2009 개정 (2009 교과서)		2009 개정 (2009 교과서)	

---

29) 이에 대하여는 1.5.1의 각주 23) 참조.

2018년	2015개정 (2015 교과서)	2015개정 (2015 교과서)	2009 개정 (2009 교과서)
2019년	2015개정 (2015 교과서)	2015개정 (2015 교과서)	2015개정 (2015 교과서)

앞의 <표 5>, <표 6>을 비교해보면 2011년 현재 양국의 시간 기준 배당에서 '수업시수'는 한국이 5,828시수(3,885시간)이고 일본이 5,645시수(4,234시간)이다. 한국이 183시수가 많으나 실제 시간으로는 일본이 349시간 많은 것을 알 수 있다. 한편, '교과시수'를 비교해 보면 한국은 5,148시수(3,432시간)이고 일본은 4,877시수(3,658시간)이다. 즉, 시수로는 한국이 271시수가 많으나 실제로는 일본이 226시간 많은 것을 알 수 있다.[30] 참고로, '교과시수'란 '수업시수' 중 한국은 '창의적 체험활동'[31]을, 일본은 '도덕' 및 '외국어', '종합적 학습시간', '특별활동' 등을 제외한 것을 말한다.

양국 초등학교의 '국어과 시수'를 비교해 보면, 한국이 1,264시수(843시간), 일본이 1,460시수(1,095시간)로, 일본이 시수는 196시수, 실시간으로는 252시간 많다.

이를 저 · 중 · 고학년으로 나누어 변화를 살펴보자. 수업시수의 경우, 양국 보두 저 · 중 · 고학년으로 올라가면서 많아지는 것을 알 수 있으나 일본은 중 · 고학년 간의 변화가 상대적으로 적었다. 한편, 교과시수의 경우에도 한국은 저 · 중 · 고학년으로 올라가면서 많아지는 것을 알 수 있으나 일본은 상대적으로 저 · 중 · 고학년 간의 차이가 크지 않음을 알 수 있다. 이를 간략히 정리하면 다음과 같다.

---

30) 앞서 밝혔듯이 초등학교는 1교시가 한국은 40분, 일본은 45분임.
31) '2009 개정 교육과정'부터 '재량활동' 및 '특별활동'을 통합하여 '창의적 체험활동'으로 용어가 변경됨.

<표 8> 한·일 초등학교 수업시수 및 교과시수

(( )안은 실제 시간수)

		저학년	중학년	고학년	계
수업시수	한국	1,680(1,120)	1,972(1,315)	2,176(1,451)	5,828(3,885)
	일본	1,760(1,320)	1,925(1,444)	1,960(1,470)	5,645(4,234)
교과시수	한국	1,408(939)	1,768(1,179)	1,972(1,315)	5,148(3,432)
	일본	1,622(1,217)	1,645(1,234)	1,610(1,208)	4,877(3,658)

<표 9>는 수업시수 및 교과시수에서 차지하는 국어과 시수의 비율이다.

<표 9> 한·일 초등학교 수업시수 및 교과시수에서 차지하는 국어과의 비율

		저학년	중학년	고학년	평균
수업시수 대비 국어과 비율	한국	26.7%	20.7%	18.8%	21.7%
	일본	35.3%	25.5%	17.9%	25.9%
교과시수 대비 국어과 비율	한국	31.8%	23.1%	20.7%	24.6%
	일본	38.3%	29.8%	21.7%	30.0%

　저학년의 국어과 시수(<표 5>, <표 6> 참조)를 보면 한국 448시수(299시간), 일본 621시수(466시간)로, 일본이 2년간 무려 173시수(167시간)가 많다. 수업시수 대비 국어과 비율에서도 한국은 26.7%로, 35.3%인 일본에 비해 현저히 낮음을 알 수 있다.

　박정수(1998)에서는 '제6차 교육과정' 교과서의 국어과의 비율과 관련하여, 일본과 비교하여 특히 저학년의 국어과 비율이 낮다고 지적하고, 한명희 외(1993)를 인용하여 국어과의 주당시수를 늘릴 것을 역설한 바 있다. 한명희 외(1993)에서 제시한 세계 주요 국가들의 국어과 주당 시간 비율을 보면 당시 한국의 저학년은 28%, 고학년은 19%로, 미국, 프랑스는 물론, 일본과 비교하여도 매우 낮음을 알 수 있다.

<표 10> 세계 주요국의 국어과 주당 시간 배당 비율

(한명희 외 1993 : 266)

	한국	미국(워싱턴)	프랑스	독일	캐나다	스웨덴	일본
저학년	28%	37%	37%	32%	55%	39%	36%
고학년	19%	32%	29%	37%	40%	25%	28%

2011년 현재, 한국의 국어과 시간 배당은 <표 10>의 1992년 '제 6차 교육과정' 교과서의 국어과의 비율과 비교해 보아도 더 낮아졌고 일본과 여전히 차이가 큰 것을 알 수 있다.

중학년의 국어과 시수를 보면 한국 408시수(272시간), 일본 490시수(368시)로, 저학년에 이어 일본이 실시간 82시수(96시간) 많았다. 저학년에 비하면 차이가 적은 편이나, 수업시수에서 차지하는 비율 역시 일본이 25.5%, 한국이 20.7%로, 여전히 한국이 낮다. 단, 양국 간의 차이는 저학년에 비해 줄어들었다.

마지막으로 고학년의 국어과 시수를 보면 한국 408시수(272시간), 일본 350시수(263시)로, 처음으로 한국이 58시수(9시간) 많았다. 총 수업시수에서 차지하는 국어과 시수의 비율도 한국 18.8%로, 17.9%인 일본보다 높았다. 다만, 한국의 비율이 높아졌다기보다는 일본이 고학년에서 국어과 비율을 현저하게 낮춘 것으로 볼 수 있다.

총 수업시수에서 차지하는 국어과의 비율은 양국 모두 저학년에서 고학년으로 올라갈수록 낮아지고 있다. 단, 양국 간의 차이가 좁혀지면서 고학년의 국어과의 비율은 한국이 높았다. 이상, 이를 간략히 정리하면 다음과 같다.

<표 11> 한·일 국어과 시수 및 비율 대조

	국어과 시수	국어과 실제 시간	수업시수 대비 국어과의 비율	교과시수 대비 국어과의 비율
저	한 448 < 일 621	한 299 < 일 466	한 26.7% < 일 35.3%	한 31.8% < 일 38.3%
중	한 408 < 일 490	한 272 < 일 368	한 20.7% < 일 25.5%	한 23.1% < 일 29.8%
고	한 408 >일 350	한 272 >일 263	한 18.8% > 일 17.9%	한 20.7% < 일 21.7%

1.6 연구 대상 교과서의 범위

본고의 연구 대상 교과서의 범위는 다음과 같다. 앞서 1.4에서 밝힌 바와
같이, 한국은 국정교과서 1종을 대상으로 하나 일본은 2010년 3월 검정을
거쳐 2011년 개정된 15종 중에서 2008년에 채택률 56.2%를 차지한 미쓰무
라도서(光村図書)의 교과서를 대상으로 한다.[32]

한국은 국어과 교과서를 언어 기능에 따라 읽기, 쓰기, 듣기, 말하기로
나누고 있다. 저학년은 학기당 3권, 즉『듣기·말하기』,『쓰기』,『읽기』로
구성되어 있고, 3~6학년은 학기당 2권, 즉『듣기·말하기·쓰기』,『읽기』
로 구성되어 있어, 6년간 총 28권으로 구성되어 있다.[33] 본서에서는 국어
교과서의 어휘 및 삽화, 텍스트 분석을 통해 양국의 사회·문화적 가치관의
특징을 밝히는 것을 목적으로 하는 만큼, 언어 학습 중심인 말하기, 듣기,
쓰기 영역을 제외하고 '읽기' 교재에 한정하기로 한다. 결과적으로 본서의
연구 대상은 초등학교 6년분 읽기 교과서 12권이다.

---

32) 참고로 국어 교과서 채택률 2위는 도쿄서적(東京書籍, 22.4%)이고, 3위는 교육출판(敎育
出版, 16.5%)이었다(石原 2009a : 15). 지자체 별로 광역 채택하도록 되어 있어, 일선교사
들에게 채택권이 없다는 점에서는 큰 차이가 없다.
33) 참고로, 2013년부터 시차 사용되기 시작한 한국의 국어 교과서는 학기당 '국어'와 '국어
활동'으로 구성되어 있다.

<한국> 교육과학기술부(2009) 『국어 읽기』 1-1·1-2, 2-1·2-2
　　　　교육과학기술부(2010) 『국어 읽기』 3-1·3-2, 4-1·4-2
　　　　교육과학기술부(2011) 『국어 읽기』 5-1·5-2, 6-1·6-2 (총 12권)

일본의 국어과 교과서는 1~4학년까지 학기당 1권이며, 고학년에서는 학년당 1권으로, 총 10권으로 구성되어 있다. 단원별로 읽기, 듣기·말하기, 쓰기, 어휘(ことば), 전통문화(傳統文化) 등으로 구분하여 명시하고 있는데, 이중 읽기를 대상으로 하되, 어휘 및 전통문화 영역의 경우, 읽기 영역에 가깝고, 한국의 읽기 교과서에서 다루고 있는 내용이므로 포함시킨다. 결과적으로 초등학교 6년분 국어 교과서 10권 중 말하기·듣기, 쓰기영역을 제외한 영역을 연구 대상으로 한다.

<일본> 光村図書(2011) 『こくご』 一上[34]·一下, 二上·二下,
　　　　　　　　　　 『国語』 三上·三下, 四上·四下, 五, 六
　　　　　　　　　　 (총 10권, 이중 말하기·듣기·쓰기 제외)

양국 모두 표지 및 목차를 포함시키되, 교과서 뒤에 수록된 부록 표나 색인, 집필자 소개, 서지 정보 등은 제외한다. 단, 텍스트는 학습활동을 제외한 본문만을 대상으로 하는 등, 연구의 성격에 따라 포함 범위에 약간의 차이가 있다. 이에 대하여는 각 장에서 명시하기로 한다.

한국의 국어 교과서가 영역별로 구분된 반면, 일본은 통합본의 형식을 취한다. 단, 다음과 같이 목차에서 단원별로 영역을 구분하고 있다. 예를 들면, 다음 1-2학기 국어 교과서의 목차에서 화살표로 표시한 'よみ'란 '읽기'를 나타낸다.

---

34) 이하, 1학년 1학기를 나타내는 '1上'은 '1-1', 1학년 2학기를 나타내는 '1下'는 '1-2'와 같이 표기함.

<그림 3> 일본의 1-2학기 국어 교과서 목차

이처럼 양국은 국어 교과서의 체제는 물론 양(量)에서도 차이가 있다. 특히, 한국의 말하기, 듣기, 쓰기 교과서는 페이지를 기준으로 하여 일본의 6.3배에 이를 정도로 양이 많아[35], 이를 포함시킬 경우, 비율 산정 등에 있어 대등한 분석 결과를 얻기 어렵다.

---

35) 편의상, 페이지 기준임.

Ⅱ. 국어 교과서의 분량 및 집필 배경

2.1 국어 교과서의 분량과 국어과 시수

2011년 개정(改訂)에서 일본은 탈자율교육으로 전향하면서 초등학교 6년 간 총 수업시수를 종전보다 278시수를 늘렸고, 교과서 역시 이전에 비해 평균 25% 증량하였다.[36] 국어 교과서의 경우에도 3학년 이상 학기당 평균 10쪽 이상이 늘었는데, 모두 읽기 단원으로 교과서 뒷부분에 싣고 있다.

국어과의 시수 및 시간수는 일본이 한국에 비해 현저하게 많다. 저학년에서 차이가 크고 고학년으로 올라갈수록 차이가 줄고 있다. 국어 교과서의 양은 일본이 이번 개정에서 증량하였다고는 하나 한국이 많을 것으로 예상된다. 앞서 밝혔듯이 교과서의 구성면에서 한국은 6년간 총 28권의 국어 교과서가 있고 이중 읽기교과서가 12권에 이른다. 한편, 일본은 총 10권에 불과하였다.

<표 12>는 초등학교 국어 교과서의 분량을 비교하기 위해 저·중·고학년 군별로 학기당 전체 국어 교과서 및 본고에서 연구대상으로 하는 읽기 교재의 양을 페이지수로 나타낸 것이다. 단, 한국은 가로쓰기, 일본은 세로쓰기이나 책의 크기에는 차이가 없다. (   )안의 숫자는 국어 교과서 전체를 100으로 보았을 때 읽기 교재가 차지하는 비율을 나타낸다.

---

36) asahi.com(2010년 3월 31일), 每日新聞(2010년 3월 31일).

<표 12> 한·일 초등학교 학기당 국어 교과서 및 읽기 교재의 양(%)

		저학년	중학년	고학년	평균
한 국	국어 교과서 전체	356(100)	362(100)	388(100)	369(100)
	읽기 교과서	128(35.8)	165(45.5)	196(50.6)	163(44.2)
일 본	국어 교과서 전체	133(100)	149(100)	138(100)	140(100)
	읽기 교재	103(77.1)	108(72.1)	114(82.6)	108(77.1)

위의 <표 12>와 같이 국어 교과서는 한국이 학기당 369페이지이고 일본은 140페이지로, 한국이 일본의 2.6배에 이른다. 이중 본고의 연구대상인 읽기 교재 역시, 한국이 학기당 163페이지로, 108페이지인 일본의 1.5배에 이른다.

즉, 일본이 한국에 비해 국어과의 시수는 물론, 총 수업시수에서 차지하는 국어과의 비율이 높지만, 교과서의 양은 오히려 현저하게 적다는 것을 알 수 있다. 다만, 일본의 한자교육의 비중을 고려한다면 단순히 시간당 교과서의 학습 부담을 논하기는 어렵다.

단, 전체 교과서에서 차지하는 '읽기' 영역의 비율에 있어서는 일본이 77.1%로, 44.2%인 한국에 비해 압도적으로 높은 것을 알 수 있다. 즉, 전체 교과서에서 읽기 영역에 할애하는 비중은 일본이 현저하게 높다. 학년별로 좀 더 상세한 분석을 위해, 표본적으로 行(行) 및 단어 수[37]를 분석한다. (편의상 읽기 교재 각 20페이지를 대상으로 하였다)

양국의 저학년 교과서는 페이지수로 볼 때, 한국이 일본의 2.7배에 이를 정도로 양이 많았다. 읽기 교재는 한국이 일본보다 1.2배 정도 많은 것으로 나타나 읽기 교재의 비율로 보면 한국이 35.8%, 일본이 76.6%로, 일본이 현저하게 높음을 알 수 있다.

저학년의 교과서 글씨 크기는 일본이 약간 컸는데, 행수는 평균 한국이

---

37) 스즈키(鈴木, 1972)에 의거하여 단어를 어휘·문법적 단위로 보아, 다음과 같이 계산하였다.
　　· 한국어 : <u>나는 밥을 먹고 있다</u>. (3개)
　　· 일본어 : <u>私は ご飯を 食べている</u>。(3개)

7.4행, 일본이 10.1행으로 일본이 많았다. 그러나 어휘량[38])에 있어서는 한국이 페이지당 약 30어로, 26어인 일본보다 평균 4.7어가 많았다. 결국 한국의 국어 교과서가 일본에 비해 페이지수도 많지만, 페이지당 어휘량도 많은 것을 알 수 있다.[39]

한국의 중학년 교과서는 페이지수로 볼 때, 일본의 2.4배에 이를 정도로 많았다. 읽기 교재도 일본의 1.5배로 저학년보다 더욱 차이가 컸다. 국어 교과서 전체에서 차지하는 읽기 교재의 비율은 한국이 45.5%이고 일본은 72.1%로, 일본이 높음을 알 수 있다. 단, 페이지당 어휘량에 있어서는 한국이 약 59어, 일본이 64어로 일본이 약간 많았으나 전체 분량 비교에 영향을 줄 정도는 아니었다.

실제 이 시기의 일선 현장의 현황을 조사한 결과, 한국의 초등학교 3~4학년 국어 교과서는 종래의 '2007 개정 교육과정'에 의해 작성된 것인데, 2011년 당시 현행 '2009 개정 교육과정'을 적용 받아 442시수에서 408수로, 34시수가 감소된 상태라는 점에서 시수에 비해 양이 과도한 것으로 나타났다. 즉, 2007 개정 시간 배당 기준표 하단에 '3~4학년의 국어과 기준수업시수는 주 5일 수업에 따라 감축된 시간수이므로 학교에서는 442시간을 기준 수업시수로 운영할 수 있다.'고 명시되어 있으나, 실제로는 '2009 개정 교육과정' 하에서 408시간으로 운영된 것이다. 이는 당시의 일선학교에서 국어 교과서의 일부 단원을 줄여서 가르칠 수밖에 없는 상황을 초래하는 요인으로 작용하게 되었다.

한국의 고학년 교과서는 페이지수로 볼 때, 일본의 2.8배에 이르며, 읽기 교재도 한국이 일본의 1.4배이나, 국어 교과서 전체에서 차지하는 읽기 교

---

38) asahi.com(2010년 3월 31일), 每日新聞(2010년 3월 31일) .
39) 여기서, 행(行)이 많은 반면 어휘량이 적은 것은 언어적 차이도 있겠지만, 페이지를 위 · 아래로 나누어 세로쓰기를 한 예가 있다는 점과 히라가나를 주로 사용하는 저학년 교과서의 특징으로 보인다.

재의 비율은 한국이 50.6%이고 일본은 82.6%로, 일본이 현저히 높음을 알
수 있다. 단, 페이지당 어휘량에 있어서는 일본이 약간 많았으나 전체 분량
비교에 영향을 줄 정도는 아니었다.

이상의 분석 결과를 토대로 정리하면 <표 13>과 같다. 결과적으로 페이
지당 어휘량을 제외하고는 일관된 경향을 보이고 있다. 결국 국어과 시수
및 비율은 낮으면서, 교과서의 양이 많은 한국은 교사나 학생들에게 있어
교과서에 대한 학습 부담이 높을 것으로 유추할 수 있다. 이를 간략히 정리
하면 다음과 같다.

<표 13> 한·일 초등학교 국어 교과서의 양적 비교

	국어 교과서의 양	읽기 교재의 양	읽기 교재의 비율	페이지당 어휘량
저학년	한 > 일	한 > 일	한 < 일	한 > 일
중학년	한 > 일	한 > 일	한 < 일	한 < 일
고학년	한 > 일	한 > 일	한 < 일	한 > 일

이상, 한국이 전체 교과서 및 읽기 교재의 양이 일본에 비해 현저히 많으
며, 특히 고학년으로 올라감에 따라 그 차이가 더욱 커지는 것을 알 수 있다.

일본 국내에서도 자국의 국어 교과서의 분량에 대해 '학습량이 부족하
다', '절대량이 적다'는 논란이 끊이지 않아 왔다. 이처럼, 상대적으로 일본
이 국어과의 시간 배당은 높으면서도 교과서의 양이 현저하게 적은 이유는
무엇일까?

먼저, 한국 국어 교과서가 학생에게 학습 부담이 클 가능성이 높다는 점
을 지적할 수 있다.[40] 한편, 일본이 '자율교육'에서 탈피하려 하고 있지만
교과서의 양으로 볼 때, 상대적으로 학습량이 적다는 점도 원인의 하나이나

---

[40] 실제 국어 교과서의 양은 일선교사들 사이에서도 수업부담이 크다는 지적이 많고, 개정
4년 만에 2013년 저학년 국어 교과서가 개정된 것도 그 때문이라는 지적이 있다.

일본어의 특성상 한자교육의 배당 시간 할애와 관련된 양국의 국어과 교육과정의 차이도 주요 요인으로 작용한다. 이러한 배경 하에서, 교과서의 사명은 가능한 한 대량으로 읽을 것인가 보다는 정밀하게 읽을 것인가에 있다고 보는, 즉, 해당 학년에 맞는 엄선된 교재를 정독하는 것이야 말로 교과서의 사명이라 역설하고 있는 후쿠시마(福嶋, 2012)의 지적은 시사 하는 바가 있다. 양을 논하기 이전에 텍스트를 바르게 읽어내는 능력을 기르는 것이야 말로 중요하다고 보며, 교과서 연구도 이를 효과적으로 기를 수 있는지에 초점을 맞추어야 한다고 본다.

한 가지 특징으로, 李美淑·宋正植(2012), 李美淑(2013)에서 지적한 바와 같이, 일본의 국어 교과서는 교과서에서 단행본 형태의 읽을거리를 소개하고 있는데, 그 양이 학기당 평균 저학년 15권, 중학년 30여권, 고학년 33.5권에 이른다. 이는 니노미야(二宮, 2010)에서 소개하고 있는 바와 같이, 단행본 전체를 교과서로 사용하는 영국의 교육 방식과 통하는 바가 있다(그림4, 5, 6 참조). 한편, 한국은 6년간 총 10여권(고학년 교과서)을 소개하고 있는데, 일본과 달리, 감상문 형식의 텍스트를 통해 소개하는 방식을 취하고 있다(그림7 참조).

<그림 4> 일본(저학년)

<그림 5> 일본(중학년)

<그림 6> 일본(고학년)

<그림 7> 한국(고학년)

일본의 경우, 저학년은 <그림 4>와 같이 '안데르센 동화'나 '아라비안나이트'에 등장하는 주인공을 함께 그려 넣은 그림을 제시하고 있고, 중학년에서는 책의 표지를 제시하고 있으며, 고학년에서는 표지와 더불어 간략한 줄거리 및 서평을 함께 제시하고 있다. 학기당 이 같은 양의 동화책을 소개하고 이를 수업에 반영하고 있다면 단순히 교과서에 실린 읽기 교재의 양만으로 대조하기에는 어려운 부분이 있다. 즉, 이들의 활용 여부에 따라서 읽기 교재의 양은 보완 가능할 것이다.

2.2 국어 교과서의 집필자

한국은 학기별 또는 학년별로 교과서 집필자가 다르다. 학기당 평균 10.8명 정도의 집필자가 있다. 이 같은 구성 체제는 창의적 시도와 다양한 개성을 가진 교과서를 개발할 수 있고 짧은 기간 내에 교과서를 개발하는 데에 효과적일 것으로 보인다. 그러나 6년분 교과서를 놓고 보았을 때 텍스트의 제재 및 가치관, 등장인물의 중복 등이 발견되어 학기 및 학년간 조율이 필요한 경우가 있음을 알 수 있다. 자세한 것은 본론에서 다루도록 한다.

한 예로 몇 개 학기에 걸쳐 유사한 주제의 텍스트가 실려 있고, 삽화 역시 유사한 경우가 있다.

<그림 8> 한국(1-1)

<그림 8>은 본서의 Ⅴ장에서 다루고 있는 '가족애(家族愛)', 그중에서도 '효(孝)'덕목을 나타내는 삽화이다. 한국 교과서에서는 이 같은 '효'를 주제로 하는 전래소설[41]이 많이 등장하고 <그림 8>과 같이 자식이 부모를 간병하는 삽화가 6건에 이르고 있다. 뒤의 '5.4 삽화의 내용 대조'에서 자세히 다루기로 한다.

또한, Ⅴ장에서 지적하고 있는 바와 같이 한국은 전 학년에 걸쳐 전래소설이 지나치게 많고 전래소설의 등장인물에 동물이 많이 나오는데, 특히 '호랑이'와 '소'가 반복적으로 등장하고 있다는 점도 같은 맥락에서 지적할 수 있다.

앞의 1.3.2에서 설명한 바와 같이, 일본은 4년마다 안정적인 개정 주기를 지키고 있고, 매 개정 시에 텍스트의 변화가 적은데 반해, 한국은 매번 대폭 개정되는 경향이 있어 짧은 시간 내에 6년분 전체를 같은 집필진이 담당하기에는 어려울 수밖에 없다. 다양한 집필자에 의해 개발되는 교재에서 의도하는 다양성 및 창의성이라는 장점 뒤에는 학습항목의 중복 및 일관성 부족이라는 문제점이 있다. 전 학년을 시야에 넣은 충분한 검토가 필요하다고 판단된다.

한편, 일본은 출판사 별로 편집위원을 두고 있는데, 미쓰무라도서(光村図

---

41) Ⅵ장의 6.3 참조. 일반적으로 '소설'이라 하면 주제, 구성(인물·사건·배경), 문체라는 세 가지 요소를 갖춘 장르를 가리키나 특히 초등학교 텍스트는 이를 충족하는 예가 극히 드물다. 따라서 본고에서는 '소설'을 고소설(古小說)을 포함하여 동화, 설화(신화·전설·우화(寓話)·민담), 실화, 일본의 모노가타리(物語) 등을 아우르는 대범주로 사용하였다.

書)의 국어 교과서의 경우, 39명에 이르는 편집위원이 6년분을 통괄하여 다루고 있다. 단, 이들이 실제 어떻게 관여하고 있는지에 대하여도 역시 의문이 남는다. 실제 일본교사회(日本教師会, 1980) 등에서는 교과서 집필에 관여하는 사람이 너무 많다는 지적이 있다. <표 14>는 한국과 일본의 집필진 구성이다.

<표 14> 한·일 초등학교 국어 교과서의 집필자 구성(%)

		대학교수	대학강사	교장	교사	작가	교육·연구기관	계
한국	1-1	6(50.0)	–	–	5(41.7)	–	1(8.3)	12(100)
	1-2	3(23.1)	–	–	10(76.9)	–	–	13(100)
	2-1	6(56.0)	–	–	5(35.0)	–	–	11(100)
	2-2	8(61.5)	–	–	5(38.5)	–	–	13(100)
	3-1	4(40.0)	–	–	6(60.0)	–	–	10(100)
	3-2	3(27.3)	–	–	7(63.6)	–	1(0.9)	11(100)
	4-1	4(40.0)	–	–	6(60.0)	–	–	10(100)
	4-2	3(30.0)	–	–	6(60.0)	–	1(1.0)	10(100)
	5-1	2(20.0)	–	–	8(80.0)	–	–	10(100)
	5-2	4(40.0)	–	–	6(60.0)	–	–	10(100)
	6-1	3(30.0)	–	–	7(70.0)	–	–	10(100)
	6-2	5(50.0)	–	–	5(50.0)	–	–	10(100)
	평균	4.3(39.4)	–	–	6.3(57.8)	0	0.3(2.8)	10.8(100)
일본	평균	26(66.7)	1(2.6)	4(10.3)	2(5.1)	4(10.3)	2(5.1)	39(100)

한국은 현직 교사의 비율이 높고 일본은 대학 교수의 비율이 높다는 점에서 차이가 있다. 특히, 일본은 교장 및 교육·연구기관 소속원, 작가 등 다양한 구성원으로 이루어져있다. 한국에서는 전 학년에 걸쳐 집필자 외에 각각 15명 내외의 연구진과 심의진을 별도로 두고 있다. 다만, 실제 이들의 역할이 무엇이며, 어느 정도 관여하는지에 대하여는 알기 어렵다.

집필자의 성차에 대하여도 논의되어야 할 것이다. 저학년 교과서를 예로, 집필자의 남녀 비율을 보면 한국은 남성 41%, 여성 59%로 여성이 높은데 반해, 일본은 남성 84.4%, 여성 25.6%로, 남성의 비율이 높아 성차(性差)가 심한 것으로 나타났다. 단, 본고에서는 이와의 관련성에 대하여 다루지 못하였다. 앞으로의 과제로 삼는다.

III. 국어 교과서 어휘의 계량 언어학적 분석

3.1 들어가는 글

'어휘(語彙)'란 한 언어, 또는 특정 범위 내의 단어의 집합으로, 수량적 존재로서의 성격이 강하다. 어휘를 단어의 집합으로 보고 연구하는 계량적(計量的) 어휘연구에는 크게 두 가지가 있다.

먼저, 어휘의 구성요소인 각각의 단어가 갖는 수량적(數量的) 성질을 이용하여 단어의 사용빈도 면에서 어휘의 특징을 밝히고자 하는 '계량언어학(計量言語學)'을 들 수 있다. 본장에서는 계량 언어학적 연구방법으로, 어휘의 수량적 성질을 이용하여 한국과 일본의 국어 교과서에 사용된 단어의 사용빈도에 초점을 맞추어 양국 간의 어휘의 특징을 밝히고자 한다.

계량적 연구의 또 하나의 방법으로 '의미 분야별 구조 분석기법'이 있다. 이는 어휘에 포함되어 있는 각각의 단어는 개개의 의미의 집합이므로, 단어 전체의 수량적(數量的) 측면과 의미적(意味的) 측면을 함께 고려하여 어휘의 의미 분야별 구조를 밝히려는 것이다. 이는 어휘의 구성요소인 각각의 단어가 수량적 존재임과 동시에 의미를 가지고 있다는 사실에 주목하여 어휘의 수량성과 의미성을 동시에 고려한 연구방법이다. IV장에서는 이에 의거하여 분석한다.

어휘 연구에서는 다음과 같은 기준을 적용한다.

1) 일본어는 한자(漢字), 가나(仮名) 등 다양한 표기로 사용되더라도 같은

단어로 보고 가능한 한, 한자(漢字)로 표기한다.
· 自動車, じどう車, じどうしゃ, ジドウシャ → 自動車

2) 단어는 어휘·문법적 단위이므로, 일본의 학교문법에서 인정하는 이른바 '조동사'는 단어로 인정하지 않는다. 단, 조사 및 형식명사는 예외로 한다.
· 먹었습니다 → 먹다, 깨끗하지 않습니다 → 깨끗하다
食べました → 食べる, きれいではありません → きれいだ

3.2 선행연구 분석

각각의 단어의 집합으로서 어휘를 다루는 데는 어휘가 갖는 수량적 관점이 가장 우선적인 요소라 할 수 있다. 실제로 어휘연구에 관한 대부분의 선행연구가 어휘의 구성요소인 각각의 단어의 집합에 초점을 맞추어 어휘가 갖는 수량적 성질을 밝히고자 하였다. 대표적인 것을 살펴보기로 한다.

일본은 일찍이 1930년대부터 일본어의 '기초어휘(基礎語彙)' 및 '기본어휘(基本語彙)'와 관련된 다수의 연구 성과가 있으며, 1950년대에 들어서면서 본격적으로 어휘연구가 이루어지게 된다. 여기에서 '기초어휘'는 일상 언어생활에 필요한 최소한의 단어로, 주관적인 판단에 의해 체계적 계통적으로 선정된 것이다. 한편, '기본어휘'는 특정 목적을 위한 어휘조사에 의해 선정된 것으로, 특정 목적에 맞는 고빈도이자 광범위한 분야에 사용되는 어휘를 선정한 것이다.

1960년대까지는 사카모토(阪本, 1958)의 「敎育基本語彙」를 비롯하여 일본 초·중등학교에서의 이른바 국어교육을 위한 기본어휘 연구가 주를 이룬 반면, 1970년대에 들어서는 외국인을 대상으로 한 일본어교육에서 필요한

기본어휘를 선정하려는 노력들이 눈에 띄게 늘어났다. 여기에는 일찍부터 이루어진 일본어의 어휘 조사연구의 성과가 바탕이 되었으며, 무엇보다 1948년에 설립된 일본 국립국어연구소가 매우 중요한 역할을 했다고 할 수 있다.

국립국어연구소에서는 어휘를 계량적으로 취급하여, 대규모 어휘조사를 통하여 품사·어종·어구성별로 현대 일본어의 어휘가 갖는 일반적인 특징 및 수량적인 구조를 밝히고자 하였다. 그 중 하나가 『現代雜誌九十種の用語用字(현대 잡지 90종의 어휘)』(1962)이다. 이는 당시의 잡지 90종을 대상으로 약 1억 어절 규모의 자료에서 표본을 추출하여 어휘조사를 한 것으로, 신뢰할 수 있는 최초의 언어 계량 조사라는 평가를 받고 있다. 더불어, 빈도에 의한 기본어휘 선정, 품사, 어종 등 다양한 정보를 제공해 준다는 점에서 의의가 있다.[42]

또한, 『日本語教育のための基本語彙調査(일본어교육을 위한 기본어휘조사)』(1984)는 기존의 『教育基本語彙データベース(교육기본어휘 데이터베이스)』(1983)[43]에 게재되어 있는 7종의 교육용 기본어휘를 데이터베이스화하여 교육에서 기본적인 것으로 간주되는 어휘를 총망라하려는 취지로 만들어진 것이다. 여기에는 7종의 교육기본어휘 정보와 단어의 사용양상 등이 구체적으로 제시되어 있다.[44] 여기서 7종이란 사카모토(阪本) 교육기본어휘, 신사카모토(新阪本) 교육기본어휘, 다나카(田中) 교육기본어휘, 이케하라(池原) 교육기본어휘, 아동언어연구회 교육기본어휘, 중앙 교육기본어휘, 국립국어연구소 교육기본어휘 등이다. 다만 이를 선정하기 위하여 사용된 자료가 1970년~1980년대 자료이므로, 시대적으로 너무 오래되었다는 평가를 피하

---

42) 서상규(2009) 참조..
43) 이는 시마무라가 일찍이 초등학교 저학년용 교과서 용어 조사를 하여, 일본 국립국어연구소 『研究報告集4』(1983)에 게재한 보고서 「小学校低学年用国語教科書の用語(초등학교 저학년용 국어 교과서의 용어)」의 연장선상에서 조사된 데이터이다.
44) 7종 어휘조사의 서지목록을 제시하면 다음과 같다.

기 어렵다.

다음으로, 1978년도에 발행된 3종의 초등학교 저학년용 교과서의 텍스트를 대상으로 어휘조사를 실시한 시마무라(島村, 1983)가 있다. 시마무라(島村, 1983)는 개별어수(단어의 종류) 3,826어와 전체어수(단어의 빈도)[45] 25,863어를 대상으로 품사별·어종별 구성 관계, 표제어의 교과서 간 공통성 등 국어 교과서 어휘의 다양한 사실들을 밝혀냈다. 실제로 시마무라(島村, 1983) 이전에 이루어진 많은 선행연구에서는 어휘연구에 있어서 개별어수나 전체어수 중 어느 한쪽을 다루는 경우가 대부분으로, 종래 이중 어느 한쪽이 어휘 전체를 대변하고 있는 것으로 오류를 범해 왔다는 점에서 어휘연구에 큰 방향을 제시했다고 할 수 있다.

1990년대를 넘어서면서 외국인을 대상으로 한 기본어휘 연구가 활발해졌다. 이중 하나가 외국인 아동이 일본의 초등학교에서 우선적으로 학습해야 하는 기본어휘를 선정한 구도(工藤)의 『児童生徒に対する日本語教育のための基本語彙調査(아동에 대한 일본어교육을 위한 기본어휘조사)』(1999)이다. 6종에 이르는 대표적 교육용 어휘 및 아동용 어휘 조사를 대상으로 하되, 이중 3종 이상의 자료에 공통적으로 등장한 기본어휘 1,757어를 추출하여 제시하고 있다. 이와 같은 일본의 어휘 계량연구에 대해 서상규(2009 : 113-118)에서는 다음과 같이 평가하고 있다.

(일본 국립국어연구소 2001)

저자	연도	어휘 조사	출판사
사카모토(阪本一郎)	1958	『教育基本語彙』	牧書店
사카모토(阪本一郎)	1984	『新教育基本語彙』	学芸図書
다나카(田中久直)	1956	『学習基本語彙』	新光閣書店
이케하라(池原楢雄)	1957	『国語教育のための基本語体系』	六月社
아동언어연구회(児童言語研究会)	1962	『言語要素指導』	明治図書
중앙교육연구소(中央教育研究所)	1984	『学習基本語彙』	中央教育研究所
국립국어연구소(国立語研究所)	1984	『日本語教育のための基本語彙調査』	秀英出版

45) 개별어(Different words)란 단어의 종류를 말하고, 전체어(Running words)란 단어의 빈도를 말한다. 개별어, 전체어의 수를 각각 개별어수, 전체어수라 한다.

　　일본의 기초·기본 어휘 조사들은 대부분 실제 자료를 중심으로 통계적
방법을 사용하여 어휘들을 계량·선정하고 있다. 기본 어휘 선정에 있어 객
관성을 획득할 수 있는 여러 가지 방법론이 발달되어 있어 참고가 된다.

(서상규 2009)

　　한국어의 어휘조사는 일본에 비해 상당히 늦었다고 볼 수 있다. 1950년대
초, 당시 문교부의 주도로 대규모의 빈도조사가 이루어진 이래, 오랫동안 국
가 수준의 어휘조사가 이루어지지 못했다. 이응백(1978, 1989) 등은 개인연구
로서 당시 초등학교 학생을 위한 학습용 기본어휘 및 수준별 어휘를 작성했
다는 점에서 한국 교육용 어휘조사의 초석을 다졌다고 볼 수 있다.

　　1980년대 중반에 이르러 전산 처리 방법에 의한 어휘조사가 이루어졌는
데 대표적인 것이 현재의 국립국어원의 전신(前身)인 국립국어연구소에서 이
루어진 『국민학교 교과서 어휘 조사』(1984), 『국민학교 교육용어휘』(1987,
1989)라 할 수 있다. 전자는 당시 초등학교 교과서에 사용된 어휘의 색인을
작성하고 빈도를 조사 분석한 것이고 후자는 당시 초등학교 교과서 어휘의
빈도조사를 바탕으로 아동의 발달단계에 맞는 '교육용 어휘'를 선정한 것으
로, 양쪽 모두 한국의 어휘연구의 기틀을 마련했다고 할 수 있다.

　　2000년 이후, 국립국어원, 연세대학교 언어정보연구원을 중심으로 대대
적인 어휘 조사연구가 이루어지게 되는데 대표적인 것으로 현대 국어의 어
휘 사용빈도를 조사한 조남호 『한국어 학습용 어휘 선정 결과 보고서』
(2003), 연세대 언어정보연구원 『연세초등국어사전』(2000), 서상규 『교육용
기본 어휘 선정을 위한 기초 연구』(2009) 등을 들 수 있다.

　　조남호(2003)에서는 2000년부터 현대 국어의 어휘 사용 빈도를 조사하여
5,965개의 어휘 목록을 선정하고 이를 3등급으로 구분하여 제시하고 있다.
연세대 언어정보연구원(2000)은 초등학교 전 과목 교과서뿐 아니라 어린이

신문, 아동도서 등으로 구성된 말뭉치 140만 어절의 분석을 토대로 하여 표제어를 선정하였다. 또한, 서상규(2009)에서는 한국어에서 '교육용 기본 어휘'의 개념을 정립하고 선정기준을 제시하였으며, 이를 바탕으로, 국어 교과서의 학년별, 과목별, 학습 수준별 교육용 기본어휘 선정의 시안을 제시한 것으로, 어휘연구의 한 획을 긋는 성과라 평가할 수 있다.[46)

개인의 연구로 주목할 만한 것으로, 우리말에서 실제 사용되는 어휘목록을 선정하고 중요도에 따라 등급화를 시도한 김광해『등급별 국어교육용 어휘』(2003) 와 실제 초·중·고 학생들이 사용하고 있는 어휘를 형태적, 의미적 측면에서 조사 분석한 장경희 외『초·중·고등학생의 구어 어휘 조사』(2012)를 들 수 있다. 김광해(2003 : 9-29, 42-44)는 어휘교육이 실질적으로 전개되기 위해서는 구체적인 교육용 어휘 목록이 있어야 한다는 자각 하에,

---

46) 서상규(2009 : 175-176)에서 들고 있는 교과서 어휘연구의 목록을 제시하면 다음과 같다.

구분	연구자(연도)	조사 대상	어휘수
초등학교	서정국(1968)	2차 교육과정 초등학교 전 학년 국어 교과서	1,556
	이충우(1991)	5차 교육과정 초등학교 1, 2학년 국어 교과서	1,585
	임지룡(1991)	5차 교육과정 초등학교 전학년 국어 교과서	1,500
	서종학·김주필(1999)	6차 교육과정 초등학교 전학년 국어 교과서 어휘	13,491
	김경선·방인태(1998)	6차 교육과정 초등학교 2학년 읽기 교과서 어휘	1,396
	진태경(2002)	7차 교육과정 초등학교 전학년 읽기 교과서 어휘	11,792
	변은주(2005)	7차 교육과정 초등학교 전학년 국어 교과서 어휘	15,838
중학교	서정국(1975)	3차 교육과정 중학교 1, 2학년 국어 교과서 어휘	16,444
	국어연구소(1988)	4차 교육과정 중학교 도덕, 사회, 국어, 국사 교과서 어휘	42,032
	최진영(2001)	6차 교육과정 중학교 전학년 국어 교과서 어휘	12,648
	서지영(2007)	7차 교육과정 중학교 전학년 국어 교과서 어휘	15,431
고등학교	최상재(1993)	5차 교육과정 고등학교 국어 교과서 어휘	8,645
	조철원(1997)	6차 교육과정 고등학교 국어 교과서 어휘	9,094
	최충일(1999)	6차 교육과정 고등학교 국어 (하) 교과서 어휘	6,750
	성숙자(2002)	6, 7차 고등학교 공통 필수 교과 어휘	34,241
	서정미(2008)	7차 고등학교 전학년 전과목 어휘	40,442

실제 어휘에 근접하는 목록을 확보하여 중요도에 의해 등급화하는 작업을 시도하였다. 237,990어를 7등급으로 분류한 이 연구는 이후 교과서 편찬, 사전 편찬, 교육용 사전 편찬 등에 기여했다고 평가할 수 있다.

장경희 외(2012 : 136, 308-310)는 초·중·고등학생의 대화 코퍼스를 녹음하여 어휘 형태 목록과 빈도, 사용화자 수, 품사 및 의미 분류를 분석하였는데, 대화맥락과 학교급에 따라 고빈도 사용어휘가 달라지는 것을 보여주고 있다.47) 특히, 형태면에서는 명사가 고등학교까지 고빈도를 유지하는 비율이 가장 낮았고, 의미면에서는 동·식물명, 의·식·주생활 관련 어휘와 더불어 종교, 정치·경제 관련 어휘가 낮고 개인의 주관적 판단이나 사고와 관련된 생각·감정·성격·태도를 나타내는 어휘가 높다고 보고하고 있다. 이를 통하여 학년별 명사의 사용양상을 대조하는 것이 의미가 있다는 것을 확인할 수 있다.

교과서의 어휘연구는 각 교육과정기의 교과서를 대상으로 한 연구가 다수 존재하나 대부분 개별어휘 및 전체어휘를 산출하고 빈도수를 조사하여 기본어휘를 위한 기초 작업의 성격을 띠고 있다. 이에 대하여는 서상규(2009 : 1-34)에 자세하다.

이상의 선행연구를 살펴보면 일본은 국립국어연구소에 의해 교육기본어휘 연구라는 관점에서 체계적인 어휘조사가 이루어지고 이른 시기에 어휘조사표 등이 제공되어 왔음을 알 수 있다. 반면에 한국은 국가 수준의 교육기본어휘와 같은 데이터베이스 및 교과서 어휘조사가 여전히 과제로 남아 있다.

이강민(2003), 장원재(2005)에서 밝히고 있듯이, 한국의 일본어 연구에서도 어휘 및 어휘교육에 관한 연구는 극히 적다. 고등학교 제2외국어로서의 일본어

---

47) 초등학교 저학년에서 출현한 형태가 고등학교까지 지속적으로 나타난 비율을 보면 명사가 58%로 가장 낮았다. 참고로 동사 및 형용사는 72%였다. 명사는 개념어로, 구체적 의미뿐 아니라 추상적인 의미를 나타내며, 양적으로 많다는 데에 기인한다. 한 예로, 『표준국어대사전』(1999)의 표제어 중 명사는 65.5%를 차지한다(김광해 1983 : 17).

교과서 어휘나 일제 강점기시대의 교과서 연구[48]가 일부 존재할 뿐이다. '의
미 분야별 구조 분석법'에 의해 연구되기 시작한 것은 2000년대에 들어서면서
申玟澈(2001), 李庸伯(2004), 宋正植(2009) 등이 선구적이라 할 수 있다.

당시, 한국과 일본의 국어 교과서 어휘를 대조한 연구는 매우 드문데, 申
玟澈(2001)은 한·일 초등학교 국어 교과서를 대상으로 비교 어휘연구 방법
인 '의미 분야별 구조 분석법'을 통해 일본어·한국어의 어휘의 유사점과
상이점을 밝히고 그 유의차의 원인을 설명하였다. 여기서 지적하고 있는 유
의차(有意差, Significience difference)[49]의 원인은 자료·언어구조·어종·문화 등
의 4가지이다. 특히, 일본어의 '초등학생 기본어휘'에는 한국과 달리 외래
어, 의성어·의태어, 인사 표현 등이 다수 포함되어 있는 것이 유의차의 원
인이 되고 있다고 지적하고 있다. 한국어와 일본어의 유사·상이점 분석을
바탕으로 하여 초등학교 국어 교과서를 통해 어휘범주의 유의차와 더불어,
양 언어와 그 배경이 되는 문화와의 영향관계를 밝히려 했다는 점에서 '의
미상 분류 비교'라는 초석을 다져준 연구로 평가된다. 李庸伯(2004)에서도
'의미 분야별 구조 분석법'에 의거하여 1997년에 발행된 양국의 초등학교
국어 교과서 6년분을 대상으로 언어구조는 물론, 어종, 문화, 자료에 의한
차이를 밝힌 바 있다. 또한, 같은 방법으로 중학교 교과서의 어휘를 분석한
宋正植(2009)이 있다.

종래의 교과서 어휘연구는 사용빈도수 조사에 한정된 경우가 대부분이고
어휘 분석대상도 전체가 아닌 소수의 특정한 단어들을 대상으로 고찰한 것
이 대부분이었다. 이러한 상황 속에서 양국의 초등학교 국어 교과서 어휘를
체계적으로 조사하고 유의차[50]를 밝히고 비교 어휘 조사표를 만들어 비교

---

48) 윤재숙(2009)에서는 1945년까지 사용된 일본 국정 국어 교과서 71권의 어휘를 '분류어
   휘표'(1964)에 의해 분류하여, 당시의 사회배경 및 일본인의 의식구조가 국어교육에 반
   영되어 있다는 결론을 내리고 있다.
49) 통계적 검정에서 유의미하다고 결론지어진 평균이나 비율의 차이.
50) 일반적으로는 유의차가 '있다', '인정되다', '나타나다'라고 표현하나, 본고에서는 어느 한

어휘연구를 통해 한·일 초등학교 교과서의 특징을 밝히는 것은 매우 중요한 작업이라 할 수 있다. 향후 다양한 언어 연구에 기초자료를 제공한다는 점에서도 의미가 있다.

최근의 宋正植·李美淑(2012, 2013)에서는 한·일 초등학교 1학년과 2학년 교과서의 품사별 고빈도어를 연구한 바 있다. 본 장에서는 이 자료를 통합하여 저학년(1~2학년)에 초점을 맞추어 분석한다.

3.3 품사 구성 대조

3.3.1 들어가는 글

단어의 집합인 어휘는 분류기준에 따라 앞서 기술한 '기본어휘', '기초어휘' 외에도 '기간어휘(基幹語彙)', '기준어휘(基準語彙)' 등 용도 및 목적에 따라 다양한 형태로 나눌 수 있다. '기간어휘'란 어떤 특정 언어 집단의 기간(基幹)을 이루는 어휘로, 어떤 언어를 말하거나 쓰거나 하는 데 절대적으로 필요한 어휘이며, '기준어휘'란 표준적 사회인으로서 생활을 영위하는 데 필요한 어휘를 가리킨다.

국어 교과서는 급변하는 사회구조 속에서 해당 언어의 가장 기초적인 자료이자 그 사회의 문화와 가치관을 대변하며, 국가의 언어정책이 반영되어 있는 자료라 할 수 있다. 본고에서 다루고자 하는 교과서 어휘는 앞서 설명한 기본어휘의 특성에, 교육이라는 목적이 가미된 것으로 볼 수 있다.

본 장의 어휘조사 범위는 다음과 같다. 2011년 현재 사용 중인 한국과 일본의 저학년 국어 교과서 중 읽기 영역의 텍스트(학습활동 제외)[51)]에 사용된

쪽이 상대적으로 사용량이 많음으로 인해 비율이 높아져서 유의차가 벌어지는 것에 초점을 맞추어 '유의차가 높다'라고 표현하고 있다.

자립어(自立語)52) 전체를 대상으로 한다.

<한국>　교육과학기술부(2009)『국어 읽기』1-1·1-2, 2-1·2-2
<일본>　光村図書(2011)『こくご』1上·1下, 2上·2下

　종래의 교과서 어휘연구는 사용빈도 조사에 한정된 경우가 대부분이고 분석 대상도 전체가 아닌 소수의 특정 단어를 대상으로 고찰한 것이 대부분이었다. 앞서 밝혔듯이 본 연구에서는 어휘 분석 대상이 한국과 일본 양국 국어 교과서에 나타난 '자립어' 전체를 대상으로 한 것으로, 양국 교과서의 어휘의 특징을 보다 자세히 고찰할 수 있을 것으로 본다.

3.3.2 품사 연구 방법

　어휘연구는 대상어휘의 선정, 어휘조사, 어휘 비교분석 순으로 진행된다. 이중에서 시간과 노력이 많이 소요되는 부분은 '어휘 조사'라 할 수 있다. 이하, 어휘 조사 과정을 간략하게 정리한다.
　첫째, 어휘 조사 대상 교과서의 문을 문서화하여 텍스트파일로 만든다.
　둘째, 어휘 조사 단위로서 분할기준을 정하고 그 기준에 따라 개별어로 분할 작업을 실시한다.
　셋째, 예문과 소재를 갖춘 비교 어휘 조사표 작성을 위해 데이터를 프로그램 처리한다.

---

51) 국어 교과서는 크게 텍스트와 학습활동으로 이루어져 있다(겉장·속지, 부록표 제외). 본장에서는 이중 텍스트에 사용된 어휘로 한정한다.
52) '부속어(付屬語)'와 대립되는 말로, 명사, 동사, 형용사, 부사, 접속사, 관형사(일본어에서는 연체사), 감탄사(일본어에서는 감동사) 등과 같이 독립적으로 사용 가능한 어휘를 가리킨다.

넷째, 일본 교과서에서 한자에 대한 읽기 부분은 산정하지 않는다. 또한, 같은 단어가 표기(한자 및 가나 등)가 다르더라도 같은 단어로 간주한다.

- 自動車(じどうしゃ) → 개별어수 1어, 전체어수 1어
- 自動車, 自動車, じどう車, じどうしゃ → 개별어수 1어, 전체어수 4어

다섯째, 앞의 과정을 통해 비교 어휘 조사표가 완성되면 다음 단계로는 어휘의 비교분석을 통해 어휘에 나타난 한·일 양국 교과서 어휘의 유사점과 차이점을 고찰한다. 어휘를 비교함에 있어서는 양쪽 모두 동일한 기준에 의해 비교해야 한다. 그러나 어휘의 양(전체어)이 같아도 개별어의 집합에는 차이가 있기 때문에 이 차이를 어떻게 설명할 것인가가 문제가 된다.

이때 서로 양쪽 어휘의 차이를 객관적으로 분석하는 통계기법인 '카이자승 검정값(χ自乘值, 이하, 카이자승값)'을 이용한다. 이를 통하여 서로 다른 어휘의 양적 차이를 객관적으로 설명할 수 있게 된다.

이번 의미 분야별 구조분석에서는 위험률 0.01%이하, 즉 99.99% 이상의 확률에서 유의차가 발생하는 항목을 대상으로 한다. 카이자승값의 내용은 <표 15>와 같다. 즉, 카이자승값 6.635 이상을 유의차가 나타나는 기준으로 삼는다. (이하, 이와 동일)

<표 15> 카이자승값

(*V는 자유도, P는 유의차 확률)

p \ v	0.995	0.99	0.975	0.95	0.9	0.1	0.05	0.025	0.02	0.01	0.005	0.001
1	0.0000	0.0001	0.001	0.004	0.016	2.706	3.841	5.024	5.412	6.635	7.9	10.8

여섯째, 카이자승값에서 유의차가 발생한 항목을 중심으로 한·일 양국 국어 교과서 어휘의 사용 양상의 차이를 분석한다. 카이자승 검정에 관하여는 '4.2 선행연구 분석'을 참조 바란다.

일곱째, 분석 결과를 통해 양국 교과서 어휘가 갖는 언어적 특징 또는 그 나라의 교과서에 나타난 문화적 특징, 교과서의 구성 및 체제 등 다양한 관점에서 그 유사점과 차이점을 밝힌다.

어휘조사의 단어 분할기준은 다지마(田島, 1999)에 근거하여, 최초 문절로 분할한 후 다시 자립어와 부속어로 분리하되, 본고에서는 이중 자립어에 주목한다.[53] 한국어는 일본어와 동일한 조건으로 분할하였다. 한국의 국어 교과서 어휘조사 대상은 다음과 같다.

　　　<어휘조사 대상>　(한국 1-1학기 교과서의 예)
　　　1) '읽어봅시다' 부분 전문 입력
　　　2) '글 : 안도현, 그림 : 조민경'과 같은 저자 부분 포함
　　　3) 글자를 넣어서 읽는 부분의 단어는 제외
　　　4) '물음에 답하여 봅시다' 및 '알아봅시다' 부분 내용은 제외
　　　5) '읽어봅시다' 부분에서 본문 내용과 중복되는 부분은 제외
　　　6) '지금까지 배운 내용 정리' 부분은 제외
　　　7) '놀이터'에 나오는 본문 내용은 포함하나 그림 부분은 제외
　　　8) 각 과의 본문에 제시된 그림에 대한 설명 부분은 포함하나 그림은 제외

언어별 단어 분할 예는 다음과 같다. 숫자는 페이지와 행을 나타낸다. 예를 들어 '023,01'이란 23페이지 1행이라는 의미이다.

---

53) 단어의 정의는 스즈키(鈴木, 1972)에 준해 어휘·문법적 단위로 보아 어휘적 의미를 갖지 않는 부속어는 단어로 인정하지 않는다. 결과적으로 다지마(田島, 1999)의 단어 분할 방식과 차이가 있으나 본서에서는 자립어만을 대상으로 하고 있어 특별한 문제는 없다.

──────── <한국 교과서의 단어 분할 예> ────────

꼼꼼히,살펴보,아,요,023,01,
송편,024,01,
송편,은,추석,에,먹는,대표적인,음식,입니다,.,024,02,
송편,은,보름달,이나,반달,모양,으로,빚,습니다,.,024,03,
그래서,',달떡,',이라고,도,부릅,니다,.,024,04,
송편,을,만드는,재료,에,는,024,05,
쌀가루,로,만든,반죽,덩어리,와,024,06,
송편,속,에,넣는,소,가,있,습니다,.,024,07,

──────── <일본 교과서의 단어 분할 예> ────────

じどう車,くらべ,022,01,
いろいろな,じどう車,が,、,どうろ,を,はしっ,て,い,ます,。,022,02,
それぞれ,の,じどう車,は,、,022,03,
どんな,しごと,を,し,て,い,ます,か,。,022,04,
その,ために,、,どんな,つくり,に,なっ,て,い,ます,か,。,022,05,
バス,や,じょうよう車,は,、,023,01,
人,を,の世,て,はこぶ,しごと,を,し,て,い,ます,。,023,02,
その,ために,、,ざせき,の,ところ,が,、,023,03,
ひろく,つくっ,て,あり,ます,。,023,04,

3.3.3 품사별 비교 및 어휘 고찰

국어 교과서 어휘의 품사별 비교 및 어휘 고찰에 있어서는 이른바 '부속어'에 해당하는 이른바 조동사나 보조동사 및 부호 등은 제외하고 '자립어'에 해당하는 명사(대명사, 고유명사, 수사, 형식명사 포함), 동사, 형용사, 부사, 접속사[54],

────────

54) 한국의 학교문법에서는 접속사라는 항목을 인정하지 않고 부사의 하위범주로 다루고 있다. 본고에서는 편의상, 일본의 학교문법에 따랐다.

관형사[55], 감탄사[56] 등으로 분류하여 총 일곱 가지 형태의 품사를 대상으로 한다. <표 16>은 개별어, <표 17>은 전체어를 품사별로 대조한 것이다. 카이 자승 검정을 통해 99.99% 이상(카이자승값 6.635 이상)의 확률로 유의차가 나타난 부분은 음영으로 표시하였다.

<표 16> 한·일 저학년 국어 교과서에 사용된 개별어의 품사[57]

품사	개별어수				카이 자승값
	한국		일본		
	도수	비율(%)	도수	비율(%)	
명사	1,216	48.9%	908	50.9%	11.665
동사	664	26.7%	473	26.5%	1.663
형용사	164	6.6%	99	5.6%	4.597
부사	353	14.2%	239	13.4%	0.551
접속사	23	0.9%	21	1.2%	0.236
관형사	25	1.0%	12	0.7%	0.122
감탄사	42	1.7%	32	1.8%	1.408
계	2,487	100%	1,784	100%	

<표 17> 한·일 저학년 국어 교과서에 사용된 전체어의 품사

품사	전체어수				카이 자승값
	한국		일본		
	도수	비율(%)	도수	비율(%)	
명사	4,710	52.1%	3,150	51.1%	1.503
동사	2,427	26.8%	1,726	28.0%	30.779
형용사	514	5.7%	335	5.4%	9.26

---

55) 자립어이면서 활용하거나 술어로 사용하지 못하고 체언(명사)을 수식하는 문법적 기능만 있는 단어로, 일본에서는 연체사(連體詞)로 통용된다.
56) 자립어이면서 활용하거나 술어로 사용하지 못하고 감탄, 감동이라는 어휘적 의미를 나타내는 단어로, 일본에서는 감동사(感動詞)로 통용된다.
57) 수치는 모두 소수점 둘째자리에서 반올림한다.

부사	963	10.7%	636	10.3%	0.443
접속사	142	1.6%	123	2.0%	3.849
관형사	199	2.2%	126	2.0%	0.436
감탄사	87	1.0%	71	1.2%	1.274
계	9,042	100%	6,167	100%	

한국의 저학년 교과서에 나타난 자립어는 개별어수가 2,487어, 전체어수가 9,042어이고, 일본은 개별어수가 1,784어, 전체어수가 6,167어였다. 즉, 한국의 국어 교과서 쪽이 일본에 비해 개별어수는 703어, 전체어수는 2,875어 많은 것으로 나타났는데, 이는 각각 1.4배, 1.5배에 해당하는 양이었다.

한편, 한국의 저학년 교과서의 개별어의 평균 사용률은 약 3.64회이며, 일본 국어 교과서는 약 3.46회로, 한국 교과서가 다소 높은 것으로 확인되었다.

<표 16>, <표 17>에서 알 수 있듯이 한·일 저학년 교과서의 자립어에 해당되는 품사를 보면 개별어수와 전체어수 모두 비율이 상당히 유사한 경향을 보이고 있음을 알 수 있다. 양국의 교과서에 사용된 단어들의 사용 양상을 살펴보면 양 언어의 통어적 유사성은 물론, 그 나라의 국어 교과서의 품사 구성 등이 유사함을 확인할 수 있다.

단, 카이자승값 결과를 보면 한국 교과서는 전체어수에서 '형용사'가 유의차가 높은 항목으로 조사되었고, 일본 교과서는 개별어수에서 '명사', 그리고 전체어수에서 '동사'가 유의차가 높은 항목으로 조사되었다.

이하, 주요 품사 및 카이자승값 결과 유의차가 두드러진 항목과 유의차가 발생하지 않은 항목을 토대로 양국 교과서의 특징을 구체적으로 살펴보기로 한다.

3.3.3.1 유의차가 발생한 품사별 항목 대조

1) 한국 교과서가 유의차가 높은 항목 대조

앞에서 제시한 <표 16>, <표 17>의 카이자승값 결과를 보면 한국 교과서가 유의차가 높은 항목은 전체어수에서 '형용사' 항목이었다. 따라서 이하 '형용사'와 관련하여 한국과 일본 교과서의 특징을 살펴보기로 한다.

형용사에서 한국은 개별어수 164어, 전체어수 514어가 사용되어, 한 단어가 평균 3.13회 사용되고 있다. 한편, 일본은 개별어수 99어[58], 전체어수 335어가 사용되어, 한 단어가 평균 3.38회 사용되고 있다.

개별어수는 한국 교과서에서 1.7배 많고, 전체어수에서도 1.5배 많은 것으로 나타났다. 전체 어휘에서 차지하는 형용사의 개별어수의 사용 비율을 살펴보면 한국 교과서는 6.6%이고 일본 교과서는 5.6%로, 비율 역시 한국 교과서가 높았고, 카이자승값 결과(9.126)를 보면 알 수 있듯이 한국 교과서 쪽이 유의차가 높게 나타났다. 3회 이상 사용된 형용사를 제시하면 다음과 같다. (단어 옆에 제시한 숫자는 빈도를 나타냄, 일본어 어휘 중, 의미의 유추가 어려운 경우에는 한국어 역을 붙이기로 한다. 이하 같음)

<한국 교과서>

좋다(36), 없다(36)[59], 많다(19), 작다(16), 같다(13), 크다(10), 아프다(10), 아니다(10), 그렇다(10), 예쁘다(8), 신기하다(8), 좋아하다(7), 재미있다(7), 어리다(7), 아름답다(7), 무섭다(7), 고맙다(7), 길다(7), 착하다(6), 세다(6), 낫다(6), 괜찮다(6), 하얗다(5), 필요하다(5), 중요하다(5), 이상하다(5), 빨갛다(5), 뜨겁다(5), 나쁘다(5), 기쁘다(5), 곱다(5), 힘들다(4), 가엾다(4), 옳다(4), 걱정하다(4), 소중하다(4), 멋지다(4), 더럽다(4), 늦다(4), 깨끗하다(4), 훌륭하다(3), 가깝다(3), 가난하다(3), 가렵다(3), 파랗다(3), 춥다(3), 즐겁다(3), 새롭다(3), 맛있다(3), 다양하다(3), 높다(3), 넓다(3), 까맣다(3), 귀하다(3), 이하 생략

---

58) 일본어에는 형태상 'い형용사'와 'な형용사'로 나눌 수 있는데, 본서에서는 이들을 구별하지 않고 형용사로 다룬다.

<일본 교과서 >

いい(좋다22), 黄色い(노랗다15), 白い(희다13), 上手だ(잘한다12), 同じだ(같다12), 好きだ(좋다11), 青い(푸르다10), 赤い(빨갛다10), ない(없다10), 広い(넓다9), 大好きだ(매우 좋다9), 真っ赤だ(새빨갛다8), 大きい(크다8), 長い(길다7), 元気だ(건강하다7), 明るい(밝다6), 悲しい(슬프다6), 重い(무겁다6), 優しい(상냥하다6), 楽しい(즐겁다6), 甘い(달다5), 嬉しい(기쁘다5), 小さい(작다4), 暗い(어둡다5), 面白い(재미있다4), よい(좋다3), 夢中だ(열중하다3), 丸い(둥글다3), 早い(이르다3), 激しい(격하다3), 新しい(새롭다3), 大切だ(소중하다3), 素晴しい(멋지다3), 残念だ(유감이다3), 綺麗だ(깨끗하다3), 可愛い(귀엽다3), 美味しい(맛있다3), 偉い(대단하다3), 美しい(아름답다3), 이하 생략

위에 제시된 형용사를 살펴보면, 한·일 양국 교과서 모두 주로 희로애락과 관련된 감정 표현, 색, 능력, 밝기를 나타내는 단어들이 다수 포함되어 있었다. 5회 이상 사용된 고빈도어를 살펴보면, 양국 교과서 모두 '좋다'와 'いい'가 가장 많이 사용되었고 '없다'와 'ない' 역시 고빈도어였다.

李庸伯(2004 : 88-89)에서는 한국 교과서에서 기분, 정서, 대인감정 등을 나타내는 형용사 표현이 일본 교과서에 비해 현저하게 많이 사용된다고 지적한 바 있다. 이를 살펴보기 위해 5회 이상 사용된 고빈도어를 '좋다, 나쁘다, 아프다'와 같은 감정·감각을 나타내는 경우와 '많다, 같다, 희다'와 같은 속성·평가를 나타내는 경우로 나누어 살펴본다.

편의상 5회 이상 사용된 고빈도어에 한해 살펴보면, 한국은 31어 중, 감정·감각을 나타내는 형용사가 13어(58.1%)이고 속성·평가를 나타내는 형용사가 18어(41.9%)이다. 반면, 일본 교과서는 22어 중, 감정·감각을 나타내는 형용사가 6어(27.3%)이고 속성·평가를 나타내는 형용사가 16어(72.7%)였다.

---

59) 한국어의 '있다', '없다'의 품사분류에 대하여는 의견이 다양하나 편의상 일본어에 준해 '있다(いる/ある)'는 동사로, '없다(ない)'는 '형용사'로 분류하여 대조한다.

<한국>

· 감정·감각 : 좋다, 아프다, 신기하다, 좋아하다, 재미있다, 무섭다, 고맙다, 괜찮다, 나쁘다, 기쁘다, 이상하다, 뜨겁다, 소중하다, 이하 생략

· 속성·평가 : 없다, 많다, 작다, 같다, 크다, 아니다, 그렇다, 예쁘다, 어리다, 아름답다, 길다, 착하다, 세다, 낫다, 필요하다, 하얗다, 빨갛다, 곱다, 이하 생략

<일본>

· 감정·감각 : いい(좋다), 好きだ(좋다), 大好きだ(매우 좋다), 悲しい(슬프다), 楽しい(즐겁다), 嬉しい(기쁘다), 이하 생략

· 속성·평가 : 上手だ(잘한다), 同じだ(같다), ない(없다), 大きい(크다), 長い (길다), 元気だ(건강하다), 明るい(밝다), 重い(무겁다), 優しい(상냥하다), 甘い(달다), 黄色い(노랗다), 白い(희다), 青い(푸르다), 赤い(붉다), 広い(넓다), 真っ赤だ (새빨갛다), 이하 생략

즉, 한국 교과서는 감정·감각을 나타내는 형용사가 다양하게 사용된 반면, 일본 교과서에는 속성·평가를 나타내는 어휘 사용이 많고, 그중에서도 '黄色い(노랗다), 白い(희다), 青い(푸르다), 赤い(붉다)' 등과 같이 색을 나타내는 형용사의 사용빈도가 높은 것이 특징이라 할 수 있다. 이하, 위에 제시된 고빈도어 중에서 사용 예문을 일부 제시한다.

1) 또또 상자에 색종이를 모아 두니 참 좋습니다. (한1-1 : 85/3)[60]
2) "토끼지우개는 없어요, 꼭 갖고 싶어요.". (한1-1 : 78/11)
3) 어머니의 약값으로 빌린 돈이 많았기 때문이에요. (한1-1 : 92/6)
4) 「ああ、いい気もち。おばあちゃんもおいでよ。」(일1-2 : 111/2)
5) 黄色いきれいな花がさきます。 (일2-1 : 20/4)
6) おにごっこができるといいですね。(일2-2 : 81/3)

2) 일본 교과서가 유의차가 높은 항목 대조

앞에서 제시한 <표 16>, <표 17>의 카이자승값 결과를 보면 일본 교과

---

60) '한1-1'은 '한국 국어 교과서 1-1학기'를, '85'는 '페이지', '3'은 '행'을 의미함. (이하 같음).

서가 유의차가 높은 항목은 개별어수에서 '명사', 전체어수에서 '동사'의 2개 항목이었다. 이하 '명사' 및 '동사'와 관련하여 한국과 일본 교과서의 특징을 살펴보기로 하자.

(1) 명사

한국은 '명사'에서 개별어수 1,216어, 전체어수 4,710어로, 한 단어가 평균 3.87회 사용되고 있으며, 일본은 개별어수 908어, 전체어수 3,150어로, 한 단어가 평균 3.47회 사용되어 한국 쪽이 약간 높았다.

개별어수의 사용 비율을 살펴보면 한국 교과서는 48.9%이고, 일본 교과서는 50.9%를 차지하여 한국보다 2.0% 정도 비율이 높은 것을 확인할 수 있다. 즉, 한국 교과서의 개별어수가 일본보다 1.3배 많지만 일본이 비율에 있어서는 2.0%나 높아, 결과적으로 카이자승값(11.665)에서 일본 쪽이 유의차가 높은 것으로 나타났다. 반면 전체어수에서는 한국 교과서가 양적으로도 1.5배에 해당하고 전체 사용 비율에서도 52.1%로, 51.1%인 일본보다 1.0% 높았으나 유의차는 나타나지 않았다.

명사는 개별어수가 많으므로 지면 제약상 10회 이상 사용된 예를 제시하여 비교한다. (고유명사 중 인명에는 '人'을 부기하도록 한다.)

───────── 〈한국 교과서〉 ─────────

나(168), 우리(78), 어머니(56), 집(49), 물(46), 말(41), 사람들(40), 호랑이(37), 길(30), 때(30), 해(태양28), 소리(28), 옛날(27), 사람(27), 저(1인칭26), 달(25), 너(24), 마음(24), 아버지(23), 불개(23), 모습(22), 발(22), 나무(21), 이름(21), 마을(21), 생각(21), 어디(21), 할머니(20), 눈(20), 선생님(20), 사또(20), 산(19), 바다(19), 냄새(18), 숙제(18), 반쪽이(人18), 친구들(17), 친구(17), 날(17), 이(치아17), 뒤(시간17), 바람(17), 힘(16), 옹달샘(16), 얼굴(16), 아들(16), 시간(16), 그때(15), 자기(15), 이방(15), 오늘(15), 앞(15), 민지(人15), 고래(14), 장승(14), 일(14), 놀이(14), 위(14), 속(14), 모양(14), 여기(14), 지금(13), 지구(13), 아침(13), 머리(13), 몸(13), 수영이(人13), 도라지(人13), 누구(13), 학교(12), 옷(12), 동생(12), 아이(12), 로봇

(12), 무(12), 황소아저씨(11), 개구리(11), 고양이(11), 책(11), 그림(11), 꽃(11), 농부(11), 우주(11), 영감(11), 독도(11), 동물(11), 안(11), 떡시루(11), 물건(11), 병(11), 별나라(11), 형(10), 개미(10), 고기(10), 코끼리(10), 코(10), 그물(10), 나라(10), 입(10), 임금님(10), 놀이터(10), 윌(10), 뒤(공간10), 아무(10), 떡(10), 손(10), 선물(10), 불(10), 툴툴이(人10), 누가(10), 그것(10), 이하 생략

<일본 교과서>

バケツ(양동이57), お祖母さん(할머니46), 狐の子(새끼여우45), 僕(나40), 白馬(백마39), 時(때37), スーホ(人37), 中(36), 猫(32), 誰(누구30), 私(나29), 花(28), 人(사람27), すみれちゃん(人26), エルフ(개26), 木(23), がまくん(두꺼비21), 雨(20), 水(20), 絵(20), お手紙(편지20), 蛙君(개구리19), 魚(19), 上(18), 川(18), 熊の子(새끼곰18), うさぎのこ(토끼17), お祖父さん(할아버지17), カブ(순무17), 何(무엇17), 空(하늘17), 様子(모양16), 日(16), 鯨(16), 名前(이름16), 朝(아침15), 歌(15), カード(카드15), 下(15), 実(열매14), 漢字(14), 自分(자신14), これ(이것14), 犬(13), 鬼(도깨비13), くちばし(부리13), 言葉(말13), 殿様(13), きみ(자네13), 風(12), 春(12), 声(12) 赤ちゃん(아기11), 馬(11), おばあちゃん(할머니11), 文(11), お結び(주먹밥11), 顔(얼굴11), 気持ち(기분11), 子豚(새끼돼지11)), 動物(11), 次(다음11), 仕掛け(장치11), 外(11), それ(그것11), スイミー(물고기11), 間(10), 蝋燭(양초11), お母さん(어머니10, お姉さん(누나/언니10), 体(몸10), 草原(10), 友達(친구10), 作(작품10), 手(10), 月(10), 狸(너구리10), 題(제목10), かりんちゃん(人10), 이하 생략

위에 제시된 명사를 살펴보면 양국 간에 유사·상이점이 잘 드러남을 알수 있다. 먼저 유사점으로는 양국 모두 동물명, 친족명, 인칭어가 빈도수 상위어를 차지하고 있음을 확인할 수 있다.

먼저 동물명을 보면, 한국 교과서는 '말·호랑이·불개·고래·황소·개구리·고양이·개미·코끼리 등이 고빈도어이고 일본 교과서는 '狐の子(새끼여우)·白馬(백마)·猫(고양이)·がまくん(두꺼비)·かえるくん(개구리)·熊の子(새끼곰)·うさぎのこ(토끼새끼)·鯨(고래)·犬(개)·馬(말)·子豚(새끼돼지)·狸(너구리) 등이 고빈도어로, 동물의 선호도에 차이가 있다.

　　다음으로 가족관계를 나타내는 친족명이 많이 사용되었는데, 한국 교과서는 '어머니·아버지·할머니' 등이 사용빈도가 높고 일본 교과서는 'お祖母さん(할머니)·お祖父さん(할아버지)'의 사용예가 많았다.

　　한국의 저학년 교과서에는 '할아버지'라는 단어가 1회 밖에 사용되지 않았고, 일본 국어 교과서에는 '아버지'에 해당하는 단어가 전혀 사용되지 않았다. 이는 양성평등의 관점에서 보았을 때 문제점으로 지적할 수 있다. 그 밖에 형제 및 자녀에서, 한국은 '아들·형'이 고빈도어인데 반해, 일본은 언니, 누나에 해당하는 'お姉さん'이 고빈도어로 나타나, 친족명에 있어서도 성(性)의 선호도에 차이가 나타났다.

　　인칭대명사가 많이 등장하는데, 한국 교과서에는 '나·우리·저' 등과 같은 1인칭을 나타내는 단어가 종류도 다양하고 고빈도어로 많이 사용되고 있음을 확인할 수 있다.[61]

　　일본 교과서에도 '나'에 해당하는 '僕·私·自分' 등의 1인칭 대명사 사용 비율이 고빈도어로 나타났으나 상대적으로 종류나 양에서 적은 것으로 나타났다. 일본 교과서에서는 남녀 공통적으로 사용되는 단어라 할 수 없는, 이른바 '남성어'라 분류되는 '僕'라는 단어를 남녀 모두가 사용하는 '私'에 비해 더 많이 사용하고 있는 것으로 나타나 문제점으로 지적된다.

　　2인칭 대명사는 한국 교과서에서는 '너', 일본 교과서에서는 'きみ'가 높게 나타났다. 실제, 한국어 및 일본어 교재에서 대표적인 2인칭으로 들고 있는 것은 '당신'이나 'あなた'이며, 더구나 양국 모두 2인칭은 사용하지 않는다고 설명하고 있는데, 교과서의 어휘를 보면 이와 거리가 있음을 알 수 있다. 이하, 위에 제시된 고빈도어 중에서 사용 예문을 일부 제시한다.

----

61) 申玟澈(2001 : 53)에서는 '나·너·우리' 등과 같은 인칭대명사의 사용 빈도가 일본 교과서에 비해 한국 교과서가 높은 것으로 조사되었다.

7) 아버지 어머니 아기 <u>나</u> 우리 가족 (한1-1 : 7/1)

8) 고양이는 <u>나</u>만 따라해. (한1-2 : 11/1)

9) <u>나</u>는 얼른 달려가 동전을 주웠습니다. (한2-1 : 92/4)

10) おじいさんを<u>おばあさん</u>がひっぱって、(일1-1 : 77/1)

11) ねこも、<u>おばあさん</u>も、たくさんさかなをとりました。(일1-2 : 114/3)

12) 「<u>おばあちゃん</u>、ケーキをつくるの、じょうずだね。」(일1-2 : 102/5)

(2) 동사

한국은 '동사'에서 개별어수 664어, 전체어수 2,427어로, 한 단어가 평균 3.66회 사용되었고, 일본은 개별어수 473어, 전체어수 1,726어로, 한 단어가 평균 3.65회 사용되어 양국 교과서 간의 단어의 평균 사용률이 거의 유사하였다. 전체어수에서 유의차가 발생하였는데, 일본 교과서 쪽이 높았다.

한편 개별어수의 사용 비율을 살펴보면 한국 교과서는 26.7%이고 일본 교과서는 26.5%로, 한국 교과서에서 개별어수가 1.4배 많으나, 비율에서는 거의 동일하여 유의차가 발생하지 않았다. 반면에 전체어수에서는 한국 교과서는 26.8%이고 일본 교과서는 28.0%로, 한국 교과서에서 전체어수가 1.4배 많으나, 한국 교과서보다 일본 교과서가 비율이 더 높고, 카이자승값 (30.779) 결과를 보더라도 일본 교과서 쪽이 유의차가 높게 나타났다.

'동사'는 개별어수가 매우 많으므로 지면 제약상 사용빈도 10회 이상 사용된 예를 제시하여 비교한다.

───── <한국 교과서> ─────

있다(86), 가다(78), 하다(67), 보다(63), 말하다(50), 쓰다(45), 오다(42), 먹다(40), 만들다(36), 살다(33), 잡다(29), 주다(28), 알다(27), 듣다(27), 나오다(24), 그리다(23), 생각하다(20), 자다(19), 나다(18), 부르다(呼18), 되다(17), 찾다(16), 울다(15), 서다(15), 생기다(14), 내다(14), 모으다(14), 들다(14), 돌아오다(14), 짓다(13), 받다(13), 가지다(12), 놓다(12), 타다(11), 일어나다(11), 앉다(11), 끝나다(11), 나누다(11), 넣다(11), 지나다(10), 읽다(10), 웃다(10), 시작하다(10), 쉬다(10), 사용하다(10), 보내다(10), 버리다(10), 놀라다(10), 들어오다(10), 이하 생략

일본 교과서>

言う(110), ある(있다62), する(하다57), 見る(보다43), 来る(오다31), 出来る(가능하다29), 行く(가다28), いる(있다28), 書く(쓰다27), 引っ張る(당기다22), 見つける(발견하다18), 帰る(돌아오다18), 遣る(주다15), 作る(만들다15), 見える(보이다14), 入れる(넣다14), 咲く(피다14), 待つ(기다리다13), 降る(내리다13), 付ける(붙이다13), 食べる(먹다13), 考える(생각하다13), 入る(들어가다12), 逃げる(도망가다12), 思う(생각하다12), 叩く(두드리다12), 分かる(알다11), 歌う(부르다11), 伸びる(늘어나다11), 出る(나오다11), 捕まる(잡히다11), 持つ(들다/가지다10), 取る(잡다10), 付く(붙다10), かける(걸다/달리다10), 下げる(내리다10), 聞く(듣다10), 이하 생략

위에서 제시한 빈도 상위어를 비교해 보면 양국 교과서 모두 '있다'라는 존재동사와 '하다', 그리고 '가다·오다'에 해당하는 이동동사가 높게 사용되고 있다. 이하, 위에 제시된 고빈도어 중에서 사용 예문을 일부 제시한다.

13) 우주에 어떤 위험이 <u>있을</u>지 몰랐기 때문입니다. (한1-2 : 33/4)
14) 슬기가 메뚜기를 잡으러 <u>가요</u>. (한1-1 : 52/3)
15) 숙제를 <u>하려고</u> 읽기 책을 찾았다. (한1-1 : 75/4)
16) い<u>わ</u>なくっても、わかるとおもっていたんだね。(일1-2 : 49/1)
17) パンダのなか<u>に</u>は、パンが<u>ある</u>。(일1-2 : 21/6)
18) にひきはきのう、けんかを<u>し</u>たのです。(일1-1 : 94/1)

3.3.3.2 유의차가 발생하지 않은 품사 항목 대조

앞에서 제시한 <표 16>, <표 17>의 카이자승값 결과를 보면 한·일 양국의 교과서의 품사별 비교 분석에서 유의차가 발생하지 않은 항목으로는 부사, 접속사, 관형사(연체사), 감탄사 등이 있다. 유의차가 발생하지 않았다는 점은 양국 교과서에 사용되는 품사의 양적인 측면에서 매우 유사하며,

비슷한 사용양상을 보인다는 것이다. 본 절에서는 유의차가 발생하지 않은 항목에 대해서도 품사별 한·일 양국교과서 어휘 비교를 통해 그 특징을 살펴보기로 하겠다.

1) 부사

한국은 '부사'에서 개별어수 353어, 전체어수 963어로, 한 단어가 평균 2.73회 사용되었고, 일본은 개별어가 239어, 전체어수 636어로, 한 단어가 평균 2.66회 사용된 것으로 조사되었다. '부사'는 한국 교과서에서 일본 교과서에 비해 약 1.5배 정도 많이 사용되는 것을 확인할 수 있으나 개별어수와 전체어수 모두에서 카이자승값 결과를 보면 유의차는 크지 않은 것으로 조사되었다. 5회 이상 사용된 부사를 제시하여 비교한다.

〈한국 교과서〉

함께(24), 서로(22), 왜(21), 못(21), 모두(19), 더(19), 잘(17), 이렇게(17), 먼저(17), 많이(17), 가장(15), 또(15), 어떻게(14), 아주(14), 그만(13), 참(10), 이제(10), 얼른(9), 바로(9), 꼭(9), 영차(9), 거꾸로(8), 여러 가지(8), 얼마나(8), 아무리(8), 다시(8), 둥둥(8), 조금(7), 갑자기(7), 정말(7), 영치기(7), 좀(6), 깜짝(6), 히(6), 가득(5), 한참(5), 크게(5), 점점(5), 열심히(5), 겨우(5), 쉽게(5), 그냥(5), 늘(5), 너무(5), 날마다(5), 들강달강(5), 이하 생략

일본 교과서〉

みんな(모두35), そう(그렇게18), もう(이미17), よく(자주/잘14), たくさん(많이13), 一緒に(함께13), すっとんとん(똑똑13), まだ(아직11), とても(매우11), ずっと(계속/훨씬11), ころりん(대굴대굴11), もっと(더10), どう(어떻게10), こう(이렇게10), なぜ(왜9), いっぱい(가득9), 又(또한8), 大急ぎ(서둘러8), ぷるん(탱탱8), なんだか(왠지7), いつも(언제나7), すぐに(바로7), 早く(빨리6), 一番(가장6), すぐ(바로6), どっこいしょ(영차6), ぐんぐん(쑥쑥6), やっと(겨우5), いっせいに(일제히5), 少し(조금5), きっと(꼭5), キークルクル(빙글빙글5), ころころ(대굴대굴5), 이하 생략

'부사'도 한국 교과서에는 '함께·서로·모두', 일본 교과서에는 'みんな (모두)·一緒に(함께)' 등과 같이 상대방을 배려하고, 서로의 관계를 중시하는 단어들이 빈도수 상위어로 사용되고 있는 것을 확인할 수 있다.

그러나 한국 교과서에는 일본 교과서에 비해 '부사' 중, '의성어(擬聲語)' 나 '의태어(擬態語)'로 사용된 단어의 종류 및 빈도가 현저하게 낮았다. 한국 교과서에는 '영차·영치기·들강달강'과 같이 함께 힘을 쓰는 모습을 흉내 내는 말이나 '히·방긋·하하하'와 같은 웃음을 흉내 낸 단어가 고빈도어 로 나타났다.

한편, 일본 교과서는 'どっこいしょ·よいしょ·うんとこしょ' (영차) 와 같이 힘을 쓰는 모습을 흉내 낸 말과 더불어 'ころりん(대굴대굴)·ぷるん(탱 탱)·ぐんぐん(쑥쑥)·ころころ(대굴대굴)·キークルクル(빙글빙글)'와 같이 사 물의 모습을 흉내 내거나 'すっとんとん(똑똑)·キーカラカラ(바스락)·カタ カタ(달그락)·ざんざん(쫙쫙)'과 같이 소리를 흉내 낸 말 등, 감각을 자극하 는 어휘가 다수 등장하였다. 이하, 위에 제시된 고빈도어 중에서 사용 예문 을 일부 제시한다.

> 19) 초롱이와 <u>함께</u> 우리 집에 놀러 올래? (한1-1 : 46/7)
> 20) 음식 먹는 습관이 <u>서로</u> 다릅니다. (한1-1 : 82/4)
> 21) 사람들이 <u>왜</u> 양말과 신발을 신고 다니는지 아니? (한1-2 : 43/4)
> 22) いきなり、かぜが、<u>みんな</u>を空へふきとばしました。(일1-2 : 9/2)
> 23) おかみさんは、<u>そう</u>おもいながら、(일1-2 : 76/6)
> 24) 「おや、<u>もう</u>おひるだ。」(일1-2 : 12/1)

2) 접속사

한국은 '접속사'에서 개별어수 23어, 전체어수 142어로, 한 단어가 평균 6.17회 사용되었고, 일본은 개별어수 21어, 전체어수 123어로, 한 단어가 평균 5.86회 사용되어 한국 쪽이 조금 높다. 그러나 카이자승값 결과를 보면 유의차가 발생되지 않은 것을 확인할 수 있다.

'접속사'가 품사 전체에서 차지하는 비율은 개별어수 측면에서는 약 1% 정도이고 전체어수에서도 2%를 넘지 않아 매우 미미한 사용빈도를 나타내고 있다. 하지만 '접속사'의 기능이야말로 문장의 연결고리로 없어서는 안 되는 매우 중요한 품사이다. 2회 이상 사용된 예를 제시하여 비교한다.

〈한국 교과서〉

그래서(28), 하지만(18), 그런데(18), 그러자(13), 그리고(12), 그러나(12), 그럼(11), 그러니까(6), 그러고(4), 그래도(4), 그러다(3), 그러면(2), 이하 생략

〈일본 교과서〉

そして(그리고29), でも(하지만18), だって(하지만14), それから(그리고13), すると(그러자9), そこで(그래서6), それで(그래서5), それでも(하지만4), けれども(하지만4), だから(그러니까3), そうして(그래서3), けれど(하지만3), ところが(그런데2), それじゃ(그럼2), さて(그럼2), 이하 생략

양국 교과서 모두 순접이나 역접에 해당하는 접속사가 고빈도어로 사용되는 경향을 나타냈다. 고빈도어를 살펴보면 한국 교과서는 앞에 오는 문의 내용이 바로 뒤에 오는 내용의 원인·근거·조건 따위가 될 때 사용되는 '그래서'가 가장 많이 사용되고, 다음으로 '그렇지만'과 '하지만'의 사용빈도가 높은 것을 확인할 수 있다. 한편 일본 교과서는 문을 병렬로 연결할 때 사용하는 'そして(그리고)'가 가장 높은 사용빈도수에 속하고, 다음으로 역접의 의미로 사용되는 'でも(하지만)'가 높게 사용되었다. 이하, 위에 제시된 고빈도어 중에서 사용 예문을 일부 제시한다.

25) 호랑이는 소를 잡아먹고 싶었어요. <u>그래서</u> 날마다 기회만 엿보고 있
   었지요. (한1-1 : 483/4)

26) "저기 쌓인 쓰레기도 물을 오염시키지요?" "그렇지. <u>그래서</u> 쓰레기를
   함부로 버리면 안 된단다." (한2-2 : 48/15~16)

27) 一年ぐらいたつと、おかあさんやなかまがするのを見て、えもののと
   りかたをおぼえます。<u>そして</u>、じぶんでつかまえてたべるようにな
   ります。(일1-2 : 88/5~8)

28) かんさつ名人は、ようすやうごきをていねいにかんさつします。<u>そし
   て</u>、あとで読んでもよくわかるようにきろくすることがじょうずで
   す。(일1-2 : 114/3)

3) 관형사

한국은 '관형사'에서 개별어수 25어, 전체어수 199어로, 한 단어가 평균
7.96회 사용되었고, 일본은 개별어수 12어, 전체어수 126어로, 한 단어가 평
균 10.50회 사용되어 일본 쪽이 높은 것을 확인할 수 있다. 그러나 카이자
승값 결과를 보면 유의차가 발생되지 않은 것을 확인할 수 있다. '관형사'
도 품사 전체에서 차지하는 비율은 개별어수 측면에서는 1% 이하로 전체
어수에서도 2%를 조금 넘는 정도의 사용빈도를 나타내고 있다. 2회 이상 사용
된 예를 제시하여 비교한다.

```
──────────── <한국 교과서> ────────────
그(42), 큰(24), 이(23), 다른(17), 어느(16), 어떤(15), 무슨(13), 여러(10), 커다란(8),
저(6), 이런(4), 그런(3), 지난(2), 제(2), 오랜(2), 새(2), 고(2), 이하 생략
```

```
──────────── <일본 교과서> ────────────
その(그37), この(이20), 大きな(큰19), ある(어떤12), 小さな(작은10), どんな(어떤
8), こんな(이러한8), そんな(그러한5), どの(어느2), いろいろな(다양한2), あの
(저2), 이하 생략
```

위에 제시된 고빈도어를 살펴보면 한국 교과서는 자신의 위치에서 떨어져 있는 사물을 가리키거나, 이미 말한 것 또는 서로 이미 아는 것, 또는 확실하지 않거나 밝히고 싶지 않은 것을 가리키는데 사용되는 '그'가 가장 많이 사용되고, 다음으로 '큰'62), 다음으로 말하는 사람으로부터 가까이 있거나 이야기한 대상을 가리킬 때 사용되는 '이'가 많이 사용되었다. 일본 교과서도, 한국 교과서의 '그'에 해당하는 'その'가 가장 높은 사용빈도를 보였고 '이'에 해당하는 'この', 그리고 '큰'에 해당하는 '大きな'가 사용빈도 3위를 차지하여, 양국 교과서 모두 비슷한 사용 양상을 나타내고 있는 것을 확인할 수 있다. 이하, 위에 제시된 고빈도어 중에서 사용 예문을 일부 제시한다.

29) 그 때 메뚜기가 만복이 어깨에 앉았어요. (한1-1 : 54/1)
30) 여러분은 그 주인공이 누구라고 생각하나요? (한1-2 : 32/3)
31) 「天までとどけ、一、二、三。」そのときです。(일1-2 : 9/1)
32) ペンギンはそのあとすぐに元気になりました。(일2-1 : 114/12)

4) 감탄사

'감탄사'에서 한국은 개별어수 42어, 전체어수 87어로, 한 단어가 평균 2.07회 사용되었고, 일본은 개별어수 32어, 전체어수 71어로, 한 단어가 평균 2.22회 사용되어 일본 쪽이 조금 높은 것을 확인할 수 있다. 그러나 카이자승값 결과를 보면 유의차가 발생되지 않은 것을 알 수 있다.

'감탄사'도 품사 전체에서 차지하는 비율은 개별어수 측면에서는 1.5% 정도이고 전체어수에서도 약 1% 정도 사용양상을 보이고 있다. 2회 이상 사용된 예를 제시하여 비교한다. (일본어 품사 분류에 준해 일부 인사말도 '감탄사'에 포함시킨다.)

---

62) '큰', '커다란'은 '크다', '커다랗다'라는 형용사로 볼 수 있으나 일본어의 '大きな'에 준해 관형사로 분류하였다. '큰길', '큰돈'과 같이 복합어를 만든다는 점에서 관형사와 같은 요소가 있다고 볼 수 있다.

<한국 교과서>

아(14), 네(7), 야(4), 아이고(4), 아니(4), 와(3), 에헴(2), 어때(2), 앗(2), 아이코(2), 아니야(2), 싫어(2), 그렇지(2), 이하 생략

<일본 교과서>

あら(앗9), おはよう(안녕5), ありがとう(고마워5), ああ(아4), さあ(글쎄3), こんにちは(안녕3), ごめん(미안3), おや(어럿3), おうい(이봐3), うん(음3), あれ(어럿3), や(야2), ふん(흥2), どうぞ(자2), そう(그렇지2), さようなら(안녕2), おめでとう(축하해2), 이하 생략

위에 제시된 고빈도어를 살펴보면 한국 교과서는 놀람·당황·초조 등을 나타내거나 기쁨·슬픔·칭찬·뉘우침·귀찮음·절박감 등을 나타낼 때 내는 소리로 사용되는 '아'가 가장 많이 사용되고, 다음으로 존대할 자리에서 대답이나 반문할 때 사용되는 '네'의 사용빈도가 높은 것을 확인할 수 있다. 한편, 일본 교과서는 무언가에 놀랄 때 사용되는 'あら(앗)'가 가장 높은 사용빈도를 보였고 다음으로 대면인사로 사용되는 'おはよう(안녕)'가 높게 사용되는 것을 확인할 수 있다. 이하, 고빈도어 중에서 사용 예문을 일부 제시한다.

33) "아! 이가 아파요." (한1-1 : 43/4)
34) "아, 드디어 해를 찾았다." (한2-1 : 123/11)
35) 「あら、そうね。五さいだから、さかなつりにいくわ。」(일1-2 : 108/6)
36) 「あら、スカートがぬれるわ。」といって、(일1-2 : 112/1)

이상, 한·일 저학년 교과서의 자립어에 해당되는 품사를 보면 개별어수와 전체어수 모두 전체에서 차지하는 비율이 상당히 유사한 경향을 보이고 있음을 알 수 있다.

유의차가 발생한 품사별 항목 대조에서는, 한국 교과서가 유의차가 높은

항목은 '형용사'로, 한국은 일본에 비해 형용사의 종류와 빈도가 상대적으로 높았는데, 특히 감정·감각을 나타내는 어휘가 많고 일본은 속성·평가를 나타내는 어휘가 많았고 특히 색(色) 관련 '형용사'가 많이 사용되었다.

이어서 일본 교과서가 유의차가 높은 항목은 '명사' 및 '동사'이다. 특히 '명사'에서, 1인칭 대명사나 친족명, 동물명 등의 고빈도에서 차이가 나타났고, '동사'는 양국 모두 이동(移動)을 나타내는 동사나 존재사, 행위를 나타내는 동사가 주로 많이 사용되는 점은 유사하나 단어 사용 빈도 면에서 상당한 차이가 있음을 알 수 있었다.

'부사', '접속사', '관형사', '감탄사'에서는 유의차가 발생하지 않았으나 고빈도어 등에서 유사한 경향을 나타내는 경우가 많았다.

3.4 어종 대조

3.4.1 들어가는 글

'어종(語種)'이란 단어의 출신을 가리키는 것으로, 특정 언어의 어휘를 어종에 의해 분석하는 것은 해당 언어의 역사와 구조를 알 수 있는 잣대가 된다. 일반적으로 한국어와 일본어는 '고유어(固有語)', '한자어(漢字語)', '외래어(外來語)', '혼종어(混種語)'로 분류한다.

'고유어'란 원래부터 자국에서 만들어져 사용되어 온 어휘로, 일상생활에서 넓은 범위에 걸쳐 사용되고 있다.[63] 한국이나 일본 모두 중국어 기원의 한자어나 그 밖의 서구로부터 차용한 외래어가 도래하기 이전부터 존재했던 어휘라 할 수 있다.

---

63) 의성어 의태어 등을 포함하기 때문에 감각적, 정서적 표현력이 풍부한 어종이라 할 수 있다.

'한자어'란 고대부터 중세에 걸쳐 중국으로부터 한자와 함께 유입된 어종으로, 중국어 어휘의 발음과 표기가 한국어나 일본어화가 된 것을 가리킨다. 다시 말하면 중국의 한자문화에 영향을 받은 한국, 일본, 베트남 등에 받아들여진 중국어 기원의 어휘 또는 그러한 어휘를 바탕으로 각국에서 독자적으로 만들어진 것으로 한국어와 일본어은 주로 한자를 음(音)으로 발음하는 단어들이다.

'외래어'란 일찍이 중국에서 들어와 정착한 한자어를 제외하고 외국에서 들어와 자국어의 일부로 굳어진 어휘를 가리키며 '차용어(借用語)'라 부르기도 한다.

마지막으로, '혼종어'란 이상의 앞서 설명한 세 가지 어종 중에서 두 가지 이상의 어종이 결합된 것으로, '3.5 어구성 대조'에서 다룰 어구성적인 측면에서 보면 이른바 '복합어(複合語)'에 속하게 된다.

혼종어는 고유어를 기반으로 하여 외래요소인 한자어나 외래어를 적극적으로 받아들여서 만들어진 어종으로, '歯ブラシ(칫솔)'와 같은 '고유어＋한자어', '運動靴(운동화)'와 같은 '한자어＋고유어', 'プロ野球(프로야구)'와 같은 '외래어＋한자어' 등 다양한 형태가 있다. 참고로 한국어와 일본어 어휘는 서로 유의어(類義語)인 경우라도 어종이 다른 경우가 많다. 혼종어 역시 예외가 아니다. <표 18>의 '칫솔' 및 '운동화'가 그 예이다.

<표 18> 한국어와 일본어의 유의어 간 어종 비교(예)

한국어	어종	일본어	어종
칫솔	한자어＋고유어	歯ブラシ(칫솔)	고유어＋한자어
운동화	한자어＋한자어	運動靴(운동화)	한자어＋고유어
프로야구	한자어＋한자어	プロ野球(프로야구)	외래어＋한자어

본 장에서의 어휘조사 대상 자료는 '3.3 품사 구성 대조'와 동일하게 한·일 양국 저학년 국어 교과서 읽기 교재에 나타난 자립어를 대상으로 한다.

3.4.1.1 한국어의 어종

<표 19>는 국립국어연구원의 『표준국어대사전』(1999)에 등재된 표제어 508,771개를 어종에 의해 분류한 것이다.

<표 19> 한국의 『표준국어대사전』(1999)의 어종별 통계(정호성 1999) (%)

	고유어	한자어	외래어	기타	계
표제어	111,299	251,478	23,196	54,289	440,262
부표제어	20,672	46,438	165	1,234	68,509
계	131,971(25.9)	297,916(58.6)	23,361(4.6)	55,523(10.9)	508,771(100)

<표 19>의 사전의 표제어를 보면 한국어는 한자어가 58.6%로 가장 비율이 높고 고유어가 25.9%, 기타(혼종어 등) 10.9%, 외래어 4.6%임을 알 수 있다. 학습용 어휘목록을 대상으로 어종을 분류한 <표 20>의 조남호(2003)와 비교하면 한자어의 비율은 낮아지고 고유어와 외래어의 비율은 높아지는 것을 알 수 있다. 즉, 사전의 표제어와는 달리 학습용 어휘에서는 한자어와 고유어가 각각 41.6%, 40.2%로 유사한 수준으로 나타났다.

<표 20> 조남호(2003)의 학습용 어휘목록의 어종별 통계(편집) (%)

	고유어	한자어	외래어	혼종어	계
어휘	2,395(40.2)	2,474(41.6)	834(14.0)	249(4.2)	5,952(100)

한국의 초등학교 2학년 국어 교과서를 연구한 김경선 · 방인태(1998)에서는 고유어가 한자어보다 많으며, 혼종어, 외래어순으로 이어진다고 밝히고 있다. 그러나 초등학교 6년분 국어 교과서를 연구한 변은주

(2005)나 고등학교 국어 교과서를 연구한 최상재(1993)에서는 한자어가 고유어보다 많다고 보고하고 있다. 서종학·김주필(1999)의 연구결과도 이와 같다. 즉, 선행연구를 통해 고학년일수록 고유어의 비율이 낮아지고 반대로 한자어나 혼종어의 비율은 높아지는 경향이 있음을 확인할 수 있다.

3.4.1.2 일본어의 어종

일본 국립국어연구소에서는 대규모 어휘조사를 통해 어휘를 계량적으로 취급하여 품사별·어종별·의미 분야별·어구성별로 현대 일본어의 어휘가 갖는 어휘의 일반적인 특징 및 수량적인 구조 등을 밝힌 바 있다. 일본어의 특징의 하나는 순수 일본어에 해당하는 고유어는 개별어수에 비해 전체어수에서 사용 비율이 높게 나타나는 반면, 한자어나 외래어, 혼종어는 그 반대의 경향을 나타낸다는 점이다. <표 21>은 『新選国語辞典』(2002)에서 공개하고 있는 어종 통계이다.

<표 21> 일본의 『新選国語辞典』(2002) 표제어의 어종별 통계 (%)

	고유어	한자어	외래어	혼종어	계
어휘	24,708(33.8)	35,928(49.1)	6,415(8.8)	6,130(8.4)	73,181(100)

일본어의 어휘도 앞의 <표 20>의 한국의 『표준국어대사전』(1999)의 표제어와 유사하게 '한자어'의 비율이 가장 높으나 비율상으로는 58.6%인 한국어에 비해서 낮다. 반면, '고유어'의 비율은 한국이 25.9%인데 비해, 33.8%로 일본이 높다고 할 수 있다. 단, 두 사전이 총 어휘수에 차이가 큰 만큼 단순 비교하기는 어렵다.

宋正植(2013)에서는 일본어 교육기본어휘 4,029단어를 어종별로 분류한 바 있다. 그 결과를 제시하면 <표 22>와 같다.

<표 22> 일본어 교육기본어휘의 어종별 사용빈도 및 비율 (%)

	고유어	한자어	외래어	혼종어	계
어휘	1,515(37.6)	2,101(52.2)	243(6.0)	170(4.2)	4,029(100)

위의 조사결과를 살펴보면 교육기본어휘는 앞의 <표 22>의 시마무라(島村, 1983)의 일본 교과서 어휘의 조사 결과와는 달리, 한자어의 비율이 가장 높고 다음으로 고유어가 높았으며 외래어, 혼종어 는 각각 6.0%, 4.2% 정도 였다. 앞서 조남호(2003)에서 제시한 <표 20>의 한국어의 학습용 어휘에서 한자어가 40.2%였던 것에 비하면 일본어의 교육기본어휘는 한국어에 비해 한자어의 비율이 높고 고유어의 비율은 낮은 것으로 나타났다.

어종연구에 있어서 교육기본어휘와 관련된 개인연구로는 시마무라(島村, 1983)의 교과서 연구를 들 수 있다. 시마무라는 초등학교 저학년용 교과서 3종의 어휘를 분석하여 개별어수와 전체어수의 품사별 구성 관계, 어종별 구성 관계, 표제어의 교과서간 공통성 등 교과서 어휘가 갖는 다양한 사실을 밝혀냈다. 본 장에서는 이중 어종 부분을 중심으로, 수량적 특징을 살펴보기로 하겠다. 3종의 교과서에 사용된 개별어휘를 어종별로 분류해 보면 <표 23>과 같다.

<표 23> 일본 국어 교과서의 어종별 개별어수

(시마무라 1983 재편집, ( )안은 %)

	光村図書	東京書籍	敎育出版	계
고유어	1,538(76.5)	1,518(79.7)	1,508(75.4)	2,655(74.0)
한자어	305(15.2)	256(13.4)	331(16.5)	575(16.0)
외래어	56(2.8)	43(2.3)	56(2.8)	120(3.3)
혼종어	111(5.5)	87(4.6)	107(5.3)	239(6.7)
계	2,010(100)	1,904(100)	2,002(100)	3,589(100)

위의 <표 23>에서 3종의 교과서에 사용된 어종별 단어의 개별어수를 보면, 고유어가 74.0%로 가장 많고, 다음으로 한자어 16.0%, 혼종어 6.7%, 외래어 3.3%가 그 뒤를 잇고 있다. 일본의 초등학교 국어 교과서의 특성상, 사전(事典)에 비해 고유어의 비율이 현저하게 높은 것을 알수 있다.

3.4.2 어종 연구 방법

어종 연구 역시, '3.3 품사 구성 대조'와 동일하게 대상어휘의 선정, 어휘조사, 어휘의 비교분석 순으로 진행된다. 조사(단어분할) 기준 및 단어분할 예는 이미 '3.3 품사 구성 대조'에서 제시하였으므로 여기에서는 생략한다.

단어를 자립어와 부속어로 분류한 후에 단어에 대한 어종을 표시함에 있어서, 각각의 단어에 대해서는 문법적으로 다양한 견해를 나타낼 수 있으나, 본고에서는 일본 국립국어연구소의 『教育基本語彙データベース(이하, 교육기본어휘 데이터베이스)'(2001)를 기준으로 하였다. 이는 공공기관 연구소에 의한 체계적인 분류로 한국과 일본 교과서에 사용된 어휘의 어종의 특징을 동일하게 파악하기 위한 방법으로 매우 유용하다. 먼저 '교육기본어휘 데이터베이스'(2001)에서 제시한 표제어와 한자표기, 품사, 어종에 대한 정보는 <표 24>와 같다.

<표 24> '교육기본어휘 데이터베이스' (2001)의 기준 품사 및 어종(예)

순서	표제어	한자 표기	품사	어종
1	あ		감탄사	고유어
2	ああ		부사	고유어
3	ああ		감탄사	고유어
4	アークとう	アーク灯	명사	혼종어
5	アーケード	arcade	명사	외래어

6	アース	earth	명사·타동사	외래어
7	アーチ	arch	명사	외래어
8	アート	art	명사	외래어
9	アームチェア	armchair	명사	외래어
10	アール	〔仏〕are	명사	외래어
11	ああん		감탄사·부사	고유어
12	あい	相	명사·접두사	고유어
13	あい	愛	명사	한자어
14	あい	×藍	명사	고유어
15	あいいく	愛育	명사·타동사	한자어

참고로, 위의 15개의 표제어는 '교육기본어휘 데이터베이스(2001)'의 27,000여 단어 중 일부로, 실제 교과서에 등장하는 단어이다. '한자 표기'는 표제어를 한자로 표기할 수 있는 경우 한자어로 제시한 것이다. 예를 들면 'アークとう(아크 램프)'는 'アーク灯'로, 'あい'와 같은 다의어는 의미에 따라 '相(서로)'와 '愛(사랑)'로 구별하여 표시한다. 단, 'アーケード(아케이드)'와 같은 외래어는 알파벳 'arcade'로 표기한다. 본고에서는 이를 근거로 하여 한·일 초등학교 저학년 교과서에 사용된 모든 어휘에 대하여 어종별로 분류하였다. 먼저 일본 교과서의 예를 제시하면 <표 25>와 같다.

<표 25> 일본의 저학년 국어 교과서의 어종별 분류(예)

순서	표제어	한자 표기	코드1	수량	어종
1	これ		1.1000	14	고유어
2	それ		1.1000	11	고유어
3	どれ		1.1000	1	고유어
4	なに	何	1.1000	17	고유어
5	なん	何	1.1000	5	고유어
6	もの		1.1000	3	고유어
7	できごと	出来事	1.1010	2	고유어

8	ほか	他	1.1040	3	고유어
9	しゅるい	種類	1.1100	1	한자어
10	ななしゅるい	七種類	1.1100	1	혼종어
11	しょうこ	証拠	1.1113	1	한자어
12	はんたい	反対	1.1130	2	한자어
13	からっぽさ		1.1200	1	고유어
14	できあがり	出来上がり	1.1230	1	고유어
15	だしっぱなし		1.1250	1	고유어

　　일본 교과서에서 사용된 모든 단어에 대하여 품사별 분류기준에 따라 작성한 어휘조사 내용을 근거로 각 개별 단어에 대하여 '교육기본어휘 데이터베이스'(2001)의 어종을 확인하면서 동일하게 분류하였다. 한국 교과서도 이와 동일하게 하되, 표제어를 일본어로 번역하고 각 단어에 어종을 표시하여 작업하였다. 그 예를 제시하면 <표 26>과 같다.

<표 26> 한국의 저학년 교과서의 어종별 분류(예)

번호	표제어	한자 표기	일본어 역	코드1	수량	어종
1	나라		国	1.2530	10	고유어
2	별나라		星の国	1.2530	11	고유어
3	우리나라		我が国	1.2530	6	고유어
4	하늘나라		天の国	1.2530	1	고유어
5	시골		田舎	1.2540	2	고유어
6	지방	地方	地方	1.2540	1	한자어
7	고을		町	1.2550	5	고유어
8	동네		町	1.2550	2	고유어
9	마을		村	1.2550	21	고유어
10	그리스		ギリシャ	1.2590	2	외래어
11	까막나라		黒い国	1.2590	4	고유어
12	독도	獨島	独島	1.2590	11	한자어
13	독섬		ドクソム	1.2590	2	혼종어

| 14 | 러시아 | | ロシア | 1.2590 | 1 | 외래어 |
| 15 | 멕시코 | | メキシコ | 1.2590 | 1 | 외래어 |

한국 교과서는 초등학교 저학년 교과서에 사용된 자립어를 일본어로 번역하였다. 한국 교과서도 사용된 모든 단어에 대하여 품사별 분류기준에 따라 작성한 어휘조사 내용을 근거로 각 개별 단어에 대하여 '교육기본어휘 데이터베이스'(2001)의 어종을 확인하면서 동일하게 분류하였다.

3.4.3 어종별 비교 및 어휘 고찰

본고에서 고찰하고자 하는 한국과 일본 초등학교 저학년 교과서에 한정하여, 어휘를 어종별로 분류하여 개별어수와 전체어수의 사용빈도수 그리고 각 어종의 사용 비율을 제시해 보면 아래 <표 27>, <표 28>과 같다. 다음 <표 27>은 개별어, <표 28>은 전체어를 어종별로 대조한 것이다. 카이자승 검정을 통해 99.99% 이상(카이자승값 6.635 이상)의 확률로 유의차가 나타난 부분은 음영으로 표시하였다.

<표 27> 한·일 저학년 국어 교과서의 개별어의 어종 분류

| 어종 | 개별어수 | | | | 카이 자승값 |
| | 한국 | | 일본 | | |
	도수	비율(%)	도수	비율(%)	
고유어	1,950	78.4%	1,390	77.9%	28.398
한자어	303	12.2%	182	10.2%	8.198
외래어	11	0.4%	53	3.0%	1.663
혼종어	223	9.0%	159	8.9%	4.597
계	2,487	100%	1,784	100%	

<표 28> 한·일 저학년 국어 교과서의 전체어의 어종 분류

어종	전체어수				카이 자승값
	한국		일본		
	도수	비율(%)	도수	비율(%)	
고유어	7,597	84.0%	4,982	80.8%	0.009
한자어	942	10.4%	552	9.0%	69.366
외래어	29	0.3%	231	3.8%	30.779
혼종어	474	5.2%	402	6.5%	9.216
계	9,042	100%	6,167	100%	

위의 <표 27>, <표 28>을 보면 알 수 있듯이 한국과 일본 저학년 교과서에 사용된 어휘의 어종을 살펴보면 개별어수 및 전체어수 모두에서 고유어의 사용빈도가 가장 높고, 다음으로 한자어, 그리고 혼종어와 외래어의 순으로 나타났다. 이는 일본어 교육을 위한 기본어휘 분석 자료 <표 22>의 송정식(2013)의 결과와 매우 유사한 것을 확인할 수 있다.

어종별 세부적인 내용으로 먼저 개별어수에서 사용 비율이 높은 어종부터 살펴보면 고유어는 각각 한국 78.4%, 일본 84.0%이고, 한자어는 한국 12.2%, 일본 10.4%로, 한국이 조금 높다. 그리고 혼종어는 약 9%로, 서로 비슷하며, 외래어는 한국은 0.4% 정도에 불과하고 일본은 약 3.0%로, 일본이 외래어 사용 비율이 높은 것을 확인할 수 있다.

다음으로 전체어수에서 사용 비율을 보면, 한국 교과서는 84.0%이고 일본 교과서는 80.8%로, 개별어수에 비해 양국 교과서 모두 전체어수에서의 사용률이 더 높아진 것을 확인할 수 있다. 이점에 대해서는 이미 선행연구에서도 언급한 바와 같이 일본 국립국어연구소의 어휘연구 결과와도 일치되는 부분이다. 전체어수에서 고유어의 사용 비율이 높다는 것은 타 어종의 사용률이 낮아진다는 것을 의미한다. 즉 한자어는 개별어수보다 전체어수에서 한국 교과서는 1.8%, 일본 교과서는 1.2%로 낮아진 것을 확인할 수 있다. 혼종어 역시 전체어수에서는 사용 비율이 하락하였다. 한국 교과서는

5.2%, 일본 교과서는 6.5%이다. 외래어에서 한국 교과서는 0.3%인데 일본 교과서는 3.8%로, 약간 증가하는 것으로 조사되었다.

어종별로 카이자승값 결과를 보면, 고유어 및 한자어는 한국 교과서가 유의차가 높은 항목으로 조사되었고 외래어 및 혼종어는 일본 교과서가 유의차가 높은 항목으로 조사되었다. 이하, 주요 어종별 단어의 구성 및 카이자승값 결과 유의차가 발생한 원인 등을 토대로 양국 국어 교과서에 사용된 어종의 특징을 구체적으로 살펴보기로 한다.

3.4.3.1 한국 교과서가 유의차가 높은 항목 대조

앞에서 제시한 <표 27>, <표 28>의 카이자승값 결과를 살펴보면 고유어, 한자어는 개별어수에서 한국 교과서가 유의차가 높은 항목으로 조사되었다. 이하, 고유어 및 한자어에 한정하여 그 특징을 살펴보기로 한다.

1) 고유어

'고유어'는 개별어수에서 한국 교과서에 유의차가 발생하였다. 한국은 개별어수 1,950어, 전체어수 7,597어로, 한 단어가 평균 3.90회 사용되고 있으며, 일본은 개별어수 1,390어, 전체어수 4,982어로 한 단어가 평균 3.58회 사용되어 양국이 거의 유사하게 사용되는 것으로 조사되었다. 카이자승값 결과를 보면, 한국 교과서 쪽이 개별어수 측면에서 유의차가 다소 높게 나타난다. 고유어는 단어수도 많고 사용빈도도 높은데, 이중 10회 이상 사용된 어휘는 다음과 같다.

<한국 교과서>

있다(86), 나(85), 내(83), 우리(78), 가다(78), 하다(67), 보다(63), 어머니(56), 말하다(50), 집(49), 물(46), 쓰다(45), 오다(42), 그(관형사42), 말(41), 사람들(40), 먹다

(40), 호랑이(37), 만들다(36), 없다(36), 좋다(36), 살다(33), 때(30), 길(30), 잡다(29), 그래서(28), 소리(28), 해(태양28), 주다(28), 옛날(27), 사람(27), 알다(27), 듣다(27), 달(25), 마음(24), 큰(24), 나오다(24), 함께(24), 아버지(23), 불개(23), 그리다(23), 이(관형사23), 발(22), 서로(22), 어디(21), 마을(21), 생각(21), 이름(21), 나무(21), 않다(21), 왜(21), 못(21), 할머니(20), 사또(20), 눈(20), 안다(20), 생각하다(20), 더(19), 모두(19), 많다(19), 바다(19), 자다(19), 하지만(18), 그런데(18), 반쪽이(18), 냄새(18), 나다(18), 부르다(呼18), 바람(17), 날(17), 뒤(시간17), 많이(17), 이(치아17), 먼저(17), 되다(17), 잘(17), 이렇게(17), 다른(17), 힘(16), 아들(16), 옹달샘(16), 작다(16), 얼굴(16), 찾다(16), 어느(16), 그때(15), 오늘(15), 앞(15), 민지(15), 또(15), 가장(15), 서다(15), 울다(15), 어떤(15), 여기(14), 위(14), 속(14), 아(14), 놀이(14), 아주(14), 장승(14), 고래(14), 생기다(14), 돌아오다(14), 내다(14), 들다(14), 모으다(14), 어떻게(14), 아침(13), 다(13), 네(13), 누구(13), 저(1인칭13), 제(1인칭13), 그러자(13), 도라지(13), 수영이(人13), 그만(13), 몸(13), 머리(13), 받다(13), 짓다(13), 무슨(13), 같다(13), 아이(12), 그러나(12), 그리고(12), 옷(12), 무(12), 놓다(12), 가지다(12), 안(11), 너(11), 영감(11), 그럼(11), 별나라(11), 책(11), 그림(11), 물건(11), 떡시루(11), 꽃(11), 고양이(11), 황소아저씨(11), 개구리(11), 끝나다(11), 넣다(11), 타다(11), 나누다(11), 앉다(11), 일어나다(11), 그것(10), 뒤(공간10), 누가(10), 아무(10), 임금님(10), 툴툴이(10), 나라(10), 놀이터(10), 그물(10), 떡(10), 아프다(10), 참(10), 불(10), 크다(10), 코끼리(10), 개미(10), 입(10), 코(10), 손(10), 고기(10), 버리다(10), 보내다(10), 지나다(10), 들어오다(10), 이제(10), 놀라다(10), 웃다(10), 읽다(10), 쉬다(10), 아니다(10), 그렇다(10), 여러(10), 이하 생략

<일본 교과서>

言う(말하다110), ある(있다62), する(하다57), お祖母さん(할머니46), 狐の子(새끼여우45), 見る(보다43), 白馬(39), 時(때37), その(그37), 中(안36), みんな(모두35), 猫(고양이32), 来る(오다31), 誰(누구30), そして(그리고29), 私(나29), 出来る(가능하다29), 花(28), いる(있다28), 行く(가다28), 人(사람27), 書く(쓰다27), すみれちゃん(人26), 木(23), いい(좋다22), 引っ張る(끌다22), 水(20), 雨(20), この(이20), 大きな(큰19), 魚(19), 上(18), でも(하지만18), 川(18), 熊の子(새끼곰18), 帰る(돌아오다18), 見つける(발견하다18), そう(그렇게18), 何(무엇17), お祖父さん(할아버지17), もう(이미17), 空(하늘17), カブ(순무17), うさぎのこ(토끼17), 名前(이름16), 鯨(고래16), 朝(아침15), 下(15), 黄色い(노랗다15), 歌(15), 遣る(주다15), 作る(만들다15), これ(이

것14), だって(하지만14), 実(열매14), よく(자주/잘14), 入れる(넣다14), 見える(보이다14), 咲く(피다14), きみ(자네13), それから(그리고13), 鬼(도깨비13), 白い(희다13), 言葉(말13), すっとんとん(똑똑13), 犬(13), くちばし(부리13), 付ける(붙이다13), 待つ(기다리다13), 考える(생각하다13), 食べる(먹다13), 降る(내리다13), 春(12), 声(목소리12), 風(12), 逃げる(도망가다12), 入る(들어오다12), 叩く(두드리다12), 同じだ(같다12), 思う(생각하다12), ある(있다12), それ(그것11), 仕掛け(장치11), お結び(주먹밥11), 次(다음11), 外(외11), 赤ちゃん(아기11), おばあちゃん(할머니11), 好きだ(좋다11), とても(매우11), ずっと(계속/훨씬11), まだ(아직11), ころりん(대굴11), 馬(11), 子豚(새끼돼지11), 顔(11), 出る(나오다11), 伸びる(자라다11), 分かる(알다11), 歌う(부르다11), 捕まる(잡히다11), 間(사이10), お母さん(어머니10), お姉さん(언니/누나10), 友達(친구10), 赤い(빨갛다10), 青い(푸르다10), もっと(더10), 小さな(작은10), 月(10), 草原(10), 狸(너구리10), 体(몸10), 手(10), ない(없다10), 取る(잡다10), かける(걸다/달리다10), 下げる(내리다10), 付く(붙다10), 聞く(듣다10), こう(이렇게10), 持つ(가지다/들다10), どう(어떻게10), 이하 생략

위에 제시된 고빈도어를 살펴보면 '고유어' 중에서도 사용빈도가 높은 어휘는 대부분 '동사' 및 '명사'임을 확인할 수 있다. 한국 교과서에는 '동사'에 해당하는 '있다·가다·하다·보다', '명사'에 해당하는 '나·우리' 등이 고빈도어임을 확인할 수 있다.64) 그리고 '어머니, 집, 물, 말, 사람들' 등의 일반 명사들도 사용빈도가 높은 단어들로 조사되었다.

한편, 일본 교과서에는 동사에 해당하는 '言う(말하다)·ある(있다)·する(하다)·見る(보다)' 등의 사용 비율이 압도적으로 높고 다음으로 명사에 해당하는 '白馬(백마)·時(때)·中(중)·みんな(모두)·猫(고양이)' 등의 단어가 고빈도어로 조사되었다.

위에 제시된 단어들은 고유어 중에서도 사용빈도가 매우 높은 단어들로, 실제 교육기본어휘로서 제시하거나 교재 작성 등에 참고가 될 수 있는 어

---

64) 한국 교과서의 품사별 분류에서도 확인한 바와 같이 1인칭에 해당하는 '나'라는 단어가 가족과 더불어 '나'에 대한 이야기, 본인과 대상과의 관계, 자신을 주체로서 인식하는 표현 등 다양한 형태로 사용되고 있는 것을 확인할 수 있다.

휘라 할 수 있다.

다음은 '고유어' 중 고빈도어인 '있다·나', '言う(말하다)·ある(있다)·す
る(하다)'에 대한 각각의 예문이다.

37) 우리 반에는 소중한 보물이 하나 있습니다. (한1-1 : 84/2)

38) 아버지 어머니 아기 나 우리 가족 (한1-1 : 7/1)

39) 친구, 내 친구, 정다운 친구. (한1-1 : 10/2)

40) 「すまない。」と、竹やぶが言いました。 (일2-1 : 8/1)

41) お話の国には、たくさんの本のいえがあります。 (일2-1 : 87/2)

42) おきゃくをたくさんよんで、さかもりをしました。 (일2-2 : 105/17)

2) 한자어

'한자어'는 개별어수 및 전체어수에서 한국 교과서에 유의차가 발생하였
다. 한자어에서, 한국은 개별어수 303어, 전체어수 942어로, 한 단어가 평균
3.11회 사용되었고, 일본은 개별어수 182어, 전체어수 552어로, 한 단어가
평균 3.03회 사용된 것으로 조사되었다. 전체어수에서는 양국 모두 '한자어'
가 유사한 사용빈도를 나타내는 것을 알 수 있다.

한자어에서 양국 교과서 모두 5회 이상 사용된 어휘는 다음과 같다.

〈한국 교과서〉

모습(22), 산(19), 숙제(18), 친구(17), 시간(16), 자기(15), 이방(15), 모양(14), 지금
(13), 지구(13), 동생(12), 학교(12), 병(11), 동물(11), 우주(11), 독도(11), 농부(11),
월(10), 선물(10), 형(10), 장생초(9), 호수(9), 방(9), 음식(9), 동전(8), 일기(8), 시
(8), 가족(8), 이모(8), 이모부(8), 어부(8), 양반(8), 요일(7), 운동장(7), 인형(7), 연
필(7), 송편(7), 기분(7), 공(6), 약속(6), 반(6), 기운(6), 점점(5), 태산(5), 색(5), 염
료(5), 주변(5), 왕관(5), 외투(5), 인사(5), 표지판(5), 방법(5), 의견(5), 정신(5), 제
주도(5), 상대방(5), 이하 생략

```
─────────────── <일본 교과서> ───────────────
僕(나40), 絵(그림20), 様子(모양16), 日(16), 漢字(14), 自分(자신14), たくさん(많이
13), 動物(11), 文(11), 蝋燭(양초10), 作(작품10), 題(제목10), 一杯(한잔9), 楽器(8), 林
檎(사과7), 動物園(7), 一日(1일7), 一番(제일6), 晩(밤6), 帽子(6), 今度(이번6), 子(아
이6), みかん(귤5), 毎日(5), 毎晩(매일밤5), 馬頭琴(악기5), 競馬(5), 写真(5), 地面(지
면5), 学校(5), 先生(5), 이하 생략
```

위에 제시된 고빈도어를 살펴보면, 대부분의 2자(字)로 구성된 경우가 대부
분임을 알 수 있다. 그밖에 한국 교과서는 '산(山)·병(病)·월(月)·형(兄)·방(
房)·시(時)' 등이 5회 이상 사용된 1자(字) 한자어'이고, '장생초·이모부·표지
판·제주도·상대방' 등은 5회 이상 사용된 3자(字) 한자어이다. 한편, 일본 교
과서는 1자(字) 한자어로 '僕(나)·絵(그림)·日(날)·文(글)' 등의 8단어가 사용되
고 있으나 3자(字) 한자어는 '動物園(동물원)·馬頭琴(악기)' 2단어에 불과했다.

다음은 '한자어' 중 고빈도어인 '모습·산·숙제', '僕(나)·絵(그림)·様子
(모양)'에 대한 각각의 예문이다.

43) 주렁주렁 나오는 <u>모습</u>이 마냥 신기하였습니다. (한1-2 : 52/9)
44) 그리고 <u>산</u> 너머에 있는 부자네 집으로 떠났어요. (한1-1 : 93/11)
45) "선생님께서 내주신 글쓰기 <u>숙제</u>야." (한2-1 : 114/4)
46) エルフと<u>ぼく</u>は、まい日いっしょにあそんだ。 (일1-2 : 57/1)
47) かわむらおさむ<u>絵</u> (일2-2 : 76/2)
48) 何の、どんな<u>ようす</u>をあらわす言い方でしょう。 (일2-2 : 71/3)

참고로, 일본의 저학년 교과서는 주로 히라가나(ひらがな)로 표기되어 있
으나 3학년 이상의 교과서는 한자로 표기하고 있다. 예를 들면 '絵(그림)'라
는 단어가 저학년 교과서에는 히라가나로 표기되었으나 중·고학년 교과서
에는 한자로 표기되고 있다.

49) でくね いく <u>え</u> (일2-1)[65]

50) 平田効之 <u>絵</u> (일5)

3.4.3.2 일본 교과서가 유의차가 높은 항목 대조

앞에서 제시한 <표 27>, <표 28>의 카이자승값 결과를 살펴보면 일본 교과서가 유의차가 높은 항목은 외래어 및 혼종어였다. 다음은 전체어수에서 일본 교과서가 유의차가 높은 외래어 및 혼종어에 한정하여 그 특징을 살펴보기로 한다.

1) 외래어

'외래어'는 전체어수에서 일본 교과서에 유의차가 발생하였다. 외래어에서, 한국은 개별어수가 11어, 전체어수는 29어로, 한 단어가 평균 2.64회 사용되고 있으며, 일본은 개별어가 53어, 전체어수 231어로, 한 단어가 평균 4.36회 사용되어, 한국과 일본 간에 상당한 차이가 있음을 확인할 수 있었다. 카이자승값 결과를 보더라도 일본 교과서 쪽이 그것도 전체어수 측면에서 유의차가 확연히 높은 것으로 확인되었다. 외래어의 경우 개별어수가 그다지 많지 않아 모든 단어를 제시하기로 한다.

<한국 교과서>

로봇(12), 샴푸(3), 크레용(3), 텔레비전(2), 크레파스(2), 그리스(2), 버스(1), 드레스(1), 사우디아라비아(1), 멕시코(1), 러시아(1)

<일본 교과서>

バケツ(양동이57), スーホ(人37), エルフ(개26), カード(카드15), スイミー(물고기11), ケーキ(케이크8), コスモス(코스모스7), ノート(노트5), ライオン(라이온4),

---

---
65) 삽화가의 인명 뒤에 사용한 예로, 우리말로 하면 '○○그림' 이라는 의미임.

バナナ(바나나4), モンゴル(몽고4), ペンギン(펭귄3), ミニトマト(방울토마토3), レタス(양상치2), トマトトマト(2), トラック(트럭2), ボールペン(볼펜2), バス ケット(바구니2), ズボン(바지2), スカート(스커트2), パンダ(판다1), ペット(펫1), パンジー(팬지1), チューリップ(튤립1), バス(버스1), ブルドーザー(불도저1), ボール(볼1), ジャングルジム(정글짐1), かるた(카드1), チャイム(차임벨1), ミサ イル(미사일1), ナイフ(나이프1), フォーク(포크1), ランドセル(배낭1), テーブル (테이블1), ドア(문1), ベッド(침대1), ドロップ(사탕1), ゼリー(젤리1), ピーマン (피망1), パン(빵1), ハンカチ(손수건1), ポケット(포켓1), ロープウエー(로프웨이 1), ホース(호스1), タイヤ(타이어1), ハイキング(하이킹1), リー＝リーシアン(人 1), ハンス＝ウイルヘルム(人1), スイミーレオ＝レオニ(人1), アーノルド＝ローベ ル(人1), ママ(엄마1), ページ(페이지1)

위에 제시된 고빈도어를 살펴보면 유의차가 발생한 가장 큰 요인은 일본 교과서에 사용된 외래어가 한국 교과서에 비해 5배 정도 많다는 데에 있 다.[66] 참고로, 일본 교과서에서는 외래어를 모두 가타카나 표기를 하고 있 어 사실상 외래어임을 쉽게 확인할 수 있다.

다음은 외래어 중 고빈도어인 '로봇·샴푸·크레용', 'バケツ(양동이)· スーホ(人)·エルフ(개)'에 대한 각각의 예문이다.

51) 수영이는 로봇의 왼쪽 뺨을 살짝 건드리며 말하였습니다. (한2-1 : 114/3)
52) 샴푸와 비누를 적게 써야겠다고 생각하였다. (한1-2 : 91/11)
53) 크레용이 없는 칠성이는 방환이 것을 빌려 썼습니다. (한2-2 : 117/2)
54) きつねの子は、バケツを真上から見下ろしました。(일2-1 : 68/6)
55) スーホは、年とったおばあさんとふたりきりで、くらしていました。 (일2-2 : 94/3)
56) エルフは、せかいでいちばんすばらしい犬です。(일1-2 : 46/5)

---

66) 한국 교과서의 경우, 편찬자가 교과서에서 의도적으로 외래어를 사용하는 것을 피했을 가능성도 배제하기 어렵다.

2) 혼종어

'혼종어'는 전체어수에서 일본 교과서에 유의차가 발생하였다. 한국은 개별어수 223어, 전체어수 474어로, 한 단어가 평균 2.13회 사용되었고, 일본은 개별어수 159어, 전체어수 402어로, 한 단어가 평균 2.53회 사용된 것으로 조사되었다. '혼종어'에서 개별어수는 유의차가 발생하지 않았으나, 전체어수의 카이자승값 결과를 보면 일본 쪽이 유의차가 약간 높은 것을 확인할 수 있다.

양국 교과서에서 3회 이상 사용된 예는 다음과 같다.

＜한국 교과서＞

선생님(20), 친구들(17), 사용하다(10), 시작하다(10), 신기하다(8), 구하다(8), 산딸기(8), 산꼭대기(8), 또또상자(7), 색종이(7), 인사하다(6), 동물들(6), 개천(6), 중요하다(5), 열심히(5), 이상하다(5), 필요하다(5), 필통(5), 사기자랑(5), 소중하다(4), 소중히(4), 보호하다(4), 전하다(4), 토해내다(4), 도착하다(4), 세발자전거(4), 옹기그릇(4), 곰인형(4), 십원짜리(4), 반쪽(4), 동생들(4), 다양하다(3), 주로(3), 이용하다(3), 전해지다(3), 정하다(3), 정리하다(3), 이해하다(3), 본뜨다(3), 부탁하다(3), 통하다(3), 남쪽(3), 대표하다(3), 단풍잎(3), 파란색(3), 초록색(3), 노란색(3), 갈색(3), 푸른숲수목원(3), 외양간(3), 푸른꿈도서관(3), 어부님(3), 부자네(3), 큰형(3), 여자아이(3), 이하 생략

＜일본 교과서＞

がまくん(두꺼비21), お手紙(편지20), 蛙君(개구리19), 一緒に(함께13), 殿様(13), 上手だ(잘하다12), 気持ち(기분11), かりんちゃん(人10), 大好きだ(매우 좋다9), 元気だ(건강하다7), 月曜日(7), かたつむりくん(달팽이7), お誕生日(생일7), おしょうがつさん(정월6), 日曜日(6), ふきのとう(머위6), 色画用紙(색종이6), いっせいに(일제히5), 家来たち(하인들5), 本当に(정말4), 天道虫(무당벌레4), 狐くん(여우4), 飼育員さん(사육사4), かりん(人4), こんにちは(안녕3), 綺麗だ(깨끗하다3), 大切だ(소중하다3), 夢中だ(열중하다3), 残念だ(유감이다3), もう一度(다시 한번3), ほんとに(정말3), がまかえるくん(두꺼비3), 熊さん(곰3), 動物たち(동물들3), 郵便受け(우편함3), 荷物(짐3), 獣医さん(수의사3), 僕たち(우리들3), 이하 생략

위에 제시된 고빈도어를 살펴보면 한국 교과서에서, 고빈도어인 '선생님'
은 '선생(先生)+님'(한자어+고유어)이고, '친구들'도 '친구(親舊)+들(한자어+고유
어)'의 형태이다. 또한, '사용하다 · 시작하다 · 구하다'와 같은 '명사+하다'
형 동사나 '신기하다 · 소중하다 · 이상하다'와 같은 형용사가 고빈도어에
포함되어 있는데, 이들은 '한자어+고유어'의 결합으로 이루어진 혼종어이
다. 그 밖에도 '명사+명사' 형태로 사용되는 '세발자전거 · 옹기그릇 · 곰인
형' 등도 '한자어'와 '고유어'가 결합된 형태이다.

한편, 일본 교과서에 사용된 단어를 살펴보면 'がまくん(두꺼비) · お手紙
(편지) · 蛙君(개구리) · 殿様(전하)' 등은 '명사+접미사' 혹은 '접두사+명사'형
태로 사용되어, '한자어와 고유어로 이루어진 혼종어임을 알 수 있다. 그리
고 '上手だ(잘하다) · 大好きだ(매우 좋다) · 元気だ(건강하다)' 등은 형용사로 '한
자어+고유어'로 한국과 유사하다. 결과적으로, 양국의 초등학교 저학년 교
과서에 등장하는 혼종어는 대부분 한자어와 고유어의 결합임을 알 수 있다.

다음은 '혼종어' 중 고빈도어인 '선생님 · 친구들 · 사용하다', 'がまくん
(두꺼비) · 手紙(편지) · 蛙君(개구리)'에 대한 각각의 예문이다.

57) <u>선생님</u>, 우리 <u>선생님</u>, 고마운 <u>선생님</u>. (한1-1 : 10/3)
58) 별나라가 어떤 곳인지 궁금해 하는 <u>친구들</u>이 많잖아요? (한2-1 : 97/5)
59) 학교 운동장은 다른 사람들이 <u>사용할</u> 때가 많다. (한2-1 : 45/5)
60) <u>がまくん</u>は、げんかんの前にすわっていました。(일2-2 : 4/3)
61) <u>お手紙</u>の来るのをまっていました。(일2-2 : 14/4)
62) <u>かえるくん</u>は、まどからゆうびんうけを見ました。(일2-2 : 10/1)

한국 교과서는 '선생님'이 특별히 많이 사용되었는데, 위의 예문 57)
과 같이 주로 반복되어 사용되는 경향을 나타내고 있는 것이 특징이다.
일본 교과서에서 사용빈도가 높은 'がまくん(두꺼비)'과 'かえるくん(개
구리)'은 텍스트가 서로 편지를 주고받는 내용이 반복되면서 사용량이

많았다.

이상, 본 장에서는 한국과 일본 초등학교 저학년 교과서에 사용된 고유어, 한자어, 외래어, 혼종어 등의 어종이 어떠한 사용양상을 나타내고 있는지를 조사하여 양국교과서의 어휘 특징을 고찰해 보았다. 양국 교과서 모두 개별어수 및 전체어수 양쪽에서 고유어의 사용빈도가 가장 높고, 다음으로 한자어, 그리고 혼종어와 외래어의 순으로 나타났다. 어종별로 카이자승값 결과를 살펴보면 고유어 및 한자어는 한국 교과서가 유의차가 높은 항목으로 조사되었고, 일본 교과서는 외래어 및 혼종어가 유의차가 높은 항목으로 조사되었다.

3.5 어구성 대조

3.5.1 들어가는 글

'어구성(語構成)'이란 단어의 형성, 즉 조어법(造語法)을 말한다. 먼저, 더 이상 의미상으로 분할되지 않는 하나의 형태소(形態素)로 구성된 단어를 '단일어(單一語)'라 한다. 그리고 둘 이상의 단일어가 결합하거나, 혹은 단일어에 접사67)를 붙여 의미를 더해 주거나 품사를 바꾸어 주는 형태소를 붙여서 만들어진 단어를 '복합어(複合語)'라 하는데, 전자를 '합성어(合成語)', 후자를 '파생어(派生語)'라 구분하여 부르기도 한다.68) 어구성에 대해 『국어국문학

---

67) 접사는 단일어 앞에 붙는 접두사와 뒤에 붙는 접미사로 나누어진다. 접두사가 붙어 만들어진 파생어를 접두 파생어라고 하고, 접미사가 붙어 만들어진 파생어를 접미 파생어라고 한다. 접두파생어는 '개나리, 한겨울, 치솟다, 짓밟다' 등의 형태로 사용되고, 접미파생어는 '놀이, 선생님, 깨뜨리다, 먹이다' 등과 같이 사용되는 단어를 말한다.

68) 다지마(田島, 1999 : 161)는 복합어와 합성어란 용어에 대해서, 복합어(합성어, 파생어)와 합성어(복합어, 파생어)로 사용할 수 있으나, 용어 선택에 있어 전자가 합당하다고 판단

자료사전』(1994) 에는 다음과 같이 설명하고 있다. 단, 해당 사전에서는 '어형성(語形成)'이라 부르고 있다.

> 어형성은 어구성(語構成)이라고도 하는데 두 가지의 용법이 있다. 먼저, 발생적인 견지에서 신어(新語) 형성을 말한다. 새로운 물건이나 개념의 명명(命名)을 위하여 새로운 언어 기호를 창조하는 일이다. 이 경우, 전혀 새로운 어근을 만들거나(語根創造, rootcreation), 외국어를 그대로 채용하거나(借用, borrowing). 그 밖에 이미 있는 언어 단위를 이용하여 새로운 단어를 만들어 낸다. 둘째는 이미 있는 단어의 구성을 가리킨다. 문법연구에서 조어론(造語論)이란 형태론(形態論)의 한 분과이다. 합성과 파생의 방법으로 이루어진 단어의 구조를 어간·어근·접사·어미 등의 요소로써 해명하게 된다.
>
> (국어국문학자료사전 1994)

어구성에 관한 한국어 연구는 문법적인 부분에 한정된 연구로 실제 단어의 구성관계를 다루는 단일어, 복합어의 관계를 계량적으로 다루는 연구는 거의 찾아보기 어렵다.

특히 한국어에는 띄어쓰기가 있어 어떤 단어를 복합어로 볼 것인지 여부가 자의적인 경우가 많다. 그중 李美淑(2011)의 「일본어의 新語에 나타난 社會·文化的, 言語學的 특징 연구」에서는 논문의 내용 중 일부분이긴 하지만 단어를 계량적으로 취급하여 어구성에 관한 분석을 실시하였다. 그 내용을 살펴보면 2005년~2008년에 사용된 4년간의 신어(新語)와 2001년~2004년(4년)의 신어를 비교하여 사회·문화적, 언어학적 관점에서 다양한 특징을 밝혀냈다. 특히 어구성과 관련된 언어학적 특징으로 이전에 비해 혼종어로 이루어진 복합어의 비율이 높아지고 약어(略語)의 증가가 두드러지는 것을 지적하였다. 그리고 신어의 특성상 일반적으로 사용량이 높은 고유

하고, 합성이라는 단어는 복합의 일종이라고 정의하였다. 국어학에서도 이와 동일하다.

어의 사용량은 줄고 한자어의 비율이 증가하는 점과 한자어표기에 있어서 히라가나 표기가 증가하는 등, 일본어의 변화에 주목할 필요성이 있음을 강조하였다.

본장의 어휘조사 대상 자료 역시, '3.3 품사 구성 대조', '3.4 어종 대조'와 동일하게, 한·일 양국의 초등학교 저학년 교과서에 나타난 자립어 전체를 대상으로 한다.

3.5.2 어구성 연구 방법

어구성 연구에서의 어휘조사 방법도 앞서 품사 및 어종 연구에서와 마찬가지로 대상어휘의 선정, 어휘조사, 어휘의 비교분석 순으로 진행된다. 조사 기준 및 단어분할 예는 이미 품사별 연구에서 제시하였으므로 생략한다. 다만 단어를 자립어와 부속어로 분류한 후에 단어에 대한 단일어와 복합어 표시에는 각각의 단어에 대해서는 문법적으로 다양한 견해를 나타낼 수 있으나, 본고에서는 다지마(田島, 1999)의 논문을 기준으로 하였다. 단, 복합어에 속하는 파생어와 합성어는 별도로 구분하지 않는다.

<표 29>는 일본 교과서의 예를 제시한 것이다. 일본 저학년 교과서에 사용된 모든 단어에 대하여 품사별 분류기준에 따라 작성한 어휘조사 내용을 근거로 하여 각 개별 단어에 대하여 어구성별로 분류하였다.

<표 29> 일본의 저학년 국어 교과서의 어구성별 분류(예)

순서	표제어	한자 표기	코드1	수량	어종	어구성
1	これ		1.1000	14	고유어	단일어
2	それ		1.1000	11	고유어	단일어
3	どれ		1.1000	1	고유어	단일어

4	なに	何	1.1000	17	고유어	단일어
5	なん	何	1.1000	5	고유어	단일어
6	もの		1.1000	3	고유어	단일어
7	できごと	出来事	1.1010	2	고유어	복합어
8	ほか	他	1.1040	3	고유어	단일어
9	しゅるい	種類	1.1100	1	한자어	단일어
10	ななしゅるい	七種類	1.1100	1	혼종어	복합어
11	しょうこ	証拠	1.1113	1	한자어	단일어
12	はんたい	反対	1.1130	2	한자어	단일어
13	からっぽさ		1.1200	1	고유어	복합어
14	できあがり	出来上がり	1.1230	1	고유어	복합어
15	だしっぱなし		1.1250	1	고유어	복합어

한국 교과서도 일본 교과서의 어구성 분류작업과 동일하게 먼저 표제어를 중심으로 각 단어에 알맞게 단일어와 복합어로 표시하였다. <표 30>은 한국 교과서의 예이다.

<표 30> 한국의 저학년 국어 교과서의 어구성별 분류(예)[69]

순서	한국어	일본어 역	코드1	수량	어종	어구성
1	그것	それ	1.1000	10	고유어	단일어
2	그게	それ	1.1000	3	고유어	단일어
3	무엇	何	1.1000	9	고유어	단일어
4	뭐	何	1.1000	5	고유어	단일어
5	아무것	何	1.1000	3	고유어	복합어
6	이것	これ	1.1000	5	고유어	단일어
7	이게	これ	1.1000	3	고유어	단일어
8	이들	これら	1.1000	1	고유어	복합어
9	거(것)	こと	1.1010	1	고유어	단일어

---

69) '그것·아무것' 등은 국어학에서는 복합어로 다루나 일본어의 'それ·何'에 준해 단일어로 간주하였다.

10	일들	こと	1.1010	1	고유어	복합어
11	사실	事実	1.1030	1	한자어	단일어
12	대신	代わりに	1.1040	2	한자어	단일어
13	대표	代表	1.1040	1	한자어	단일어
14	예	例	1.1100	3	한자어	단일어
15	종류	種類	1.1100	3	한자어	단일어

<표 30>을 보면 알 수 있듯이 한국의 저학년 교과서에 사용된 자립어를 일본어로 번역하였고 그 과정을 보여주기 위해 '일본어 역' 항목이 추가하였다. 한국 저학년 교과서에 사용된 모든 단어에 대하여 품사별 분류기준에 따라 작성한 어휘조사 내용을 근거로 각 개별 단어에 대하여 단일어와 복합어로 분류하였다.

3.5.3 어구성별 비교 및 어휘 고찰

한국과 일본의 저학년 교과서 어휘를 단일어와 복합어라고 하는 어구성에 의해 분류하여 개별어수와 전체어수의 사용빈도수 그리고 그 사용 비율을 제시하면 아래 <표 31>, <표 32>와 같다.

<표 31>은 '개별어', <표 32>는 '전체어'를 어구성별로 대조한 것이다. 카이자승 검정을 통해 99.99% 이상(카이자승값 6.635 이상)의 확률로 유의차가 나타난 부분은 음영으로 표시하였다.

<표 31>, <표 32>를 보면 알 수 있듯이 한국과 일본의 저학년 교과서에 사용된 어구성과 관련하여 개별어수 및 전체어수 모두 단일어 사용빈도가 높은 것을 알 수 있다.

<표 31> 한·일 저학년 국어 교과서의 개별어의 어구성 분류

| 어구성 | 개별어수 | | | | 카이자승값 |
| | 한국 | | 일본 | | |
	도수	비율(%)	도수	비율(%)	
단일어	1,853	74.5%	1,392	78.0%	7.046
복합어	634	25.5%	392	22.0%	7.046
계	2,487	100%	1,784	100%	

<표 32> 한·일 저학년 국어 교과서의 전체어의 어구성 분류

| 어구성 | 전체어수 | | | | 카이자승값 |
| | 한국 | | 일본 | | |
	도수	비율(%)	도수	비율(%)	
단일어	7,658	84.7%	5,211	84.5%	0.108
복합어	1,384	15.3%	956	15.5%	0.108
계	9,042	100%	6,167	100%	

개별어수에서는 단일어의 사용 비율이 한국 74.5%, 일본 78.0%로 일본 교과서가 조금 더 많이 사용되고 있는 반면에, 복합어는 한국이 25.5%, 일본이 22.0%로 한국 교과서가 복합어 사용 비율이 더 높았다. 하지만 전체 어수에서는 양국 교과서 모두 매우 유사한 특징을 보였다. 한국과 일본 모두 단일어가 약 84.5% 정도 사용되었고 복합어가 15.5% 정도로 전체어수에서는 단일어의 사용률이 약 10% 정도 증가하고 복합어의 사용률이 10% 정도 하락하는 현상을 보였다.

어구성별로 카이자승값 결과를 살펴보면 개별어수에서 유의차가 발생하였는데 단일어는 일본 교과서가 유의차가 높은 항목으로 조사되었고, 복합어는 한국 교과서가 유의차가 높은 항목으로 조사되었다. 이하, 단일어와 복합어에 대한 카이자승값 결과를 토대로 양국 국어 교과서에 사용된 어구성의 특징을 살펴보기로 하겠다.

1) 한국 교과서가 유의차가 높은 복합어 대조

'복합어'는 개별어수에서 한국 교과서에 유의차가 발생하였다. 앞에서 제
시한 <표 31>, <표 32>의 카이자승값 결과를 살펴보면 '복합어' 항목은
한국 교과서가 유의차가 높은 항목으로 조사되었다. 이하, '복합어'에 한정
하여 그 특징을 살펴보기로 한다.

'복합어'에서 한국 교과서는 개별어수가 634어, 일본 교과서는 392어로,
한국이 전체의 25.5%인데 반하여 일본은 22.0%로 한국 교과서의 사용 비
율이 높은 것을 확인할 수 있다. 카이자승값 결과를 보면 한국 교과서 쪽
이 '복합어'에서 유의차가 다소 높게 나타난다. 이하 사용빈도가 높은 한국
과 일본 양국 국어 교과서의 '복합어'에 해당되는 어휘를 제시하여 양국
국어 교과서 어휘의 특징을 살펴보기로 하자. 5회 이상 사용된 어휘는 다
음과 같다.

<한국 교과서>

말하다(50), 사람들(40), 불개(23), 선생님(20), 친구들(17), 옹달샘(16), 돌아오다
(14), 떡시루(11), 황소아저씨(11), 별나라(11), 들어오다(10), 사용하다(10), 임금
님(10), 놀이터(10), 옷감(9), 쓰레기통(8), 며칠(8), 가져가다(8), 산꼭대기(8), 해
님(8), 들꽃(8), 설문대할망(7), 눈물(7), 색종이(7), 운동장(7), 또또상자(7), 토끼
지우개(6), 살펴보다(6), 인사하다(6), 들어가다(6), 달려가다(6), 불덩이(6), 우
리나라(6), 옹기전(6), 동물들(6), 날마다(5), 딱지치기(5), 말씀드리다(5), 궁금
하다(5), 아이들(5), 기름장수(5), 날아가다(5), 소금장수(5), 필통(5), 자기자랑
(5), 표지판(5), 풀잎(5), 이하 생략

<일본 교과서>

狐の子(새끼여우45), 白馬(39), 引っ張る(끌다22), がまくん(두꺼비21), お手紙(편지
20), 蛙君(개구리19), 熊の子(새끼곰18), うさぎのこ(토끼17), くちばし(부리13), 殿
様(13), 仕掛け(장치11), お結び(주먹밥11), 子豚(새끼돼지11), 草原(10), 魚釣り(낚시
9), 鬼ごっこ(술래잡기9), お腹(배9), 大好きだ(매우 좋다9), 遊び方(노는 법8), お話

(이야기7), 春風(7), かたつむりくん(달팽이7), 月曜日(7), お誕生日(생일7), 動物園(7), 一日(7), 飛び出す(날아오르다6), 追い出る(뒤따르다6), 竹やぶ(대숲6), 色画用紙(색종이6), ふきのとう(머위6), おしょうがつさん(정월6), 日曜日(6), 読み方(읽는법5), おはよう(안녕5), ありがとう(감사5), 言い方(말투5), 長靴(5), 夕方(저녁5), 毎晩(매일밤5), 毎日(5), 追いかける(쫓다5), 家来たち(하인들5), 이하 생략

위에 제시한 고빈도어를 살펴보면, 복합어 중에서도 사용빈도가 높고 핵심적인 어휘는 단일어와 마찬가지로 품사적으로 '동사'와 '명사'에 해당하는 어휘임을 확인할 수 있다.

고빈도어를 제시해보면 한국은 '말하다·사람들·불개·선생님·친구들·옹달샘' 등이고, 일본은 '狐の子(새끼여우)·白馬(백마)·引っ張る(당기다)·がまくん(두꺼비)·お手紙(편지)·蛙君(개구리)·熊の子(새끼곰)' 등이다.

한 가지 특징적인 것은 양국 모두 복합어로 5회 이상 사용된 어휘 중 많은 어휘가 고유어임을 알 수 있다. 단, 한국 교과서에서 '선생님·친구들·사용하다·산꼭대기·색종이·또또상자' 등, 11어는 혼종어이며 '운동장·표지판' 등 2어는 한자어이다. 그 외는 모두 고유어이다.

일본 교과서에서도 'がまくん(두꺼비)·お手紙(편지)·蛙君(개구리)·殿様(전하)·大好きだ(매우 좋다)' 등 13어가 혼종어에 해당하고, '動物園(동물원)·一日(하루)·毎晩(매일 밤)·毎日(매일)' 등 4어가 한자어이다. 즉, 5회 이상 사용된 복합어 중에는 한·일 양국교과서 모두 고유어, 혼종어, 한자어 등의 어종별로 어휘 사용 비율이 높았고, 외래어는 양국 교과서 모두 사용되지 않은 것으로 확인되었다.

2) 일본 교과서가 유의차가 높은 단일어 대조

단일어는 개별어수에서 일본 교과서에 유의차가 발생하였다. 앞에서 제시한 <표 31>, <표 32>의 카이자승값 결과를 살펴보면 단일어 항목은 일본 교과서가 유의차가 높은 항목으로 조사되었다. 이하, 단일어에 한정하여

그 특징을 살펴보기로 한다.

단일어에서, 한국 교과서는 개별어수가 1,853어, 일본 교과서는 1,392어로 한국 교과서가 수량 면에서는 많지만, 사용 비율을 살펴보면 한국은 74.5%이고 일본 78.0%로 일본 교과서 쪽이 더 높은 것을 확인할 수 있다.

이하 사용빈도가 높은 한국과 일본 양국 국어 교과서의 단일어를 제시하여 양국 국어 교과서 어휘의 특징을 살펴보기로 하자.

단일어는 복합어에 비해 어휘수도 많고 사용빈도도 높은데, 이중 10회 이상 사용된 어휘는 다음과 같다.

〈한국 교과서〉

나(168), 있다(86), 우리(78), 가다(78), 하다(67), 보다(63), 어머니(56), 집(49), 물(46), 쓰다(45), 그(관형사42), 오다(42), 말(41), 먹다(40), 만들다(36), 없다(36), 좋다(36), 살다(33), 때(30), 길(30), 잡다(29), 그래서(28), 주다(28), 소리(28), 해(태양28), 사람(27), 듣다(27), 알다(27), 저(26), 달(25), 너(24), 마음(24), 함께(24), 큰(24), 나오다(24), 이(23), 아버지(23), 그리다(23), 서로(22), 발(22), 모습(22), 어디(21), 마을(21), 생각(21), 왜(21), 이름(21), 못(21), 나무(21), 않다(21), 할머니(20), 사또(20), 생각하다(20), 안(20), 눈(20), 자다(19), 바다(19), 더(19), 모두(19), 많다(19), 산(19), 하지만(18), 그런데(18), 부르다(18), 냄새(18), 나다(18), 숙제(18), 바람(17), 날(17), 뒤(17), 이렇게(17), 다른(17), 이(17), 많이(17), 되다(17), 먼저(17), 잘(17), 친구(17), 힘(16), 시간(16), 아들(16), 어느(16), 찾다(16), 얼굴(16), 작다(16), 그때(15), 오늘(15), 앞(15), 민지(人15), 또(15), 어떤(15), 울다(15), 가장(15), 서다(15), 자기(15), 이방(15), 여기(14), 위(14), 속(14), 아(14), 어떻게(14), 놀이(14), 장승(14), 고래(14), 아주(14), 생기다(14), 내다(14), 들다(14), 모으다(14), 모양(14), 일(14), 아침(13), 다(13), 무슨(13), 누구(13), 그러자(13), 짓다(13), 도라지(13), 수영(人13), 받다(13), 같다(13), 그만(13), 몸(13), 머리(13), 지금(13), 지구(13), 아이(12), 그러나(12), 그리고(12), 가지다(12), 옷(12), 무(12), 놓다(12), 로봇(12), 학교(12), 동생(12), 안(11), 영감(11), 그림(11), 책(11), 그림(11), 일어나다(11), 앉다(11), 물건(11), 꽃(11), 고양이(11), 개구리(11), 넣다(11), 타다(11), 나누다(11), 병(11), 동물(11), 우주(11), 독도(11), 농부(11), 그것(10), 뒤(10), 누가(10), 아무(10), 툴툴이(人10), 나라(10), 아니다(10), 그물(10), 떡(10), 쉬다(10), 읽다(10), 그렇다(10), 여러(10), 불(10), 웃다(10), 아프다(10), 참(10), 코끼리(10), 놀라다(10), 개미

(10), 입(10), 코(10), 손(10), 고기(10), 버리다(10), 크다(10), 보내다(10), 지나다
(10), 이제(10), 월(10), 선물(10), 형(10), 이하 생략

<일본 교과서>

言う(말하다110), ある(있다62), する(하다57), バケツ(양동이57), お祖母さん(할
머니46), 見る(보다43), 僕(나40), その(그37), 時(때37), スーホ(人37), 中(안36), み
んな(모두35), 猫(고양이32), 来る(오다31), 誰(누구30), そして(그리고29), 私(나
29), 出来る(가능하다29), 花(꽃28), いる(있다28), 行く(가다28), 人(사람27), 書く
(쓰다27), すみれちゃん(人26), エルフ(개26), 木(23), いい(좋다22), この(이20), 水
(20), 雨(20), 絵(그림20), 魚(19), 大きな(큰19), そう(그렇게18), でも(하지만18), 上
(18), 見つける(발견하다18), 川(18), 帰る(돌아오다18), 何(무엇17), お祖父さん(할
아버지17), 空(하늘17), カブ(순무17), もう(이미17), 名前(이름16), 鯨(16), 様子(모
양16), 日(16), 朝(아침15), 下(15), 作る(만들다15), 遣る(주다15), 黄色い(노랗다15),
歌(15), カード(카드15), これ(이것14), だって(하지만14), 咲く(피다14), よく(자주
/잘14), 見える(14), 実(열매14), 入れる(넣다14), 漢字(14), 自分(나14), それから(그
리고13), 降る(내리다13), きみ(자네13), 鬼(도깨비13), 白い(희다13), 言葉(말13),
食べる(13), 考える(13), 待つ(기다리다13), すっとんとん(뚝뚝13), 犬(13), 付ける
(붙이다13), 一緒に(함께13), たくさん(13), 春(12), ある(있다12), 同じだ(같다12),
声(목소리12), 思う(생각하다12), 風(12), 逃げる(도망가다12), 叩く(두드리다12),
入る(들어오다12), 上手だ(잘하다12), それ(그것11), 次(다음11), 外(외11), 赤ちゃ
ん(아기11), おばあちゃん(할머니11), 捕まる(잡다11), 歌う(부르다11), 分かる(11),
好きだ(좋다11), とても(매우11), 伸びる(늘어나다11), ずっと(계속/훨씬11), 馬
(11), 顔(얼굴11), まだ(아직11), 出る(나오다11), ころりん(대굴11), スイミー(물고
기11), 気持ち(기분11), 動物(11), 文(11), どう(어떻게10), こう(이렇게10), 間(10),
お母さん(어머니10), お姉さん(언니/누나10), 友達(친구10), 持つ(가지다/들다10),
赤い(빨갛다10), 青い(푸르다10), ない(없다10), 聞く(듣다10), 月(10), もっと(더
10), 狸(너구리10), 休(몸10), 小さな(작은10), 手(10), 取る(잡다10), かける(걸다/달
리다10), 下げる(내리다10), 付く(붙다10), かりんちゃん(人10), 蝋燭(양초10), 作
(작품10), 題(제목10), 이하 생략

위에 제시한 고빈도어를 살펴보면, 단일어 중에서도 사용빈도가 높고 핵심

적인 어휘는 품사적으로는 '동사'와 '명사'에 해당하는 어휘가 대부분이었다.

고빈도어를 제시해보면 한국 교과서는 '있다・나・우리・가다・하다・보다・어머니・집・물・쓰다・그(관형사)・오다・말(언어)・먹다・호랑이' 등의 어휘가 30회 이상 사용된 고빈도어이고, 일본은 '言う(말하다)・ある(있다)・する(하다)・バケツ(양동이)・お祖母さん(할머니)・見る(보다)・僕(나)・その(그)・時(때)' 등의 어휘가 30회 이상 사용된 고빈도어들로 조사되었다.

단일어로 10회 이상 사용된 어휘들은 한국 교과서와 일본 교과서 모두 어종별로 분류하였을 때 고유어가 가장 많았다. 단, 한국 교과서는 '모습・산・숙제・친구・시간・자기・이방・모양・일・지금・지구・학교・동생' 등 21어가 한자어였고, 외래어로는 '로봇'이 1어 그리고 혼종어로 '시작하다'가 1어 사용되고 있음을 확인할 수 있었다. 그리고 일본 교과서도, 한자어에 속하는 '僕(나)・絵(그림)・様子(모양)・日(날)・漢字(한자)・自分(자신)・たくさん(많이)・動物(동물)' 등 12어가 있고, 외래어로는 'バケツ(양동이)・スーホ(人)・エルフ(개)・カード(카드)・スイミー(물고기)' 등 5어 그리고 혼종어로 '一緒に(함께)・上手だ(잘한다)・気持ち(기분)・かりんちゃん(人)' 등 4어가 사용되었다.

양국 교과서 모두 고유어 다음으로 한자어, 외래어, 혼종어 순으로 단일어의 사용률이 높다는 것을 확인할 수 있다. 여기서 주목할 만한 점은 어휘 수가 적기는 하지만 일본 교과서는 한국 교과서에 비해 외래어와 혼종어 사용이 더 많다는 점이다.

이상, 양국의 저학년 교과서의 개별어수에서는 단일어의 사용 비율이 일본 교과서가 좀 더 높았고 복합어의 사용 비율은 한국 교과서가 더 높은 것으로 나타났다. 하지만 전체어수에서는 양국 교과서 모두 매우 유사한 특징을 보였다. 어구성별로 카이자승값 결과를 살펴보면 개별어수에서 유의차가 발생하였는데, 단일어는 일본 교과서가 유의차가 높은 항목으로 조사되었고 복합어는 한국 교과서가 유의차가 높은 항목으로 조사되었다.

단일어에서, 한국 교과서는 개별어수가 1,853어, 일본 교과서는 1,392어로, 한국 교과서가 수량 면에서는 많지만, 사용 비율을 살펴보면 한국은 74.5%이고 일본 78.0%로 일본 교과서 쪽이 더 높은 것을 확인할 수 있었다. 복합어에서 한국 교과서는 개별어수가 634어 25.5%이고 일본 교과서는 392어 22.0%로, 한국 교과서에서 복합어 사용량 및 사용 비율이 높은 것을 확인할 수 있다.

Ⅳ. 국어 교과서 어휘의 의미 분야별 분포 분석

4.1 들어가는 말

본장에서는 양국의 초등학교 국어 교과서의 '어휘 분포(語彙分布, Lexical distribution)'의 유의차를 통해 양국의 사회·문화적 특징을 밝히고자 한다.

초등학교 6년분 교과서 어휘의 의미 분야별 분포의 변화를 살펴보기 위해 저(1~2학년), 중(4학년), 고(6학년)학년으로 나누어 각각 분석한 후, 그 추이를 비교한다. 어휘 대조를 위해서는 의미범주의 설정이 선행되어야 하는데, 본고에서는 '단어가 나타낼 수 있는 의미의 세계를 분류하고 각 항목별로 단어를 배당한' 일본 국립국어연구소의 '분류어휘표'(1964)[70]를 바탕으로, 어휘를 5개 부문의 대분류 및 43개 중항목으로 분류하여 분석한다. 상세 분류가 필요한 경우는 소분류한다.

본고의 어휘조사 대상 자료는 '1.6 연구 대상 교과서의 범위'에서 제시한 6년분 국어 교과서 중, 1~2학년, 4학년, 6학년 국어 교과서로, 이중, '읽기' 영역에 한정하여, 말하기·듣기·쓰기영역, 교육과정 소개·각주·부록표를 제외한 것이다.[71]

---

70) 『分類語彙表』(1964 : 1-9)참조 이 책은 32,600어를 분류 수록하고 있어, 모든 어휘를 이와 대조하는 작업을 거쳤다. 수록되어 있지 않은 신조어 및 외래어 등은 2004년 개정판을 참조하거나 유의어에 준해 분류했으며, 의미 분류의 특성상, 복합어는 고유명사 및 작품명 등을 제외하고는 가능한 한 분리하였다.

71) 단, 저학년 교과서는 2년분을 다루고 있으나 학습활동을 제외하고 텍스트만을 대상으로 하였고, 4학년 및 6학년은 학습활동을 포함시켰음을 밝힌다. 시간차를 두고 연구하면서 조사 조건이 약간 달라졌으나 한국과 일본 교과서의 조건은 동일하다.

<한국> 교육과학기술부(2009) 『국어 읽기』 1-1·1-2, 2-1·2-2
　　　　 교육과학기술부(2010) 『국어 읽기』 4-1·4-2
　　　　 교육과학기술부(2011) 『국어 읽기』 6-1·6-2
<일본> 光村図書(2011) 『こくご』 1-1上·1下, 2上·2下
　　　　 『国語』 4上·4下, 『国語』 6

4.2 선행연구 분석

‘3.2 선행연구 분석’에서 밝힌 바와 같이 한국과 일본의 교과서 어휘의 의미 분야별 분포를 대조한 연구는 극히 드물다. 2000년도에 들어와 일본어 연구자를 중심으로, 일본어의 대표적 시소러스(thesaurus)라 할 수 있는 ‘분류어휘표’(1964)[72]를 사용하여 각 어휘에 코드를 붙여 그 어휘가 어떠한 의미 분야의 어휘로, 어떤 비율로 구성되어 있는지를 밝히는 ‘의미 분야별 구조분석법’이 시도되기 시작하였다.

선행연구를 바탕으로, 李美淑·宋正植(2014), 李美淑(2014)에서는 각각 저학년(1~2학년) 및 6학년 어휘를 대상으로 하여 의미 분야별 구조분석법에 의해 유의차(有意差)[73]가 발생하는 항목에 초점을 맞추어 분석한 바 있다. 본고에서는 이를 바탕으로 하되, 중학년에 해당하는 4학년 국어 교과서 어휘를 새롭게 추가하여 한·일 양국의 저·중·고학년 교과서의 어휘 분석을 시도하였다.

장경희 외(2012 : 136, 308-310)에서 초·중·고등학생의 대화 코퍼스를 녹

---

72) 일본 국립국어연구소의 ‘분류어휘표’(1964)는 시소러스(유의어사전)의 일종으로, 어휘를 의미 분류하여 일람할 수 있도록 만든 것이다. 2004년 101,070어를 분류한 개정증보판이 나왔다. 어휘는 ‘사카모토(阪本) 교육기본어휘’와 ‘잡지 90종을 대상으로 한 조사’에서 7회 이상 사용된 고빈도어를 수록하고 있다.
73) 앞서 Ⅲ장에서 밝힌 바와 같이 ‘통계적 검정에서 통계적으로 유의미하다고 결론지어진 평균이나 비율의 차이’를 가리킴.

음하여 초등학교 저학년의 고빈도어가 고등학교까지 지속적으로 사용되는 지 여부를 조사한 바에 의하면 '명사'가 가장 낮았다고 한다. 즉, 명사는 양 언어에 있어 양적으로도 방대하고 구체적·추상적인 개념을 폭넓게 나타낸 다는 점에서 사회·문화적 특징은 물론 학년 급(級)에 따른 변화를 살펴보 는 데 유효하다고 판단된다.

본 연구에서는 사회·문화적 특징을 밝히기 위해 품사 중에서 이러한 개 념이 가장 잘 나타나 있는 '명사'를 대상으로 하였다. '분류어휘표'(1964)에 서는 어휘 전체를 품사론적 관점에서 크게 4가지로 나누고 있다.

    1. 명사   2. 동사   3. 형용사·부사   4. 기타[74]

또한 단어가 나타낼 수 있는 의미세계를 분류하여 그 분류 항목에 단어 를 배당한 것으로, 32,600어에 이르는 일본어의 어휘를 <1.1 추상적 관계>, <1.2 인간 활동의 주체>, <1.3 인간 활동—정신 및 행위>, <1.4 생산물 및 도구>, <1.5 자연물 및 자연현상> 등, 5개 부문으로 대분류하고 있다. 분 류어휘표에는 코드 번호가 최대 소수점 넷째자리 수까지 있으나, 대개 정수 (定數) 부분에 해당하는 품사별 분류에서는 양 어휘의 품사별 유형의 큰 특 징을 파악하고 소수점 첫째자리 분석인 대분류에서는 5개의 큰 범주로 분 류하고 소수점 둘째자리 분석인 중항목 대조에서 어휘의 특징을 상세하게 논하는 것이 일반적이다.

<표 33>은 품사 분류를 토대로, 아래와 같이 소수점 이하 첫째자리까지 대분류한 것이다. 참고로, 동사 및 형용사·부사 등은 자연히 <1.2 인간 활 동의 주체>, <1.4 생산물 및 도구> 항목의 어휘가 없다.

---

74) '기타'에는 감탄사, 접속사, 인사말 등이 포함된다.

<표 33> '분류어휘표'(1964)의 품사별 분류

1. 명사	2. 동사	3. 형용사 · 부사	4. 기타
1.1 추상적 관계	2.1 추상적 관계	3.1 추상적 관계	4.1 접속사
1.2 인간 활동의 주체			
1.3 인간 활동-정신 및 행위	2.3 정신 및 행위	3.3 정신 및 행위	4.3 감동사
1.4 생산물 및 도구			
1.5 자연물 및 자연현상	2.5 자연현상	3.5 자연현상	

다지마(田島, 1999)에서 설명하고 있는 바와 같이 어휘의 의미 분야별 구조 분석에서는 실제 조사 결과가 의미 분야의 항목별 수치화된 표로 작성된다. 즉, 비교대상이 되는 2개의 대상 어휘가 의미 분야별로 어휘수와 비율로 제시되기 때문에 의미 분야별로 제시된 항목을 보더라도 어느 의미 분야에 유의차가 발생하는지 단정하기 어려우므로 통계적 처리 방법인 '카이자승 검정(χ自乘檢定)'을 실시할 필요가 있다.

여기서 카이자승 검정이란 '규모가 다른 A와 B의 두 개 표본에서 특정 성향을 갖는 것이 A표본에서 <a>가 있고, B표본에서 <b>가 있다고 보았을 때, 특정 성향이 없는 것이 A표본에서는 <c>만큼, B표본에서는 <d>만큼 있다고 할 경우, 각각의 표본의 규모를 고려하더라도, 특정성향을 갖는 <a>와 <b> 사이의 차이를 인정하기 위해서는 그것의 차이를 통계적으로 증명할 필요가 있으므로 그에 따른 수치의 차이를 통계적으로 검정하는' 방법이다. 자세한 내용은 申玟澈(2001 : 44-46)을 참조 바란다.

즉, 카이자승 결과를 보면 의미 분야별로 제시된 두 개의 비교 대상 항목의 수치에 미묘한 차이가 나타나는데, 그 차이에 대한 유의차의 발생 여부를 판단하는 근거가 된다. 이러한 의미 분야별 비교분석 연구에서는 유의차가 발생한 의미 분야를 중심으로 그 유의차가 발생하게 된 경위를 파악하기 위해 조사된 데이터에서 실제 사용 예를 제시하고 분석하여 비교 대상이 되는 두 항목에 대해 설명함으로써 그 유사점이나 차이점을 밝힌다. 나아가 비교 대상이 되는 의미 분야별 항목을 한눈에 파악할 수 있어 두 항목에 대해 쉽게 비교하고 분석할 수 있다는 장점이 있다. 물론 유의차가 발생하지 않은 항목도 비교대상이 될 수 있으며 경우에 따라서는 유의차가 발생하지 않은 항목에 대해 설명을 할 수도 있다. 그러나 의미 분야별 구조분석 연구에서는 유의차가 발생하는 항목에 초점을 맞추어 분석하는 것이 일반적이다.

앞서 3.1에서 밝힌 바와 같이, 이번 의미 분야별 구조분석에서는 위험률 0.01% 이하(99.99% 이상의 확률)에서 유의차가 발생하는 항목을 대상으로 그 대상이 되는 항목을 음영으로 표시하기로 한다. 즉, 카이자승값 6.635 이상을 유의차가 나타나는 기준으로 삼는다.

교과서 어휘의 의미 분포상의 특징은 그 나라의 사회상 및 가치관과 밀접한 관계가 있다. 연구 방법은 다음과 같다.

첫째, 양국의 해당 국어 교과서의 어휘 중, 사회상 및 가치관이 가장 명확히 드러나는 '명사'에 한정하여 동일한 조건으로 모두 추출한 후, 텍스트 파일로 만든다. 명사에 속하는 대명사, 수사, 형식명사, 고유명사 등, 하위범주에 속하는 모든 어휘를 포함한다.

둘째, 개별어수 및 전체 어휘를 나타내는 전체어수를 산출하여 수량적, 의미적으로 비교한다. 단, 아라비아숫자는 전체어수에 모두 포함시키되, 개별어수는 1어로 간주한다.

- ·1일, 2000년, 5명과 같이 숫자와 단위를 나타내는 조수사가 결합된 경우에 는 한 단어로 간주하되, 다음과 같이 산정한다.
- ·1일, 2일, 15일 → 개별어수 1어, 전체어수 3회
- ·1, 25, 120, 200 → 개별어수 1어, 전체어수 4회

셋째, '분류어휘표'(1964)에 근거하여 추출된 단어에 의미별 단어코드를 붙인 후, 마이크로소프트사의 엑셀프로그램을 이용하여 소수점 첫째자리까지의 대분류(5개 항목)는 물론, 소수점 둘째자리까지 중분류(43개 항목)하여 분석한다. 유의차가 큰 경우는 소수점 셋째자리까지의 소분류를 활용한다. (한국 교과서의 어휘는 일본어로 번역하여 같은 방법으로 분류한다.)

넷째, 전체 어휘 중 사용빈도 30위에 속하는 고빈도어를 추출하여 양국 간의 차이를 분석한다.

다섯째, 개별어수와 전체어수의 대분류 및 중분류를 통해 범주별 절대적 수치 및 비율을 비교하는 한편, 통계학의 카이자승 검정을 이용하여 유의차를 대조하고, 항목별 고빈도 어휘 대조를 통하여 양국의 사회상 및 가치관의 차이를 분석한다.

마지막으로 대분류에서 나라별로 어휘수가 많은 항목의 순서를 비교하고, 중분류에서는 유의차[75]가 크게 나타난 항목별 비교를 통하여 종합적으로 분석한다.

4.3 국어 교과서에서 차지하는 명사의 위상

宋正植·李美淑(2012, 2013)에서는 한·일 양국의 저학년 교과서 어휘의 품사별 고빈도어의 사용양상과 특징을 고찰하였다. 또한, 李美淑·宋正植(2014)에서는 일본 국립국어연구소에서 발간한 '분류어휘표'의 의미 분류를 활용하여 한·일 저학년 교과서 어휘 중, '명사'를 대상으로 의미코드작업을 실시하고 양국교과서의 '어휘 분포'의 유의차 분석을 통하여 한·일 양

---

75) 학년이 올라갈수록 양국 간 유의차가 나타나는 항목이 늘어날 뿐만 아니라 유의차도 크게 벌어진다. 본고에서는 지면 관계상 중분류 분석에서 저학년은 유의차가 10.0 이상인 경우, 중학년은 20.0 이상인 경우는 상세히 분석하였다.

국교과서에 나타난 사회상 가치관의 유사점 및 차이점 등을 고찰하였다. 이는 수정 보완을 거쳐 본서의 4.4에서 다루고 있다.

4.4~4.6에서는 저·중·고학년 교과서 어휘 중 명사만을 추출하여 의미 분야별 분포를 비교하여 유의차가 발생한 분야에 초점을 맞추어 한국과 일본의 사회·문화적 가치관의 차이를 분석하였다. 본 장에서는 그에 앞서, 저학년 교과서를 대상으로 하되, 자립어 전체를 대상으로 하여 품사별 어휘 구성을 제시하고자 한다.

본고의 연구 목적은 사회·문화적 특성 연구로, 명사만을 대상으로 했으나, 먼저 전체에서 어느 정도의 비율을 차지하는지, 또한 양국 간에 차이가 있는지를 초등학교 저학년 교과서를 예로 하여 살펴본다. <표 34>는 전체 어휘를 '분류어휘표'(1964)에 의거하여 '명사', '동사', '형용사 및 부사', '기타(감탄사·접사·인사말 등)'로 나누어 분류한 것이다.

<표 34> 한·일 저학년 국어 교과서의 정수 부분 의미 분야별 비교

(( )안은 비율)

코드	의미범주	개별어수		전체어수	
		한국어	일본어	한국어	일본어
1	명사	1,204(48.4)	908(51.0)	4,681(51.8)	3,149(51.1)
2	동사	666(26.8)	472(26.5)	2,468(27.3)	1,726(28.0)
3	형용사·부사	508(20.4)	323(18.1)	1,563(17.3)	1,034(16.8)
4	기타	109(4.4)	79(4.4)	331(3.7)	255(4.1)
	계	2,487(100)	1,784(100)	9,043(100)	6,164(100)

<표 34>에서도 알 수 있듯이, 한·일 저학년 교과서 정수부분 의미 분야별 개별어수를 살펴보면, 한국 교과서는 2,487어이고 일본 교과서는 1,784어로, 한국이 1.4배에 해당한다. 전체어수에서도 한국 교과서는 9,043어이고 일본 교과서는 6,164어로, 한국 교과서가 1.5배에 해당한다는 사실

을 확인할 수 있다.

이어서 본고의 연구대상인 '명사'의 개별어수를 살펴보면 한국 교과서가 1,204어이고, 일본 교과서는 908어로, 한국이 1.3배 많이 사용되었다. 자국어에서 차지하는 비율은 한국이 48.4%이고, 일본이 51.0%로, 일본이 약간 높았다. 전체어수에서도 한국 교과서가 4,681어이고, 일본 교과서는 3,149어로, 1.5배에 해당하는 양이었다. 자국어에서 차지하는 비율은 한국이 51.1%이고, 일본이 51.8%로 단어 수는 한국 교과서가 현저하게 많으나 비율은 거의 비슷한 것을 알 수 있다. 이하, 저·중·고학년별로 각각 분석해 간다.

4.4 저학년 국어 교과서의 어휘 분포

본 장에서는 저학년(1~2학년) 교과서에 나타난 어휘(명사)에 주목하여, 양국의 교과서의 '어휘 분포'에 나타난 유의차를 통해 양국의 사회상 및 가치관의 차이를 밝히려는데 그 목적이 있다.

한국의 저학년 교과서는 '2007 개정 교육과정'에 의해 2009년에 발간된 『국어 읽기』(총 4권)에 한하였다. 한편, 일본은 2011년에 발간된 저학년 교과서(光村図書, 총 4권)에서 말하기·듣기·쓰기 영역 및 교육과정 소개·책 소개·각주·부록표를 제외한 전 분야에서 어휘(명사)를 추출하였다. 자세한 것은 4.1에 명시하였다.

4.4.1 개별어수와 전체어수

<표 35>는 저학년 교과서에 사용된 어휘의 종류를 나타내는 개별어수 및 이들이 사용된 총 빈도를 나타내는 전체어수를 나타낸 것이다.

<표 35> 한·일 저학년 국어 교과서의 어휘 개별어수 및 전체어수

	개별어수		전체어수	
	한국	일본	한국	일본
1~2학년 통합	1,204어	908어	4,681어	3,149어

개별어수는 한국이 일본의 1.3배이며, 전체어수는 한국이 일본의 1.5배에 이를 정도로, 한국 교과서가 개별어는 물론 전체어에서 어휘수가 많았다. 한국 교과서의 학습 부담이 크다고 볼 수 있다. 한 단어의 사용빈도는 평균 3.89회로, 일본의 3.47회에 비해 높게 나타났다. 먼저, 사용빈도 30위까지의 고빈도 어휘를 각각 제시하면 다음과 같다.[76]

· 한국 : 나(168), 우리(78), 어머니(56), 집(49), 지은이(49), 물(46), 말씀(41), 사람들(40), 호랑이(37), 때(30), 길(30), 소리(28), 해(28), 옛적(27), 사람(27), 달(24), 마음(24), 아버지(23), 불개(23), 말(言22), 모습(22), 마을(21), 이름(21), 마을(21), 생각(21), 어디(21), 할머니(20), 사또(20), 선생님(20), 눈(目20), 이하 생략

· 일본 : バケツ(양동이57), おばあちゃん(할머니46), 狐の子(새끼여우45), 僕(나40), 白馬(39), とき(때37), スーホ(人37), 中(안36), 猫(32), 誰(누구30), 私(29), 花(28), 人(사람27), すみれちゃん(人26), エルフ(개26), 木(23), かまくん(두꺼비21), 水(20), 雨(20), お手紙(편지20), 絵(그림20), 이하 생략

30위까지의 고빈도 어휘가 사용된 총 빈도는 한국 624회, 일본 399회이며, 각각 전체어수에서 차지하는 비율은 한국 13.3%, 일본 12.7%로 유사하지만 어휘 분포에 있어서는 커다란 차이가 있다.

위에 제시한 상위 30위 안에 드는 고빈도어를 보면, 한국 교과서는 '나·우리'와 같은 1인칭 대명사와 '어머니·아버지·할머니'와 같은 친족명, '사람들[77]·사람·선생님·지은이·사또' 등을 포함한 '인간 활동의 주체'

---

76) ( )안의 숫자는 빈도수를 나타냄. 일본어는 가독성을 위해 한자로 표기하되, 히라가나어는 기본 번역을 붙였다. 한국어는 의미를 명확히 밝힐 필요가 있을 경우에만 한자를 부기한다. 인명에는 (人)을 부기한다. 이하 같음.

가 대거 등장하고 있다. 동물은 '호랑이·불개' 등 2어에 지나지 않았다. 한편, 일본 교과서에서는 '僕·私'와 같은 1인칭 대명사가 포함되어 있지만 상대적으로 빈도수가 낮고, 친족명은 'おばあちゃん(할머니)' 1어에 지나지 않았다.

인간 활동의 주체를 나타내는 어휘도 'スーホ(人)·すみれちゃん(人)' 등 2어에 지나지 않은 반면, '狐のこ(새끼여우)·白馬(백마)·猫(고양이)·エルフ(개)·かまくん(두꺼비)' 등 동물명이 다수 포함되어 있는 것을 확인할 수 있었다. 저학년 교과서 어휘의 의미 분포상의 특징을 살펴보기 위해 '분류어휘표'를 바탕으로 하여 의미코드를 붙이고 의미코드별 비율 및 고빈도 어휘를 분석한다.

4.4.2 대분류에 나타난 어휘 분포의 유의차

<표 36>은 저학년 교과서 어휘의 개별어수와 전체어수의 대분류이다. 카이자승 검정을 통해 99.99% 이상(카이자승값 6.635 이상)의 확률로 유의차가 나타난 부분은 음영으로 표시하였다.

<표 36> 한·일 저학년 국어 교과서 어휘의 대분류

(숫자는 도수, ( )안은 비율)

코드	의미 분야	개별어수		카이 자승값	전체어수		카이 자승값
		한국	일본		한국	일본	
1.1	추상적 관계	200(16.6)	200(22.0)	9.874	774(16.5)	679(21.6)	31.481
1.2	인간활동의 주체	268(22.3)	147(16.2)	12.064	1,437(30.7)	634(20.1)	108.014
1.3	인간활동 - 정신 및 행위	186(15.4)	114(12.6)	3.547	546(11.7)	363(11.5)	0.034

---

77) 한국어와 일본어 대조에서는 복수(複數)를 나타내는 접미어를 붙여 사용가능한가 여부가 중요하다고 보아 별도로 산정하였다.

1.4	생산물 및 도구	203(16.9)	161(17.7)	0.273	563(12.0)	399(12.7)	0.722
1.5	자연물 및 자연현상	347(28.8)	286(31.5)	1.763	1,361(29.1)	1,074(34.1)	22.236
	계	1,204(100)	908(100)	-	4,681(100)	3,149(100)	-

개별어수에서 한국은 <1.2>에서 유의차가 높게 나타났고 일본은 <1.1>에서 유의차가 높게 나타났다.

자국 내에서 비율을 보면 양국 모두 <1.5>에서 가장 높았고, 한국은 <1.2>, <1.4>, <1.1>, <1.3>순이고 일본은 <1.1>, <1.4>, <1.2>, <1.3>순으로 이어졌다. 저학년 교과서에서는 양국 모두 <1.3>의 비율이 가장 낮은 것을 알 수 있다. 이는 4.5, 4.6의 중·고학년 어휘와 구별된다.

전체어수에서 한국은 <1.2>에서, 일본은 <1.1>, <1.5>에서 유의차가 높게 나타났다.

자국 내에서의 비율을 보면 한국은 <1.2>, <1.5>, <1.1>, <1.4>, <1.3>순이고 일본은 <1.5>, <1.1>, <1.2>, <1.4>, <1.3>순으로 나타났다. 양국 모두 <1.3> 및 <1.4>에서 비율이 낮다는 점에서 공통적이며, 한국은 <1.2>의 인간 활동의 주체가 가장 높았고 일본은 <1.5>의 자연물 및 자연현상의 비율이 가장 높았다. 자세한 것은 4.4.3의 중분류에서 다루기로 한다.

4.4.3 중분류에 나타난 의미 분포의 유의차

앞의 <표 36>의 대분류를 43개 의미 분야별 항목으로 세분하여 제시한 것이 <표 37>이다. 역시, 카이자승 검정을 통해 99.99% 이상(카이자승값 6.635 이상)의 확률로 유의차가 나타난 부분은 음영으로 표시하였다.

<표 37> 한 · 일 저학년 국어 교과서 어휘의 중분류[78]

(숫자는 도수, ( )안은 비율)

코드	의미 분야	개별어수		카이 자승값	전체어수		카이 자승값
		한국어	일본어		한국어	일본어	
1.10	지시	13(1.1)	8(0.9)	0.200	45(1.0)	56(1.8)	9.863
1.11	유(類) · 예(例)	5(0.4)	4(0.4)	0.066	13(0.3)	5(0.2)	1.156
1.12	유무	2(0.2)	3(0.3)	0.565	2(0.04)	3(0.1)	0.806
1.13	양상	4(0.3)	6(0.7)	1.160	33(0.7)	31(1.0)	1.810
1.14	힘	2(0.2)	2(0.2)	0.070	17(0.4)	3(0.1)	5.293
1.15	작용	11(0.9)	8(0.9)	0.005	19(0.4)	10(0.3)	0.396
1.16	때	67(5.6)	78(8.6)	7.392	285(6.1)	287(9.1)	2.445
1.17	공간 · 장소	51(4.2)	53(5.8)	2.821	214(4.6)	209(6.6)	15.710
1.18	형태 · 모습	17(1.4)	15(1.7)	0.194	59(1.3)	33(1.0)	0.730
1.19	양(量)	28(2.3)	23(2.5)	0.091	87(1.9)	42(1.3)	3.197
1.20	인간	53(4.4)	30(3.3)	1.642	562(12.0)	207(6.6)	62.724
1.21	가족	35(2.9)	22(2.4)	0.455	201(4.3)	134(4.3)	0.007
1.22	상대 · 동료	8(0.7)	9(1.0)	0.677	50(1.1)	30(1.0)	0.247
1.23	인종 · 민족	114(9.5)	59(6.5)	6.059	340(7.3)	185(5.9)	5.800
1.24	구성원 · 직위	14(1.2)	10(1.1)	0.015	78(1.7)	33(1.0)	5.146
1.25	지역 · 국가	26(2.2)	7(0.8)	6.455	148(3.2)	23(0.7)	52.083
1.26	사회	16(1.3)	9(1.0)	0.494	55(1.2)	21(0.7)	5.051
1.27	기관	1(0.1)	0(0.0)	0.689	2(0.04)	0	1.329
1.28	동맹 · 단체	1(0.1)	1(0.1)	0.030	1(0.02)	1(0.3)	0.076
1.30	마음	54(4.5)	45(5.0)	0.253	178(3.8)	113(3.6)	0.241
1.31	언어행동	29(2.4)	26(2.9)	0.415	127(2.7)	124(3.9)	9.096
1.32	창작 · 저술	13(1.1)	5(0.6)	1.691	52(1.1)	42(1.3)	0.787
1.33	문화 · 역사	39(3.2)	22(2.4)	1.219	83(1.8)	46(1.5)	1.131
1.34	의무	7(0.6)	3(0.3)	0.672	9(0.2)	5(0.2)	0.116
1.35	교류	8(0.7)	4(0.4)	0.445	14(0.3)	5(0.2)	1.525

---

78) 대부분 '분류어휘표'의 항목 명을 직역하였으나 일부 의역함.
　　예) 1.16位置 · 地位→때, 1.20われ · なれ · かれ→인간, 1.25公私→지역 · 국가, 1.31言動
　　→언어행동, 1.35交わり→교류, 1.37納得→경제, 1.47灯火→기계 등

1.36	지배·정치	12(1.0)	1(0.1)	6.596	23(0.5)	2(0.6)	10.813
1.37	경제	11(0.9)	2(0.2)	4.025	37(0.8)	3(0.1)	17.886
1.38	일	13(1.1)	6(0.7)	1.001	23(0.5)	23(0.7)	1.838
1.40	물품	5(0.4)	5(0.6)	0.191	29(0.6)	8(0.3)	5.339
1.41	소재	14(1.2)	24(2.6)	6.389	36(0.8)	47(1.5)	9.388
1.42	의류	22(1.8)	14(1.5)	0.245	61(1.3)	37(1.2)	0.249
1.43	식료	25(2.1)	22(2.4)	0.272	79(1.7)	35(1.1)	4.352
1.44	주거	32(2.7)	32(2.7)	0.334	64(1.4)	60(1.9)	3.494
1.45	도구	71(5.9)	44(4.8)	1.103	177(3.9)	160(5.1)	7.718
1.46	기계	17(1.4)	10(1.1)	0.387	52(1.1)	25(0.8)	1.939
1.47	땅·도로	17(1.4)	14(1.5)	0.057	65(1.4)	27(0.9)	4.570
1.50	자극	26(2.2)	25(2.8)	0.765	102(2.2)	55(1.7)	1.789
1.51	자연·물체	45(3.7)	28(3.1)	0.656	158(3.4)	102(3.2)	0.108
1.52	우주·천문	42(3.5)	21(2.3)	2.457	239(5.1)	98(3.1)	18.162
1.55	생물	68(5.6)	81(8.9)	8.437	177(3.8)	226(7.2)	44.456
1.56	동물	94(7.8)	91(10.0)	3.166	380(8.1)	443(14.1)	70.850
1.57	몸	64(5.3)	34(3.7)	2.874	281(6.0)	130(4.1)	13.299
1.58	생명	8(0.7)	8(0.9)	0.312	24(0.5)	20(0.6)	0.503
계		1,204(100)	914(100)		4,681(100)	3,149(100)	

먼저, 개별어수에서 유의차가 나타난 항목은 <1.16때>와 <1.55생물>의 2개 항목에 불과했는데, 모두 일본에서 유의차가 높게 나타났다. 두 항목 모두 일본이 절대적인 어휘수가 적은데도 불구하고 전체 비율에서 유의차가 나타난 것은 물론, 어휘 수에서도 한국보다 많았다. 그러나 결과적으로 저학년에서는 두 항목을 제외하고는 양국의 교과서의 어휘가 가지고 있는 의미 분야별 어휘 분포가 매우 유사하다고 할 수 있다.

<표 37>의 중분류에서 자국 내에서의 개별어수의 비율이 상위 7위까지의 항목을 제시하면 다음과 같다. 양국은 <1.16>, <1.23>, <1.30>, <1.56>, <1.55>, <1.45> 등 6개 항목이 공통적으로 포함되어 있다. 단, 순위에 있어서는 차이가 있지만, 앞서 지적한 대로 저학년에서는 양국의 교과

서의 어휘가 가지고 있는 의미 분야별 어휘 분포가 매우 유사함을 확인할
수 있다. 그밖에 한국은 <1.23>의 인종 및 민족, <1.57>의 몸 관련 범주에
서 높고, 일본은 동물 및 식물 관련 범주 및 공간 및 장소와 관련된 <1.17>
이 높은 것을 알 수 있다. (( )안은 자국 내의 비율을 나타냄, 한·일 공통 항목은
밑줄로 표시함. 이하 같음.)

· 한국 : <u>1.23인종·민족</u>(9.5%)><u>1.56동물</u>(7.8%)><u>1.45도구</u>(5.9%)><u>1.16때</u>
(5.6%)><u>1.55생물</u>(5.6%)>1.57몸(5.3%)><u>1.30마음</u>(4.5%)
· 일본 : <u>1.56동물</u>(10.0%)><u>1.55생물</u>(8.9%)><u>1.16때</u>(8.6%)><u>1.23인종·민족</u>
(6.5%)>1.17공간·장소(5.8%)><u>1.30마음</u>(5.0%)><u>1.45도구</u>(4.9%)

한편, 전체어수에서는 13개 항목에서 유의차가 나타났으며, 이중 한국 교
과서는 <1.20인간>을 비롯하여, <1.25지역·국가>, <1.52우주·천문>,
<1.37경제>, <1.57몸>, <1.36지배·정치>순으로 6개 항목에서 유의차가
나타났다. 반면, 일본 교과서는 <1.56동물>을 비롯하여, <1.55생물>,
<1.17공간·장소>, <1.10지시>, <1.41소재>, <1.31언어활동>, <1.45도
구>순으로 7개 항목에서 유의차가 나타났다.

<표 37>의 중분류에서 자국 내에서의 전체어수의 비율이 상위 7위까지
의 항목을 살펴보자. 양국은 <1.16>, <1.20>, <1.23>, <1.45>, <1.56> 등
5개 항목이 공통적으로 포함되어 있다. 단, 순위에 있어서는 차이가 있지만,
전체어수에서도 유사성이 인정된다. 특히 한국은 인간 관련 어휘인 <1.20>
에서 높았고, 일본은 동물과 관련된 <1.56>이 높았다. 기타, 한국은 몸과
관련된 <1.57>, 가족과 관련된 <1.21>이 높았고, 일본은 생물과 관련된
<1.55>와 공간 및 장소와 관련된 <1.17>에서 높았다. 전체어휘의 경향 역
시 개별어휘와 통하는 바가 있다.

· 한국 : <u>1.20인간</u>(12.0%)><u>1.56동물</u>(8.1%)><u>1.23인종·민족</u>(7.3%)><u>1.16때</u>
(6.1%)>1.57몸(6.0%)>1.21가족(4.3%)><u>1.45도구</u>(3.9%)

· 일본 : 1.56동물(14.1%)>1.16때(9.1%)>1.55생물(7.2%)>1.17공간 · 장소 (6.6%)>1.20인간(6.6%)>1.23인종 · 민족(5.9%)>1.45도구(5.1%)

이하, 나라별로 '전체어수'를 기준으로 유의차가 10.0 이상 높게 나타난 항목을 분석한다.[79)]

4.4.3.1 한국 교과서가 유의차가 높은 항목 대조

전체어수에서 한국 교과서가 일본 교과서에 비해 유의차가 인정되는 항목은 13개 항목으로, <1.20인간>을 비롯한 6개 항목에서 높았고 모두 유의차가 10.0 이상이었다. 이하 구체적인 내용에 대해서는 유의차가 높은 순서대로 항목별로 살펴보기로 하겠다.

1) <1.20인간> (유의차 : 전체어수 62.724)

인간 일반과 관련된 <1.20> 항목에서 한국 교과서는 개별어수에서 일본의 1.8배이고, 전체어수에서도 2.7배로 높은 것으로 조사되었다. 3회 이상 사용된 어휘는 다음과 같다.

한국(개별어수 53, 전체어수 562)	일본(개별어수 30, 전체어수 207)
우리(78), 나(688), 사람들(40), 사람(27), 저(26), 너(24), 할머니(20), 자기(15), 누구(13), 아이(12), 영감(11), 아무(10), 누가(10), 할아버지(9), 아기(8), 너희(8), 어린이(7), 녀석(6), 아이들(5), 꼬마(5), 술래(5), 여러분(5), 할망(4), 어린이들(4), 여자아이(3), 노인(3), 주인공(3), 코흘리개(3), 이들(3), 남(3), 이하 생략	僕(나40), 誰(누구30), 私(나29), 人(사람27), 自分(나14), きみ(자네13), 鬼(도깨비13), おかちゃん(엄마11), お前(너3), 僕達(우리들3), 이하 생략

---

79) 본장의 의미 분야별 분포에서는 특정 범주의 어휘의 사용량이 중요하므로 '전체어수'를 기준으로 하고, 필요한 경우에만 '개별어수'에 대해 언급한다. (상대적으로 언어적 특징을 살펴보기 위해서는 '개별어수'를 대상으로 하는 것이 바람직하다.)

한국 교과서는 '나・저・우리'와 같은 1인칭 대명사의 빈도수가 매우 높은 데 반해, 일본 교과서에는 '僕(나)・私(나)・僕達(우리들)'가 있지만, 사용빈도가 상대적으로 적게 나타났다. 특히, 일본이 집단의식이 강하다고 알려져 있어, '우리'에 해당하는 단어가 많이 사용될 것으로 예상했으나 저학년 교과서에 나타난 사용양상은 예상과 달라 흥미롭다고 할 수 있다. <1.20> 항목을 통하여 한국은 상대적으로 인물 중심이며, 자신을 드러내는 1인칭 대명사를 많이 사용하며, '우리'라는 집단의식을 중요시한다고 해석할 수 있다.

2) <1.25지역・국가>(유의차 : 전체어수 52.083)

지역 및 국가와 관련된 <1.25> 항목에서는 한국이 개별어수에서 일본의 3.7배이며, 전체어수에서는 6.4배였다. 3회 이상 사용된 어휘는 다음과 같다.

한국(개별어수 26, 전체어수 148)	일본(개별어수 7, 전체어수 23)
집(49), 마을(21), 독도(11), 별나라(11), 나라(10), 우리나라(6), 고을(5), 제주도(5), 까막나라(4), 서울(3), 이하 생략	うち(가정9), 町(마을4), モンゴル(몽고4), 이하 생략

한국이 일본에 비해 '집・마을・나라・우리나라', '독도・제주도・서울'[80] 등 지역 및 국가명을 나타내는 어휘가 많았다. 이는 <1.20>에서 지적한 '우리'라는 집단의식이 강하다는 점과 연관이 있으며, 나아가 '충(忠)'이라는 가치덕목과 관련이 있다고 볼 수 있다.

3) <1.52우주・천문>(전체어수 18.162)

우주 및 천문과 관련된 <1.52> 항목에서 개별어수를 보면 한국이 일본의 2.0배이고, 전체어수에서는 2.4배였다. 3회 이상 사용된 어휘는 다음과 같다.

---

80) '독도・울릉도' 등은 고유지명으로 <1.25>로 분류하였으나 '백두산・섬' 등은 자연・물체로 보아 <1.51>로 분류하였다.

한국(개별어수 42, 전체어수 239)	일본(개별어수 21, 전체어수 98)
해(28), 달(25), 산(19), 바다(19), 옹달샘(16), 지구(13), 우주(11), 호수(9), 햇님(8), 산꼭대기(8), 개천(6), 숲(5), 태산(5), 백두산(4), 섬(4), 바닷가(4), 샘물(4), 별(3), 강(3), 경치(3), 이하 생략	川(18), 空(하늘17), 月(달10), 草原(10), 山(9), お日様(햇님7), 海(6), 滝(폭포3), 이하 생략

양국 모두 '해·달·산·바다'와 같은 자연과 관련된 어휘가 고빈도어로 나타났다. 한국은 '지구·우주'의 어휘가 고빈도어로 등장했고, 일본은 'お日様(햇님)·夕日(석양)·太陽(태양)·朝日(아침 해)' 등, '해'와 관련된 다양한 단어가 사용된다는 점에서 특징적이었다.

4) <1.37경제>(유의차 : 전체어수 17,886)
경제와 관련된 <1.37> 항목에서는 개별어수에서 한국이 일본의 5.5배이고, 전체어수에서도 12.3배에 이르렀다. 한국은 '선물·값·내기·잡기·돈·대출' 등 11어 37회가 사용된 반면, 일본은 개별어수가 'みずやり(물주기)·かいもの(쇼핑)' 등 2어에 지나지 않았고 전체어수 역시 3회에 그쳤다. 한국은 저학년 학생들에게 경제, 경쟁, 노력 및 보상이라는 가치관을 직·간접적으로 갖게 하는 것이라 해석할 수 있고, 일본은 저학년에서 이러한 부분에 대한 노출을 꺼리고 있다고 평가된다.

5) <1.57몸>(유의차 : 전체어수 13,299)
몸과 관련된 <1.57> 항목에서는 한국은 개별어수에서 일본의 1.9배였고, 전체어수에서도 2.2배로 높았다. 한국은 인간의 신체 부위인 '발·눈·이·얼굴·몸' 등이 고빈도어인데 비해, 일본은 인간의 신체 부위인 '顔(얼굴)·体(몸)·手(손)'외에 동물과 관련된 'くちばし(부리)·綿毛(솜털)·卵(알)·しっぽ(꼬리)'와 같은 어휘가 대량 포함되어 있다. 이는 앞에서 한국은 인간과 관련된 <1.20>, <1.25> 항목에서 유의차가 높고, 일본은 동물과 관련된 <1.56>항

목에서 각각 유의차가 높았던 것과 맥락을 함께 한다. 이를 통해서도 한국은 인물, 일본은 동·식물 등 자연물이 중심이라는 것을 알 수 있다.

6) <1.36지배·정치>(유의차 : 전체어수 10.813)

'지배·정치'와 관련된 <1.36> 항목에서는 개별어수에서 한국이 일본의 12.0배이고, 전체어수에서도 11.5배로 높았다. 한국은 '상(賞)·도움·벌·응원' 등 12어(23회)가 사용되었는데, 일본은 'お礼(감사)'라는 1어(2회)가 사용되는 데 그쳤다. 이는 앞의 <1.37 경제> 항목의 결과와 같이, 경쟁, 노력 및 보상이라는 가치관을 직·간접적으로 갖게 하는 것이라 해석할 수 있다.

4.4.3.2 일본 교과서가 유의차가 높은 항목 대조

전체어수에서 일본 교과서가 한국에 비해 유의차가 높은 항목은 7개 항목이었으나 이중 카이자승값이 10.0 이상 높게 나타난 항목은 <1.56동물>, <1.55생물>, <1.17공간·장소> 등 3개 항목이었다.

참고로 3개 항목 중 <1.55생물> 항목은 개별어수와 전체어수 모두 유의차가 발생되었고, <1.56동물>, <1.17공간·장소> 의 2항목은 개별어수에서는 유의차가 발생되지 않았으나 전체어수에서 유의차가 발생하였다. 이하 구체적인 내용에 대해서는 각 항목별로 살펴보기로 하겠다.

1) <1.56동물>(유의차 : 전체어수 70.850)

앞의 <표 36>의 대분류에서 일본 교과서가 <1.5 자연물 및 자연현상>항목에서 유의차가 높게 나타났는데, 이는 <1.56> 항목과 깊은 관련이 있다. '동물·곤충·어류'와 관련된 <1.56> 항목에서 일본 교과서는 절대적 수치가 적은 상태에서 개별어수는 거의 같았고, 전체어수는 1.2배에 이르는 것으로 조사되었다. 3회 이상 사용된 어휘는 다음과 같다.

한국(개별어수 94, 전체어수 380)	일본(개별어수 91, 전체어수 443)
호랑이(37), 불개(23), 고래(14), 동물(11), 고양이(11), 황소아저씨(11), 개구리(11), 코끼리(10), 개미(10), 누렁소(9), 두꺼비(9), 어름치(9), 메뚜기(8), 코뿔소(8), 바둑이(7), 동물들(6), 강아지(6), 잠자리(6), 토끼(5), 황소(5), 생쥐(5), 방아깨비(5), 진딧물(5), 지렁이(5), 소시랑게(5), 생쥐(4), 바둑이(4), 꿩(4), 새(4), 거북할아버지(4), 멸치(4), 노루(3), 개미들(3), 생쥐들(3), 아기곰(3), 여우(3), 이하 생략	狐の子(새끼여우39), 猫(32), かま君(두꺼비21), かえる君(개구리19), 魚(19), 熊の子(새끼곰18), うさぎの子(토끼17), 犬(13), 動物(11), 馬(11), 子豚(새끼돼지11), 狸(너구리10), 鳥(7), かたつむり君(달팽이), 羊(6), 蟬(매미5), 鼠(쥐5), 狼(5), パンダ(판다5), ライオン(라이온4), 狐君(너구리4), 狐(너구리4), 小鳥(4), てんとうむし(무당벌레4), ばった(메뚜기4), 熊さん(곰3), 動物達(동물들3), ペンギン(펭귄3), がまがえる君(개구리3), わに(악어3), 魚達(물고기들3), しまうま(얼룩말3), 猪(3), 이하 생략

한국은 '호랑이·불개·고래·고양이·황소아저씨·개구리' 등이 상위 빈도어인데 비해 일본은 '새끼여우·고양이·두꺼비·개구리·새끼곰·토끼' 등으로, 양국 간 다른 양상을 보였다. 즉, '불개·어름치·진딧물·방아깨비·꿩·거북' 등과 같이 한국에서만 사용된 경우와 '백마·너구리·늑대·달팽이·무당벌레' 등과 같이 일본에서만 사용된 경우가 상당수 있었다. 특히, 일본은 '여우'에 해당하는 '狐の子(새끼여우)·狐(여우)·狐君(여우)'과 같은 단어가 53회나 사용된 반면, 한국은 3회에 불과하였고, 반면 한국은 '호랑이'가 37회 사용된 반면, 일본은 이에 해당하는 '虎(호랑이)'가 1회 사용되는데 그쳤다. 그 외 '고양이'와 '개구리' 역시 양국 교과서에 등장하고 있으나 빈도차가 크다. 이는 양국의 동물의 선호도에 차이가 있음을 보여줌과 동시에 또한 이러한 연구가 양국의 기초어휘 산정에 활용할 필요가 있음을 보여준다.

2) <1.55생물>(유의차 : 전체어수 44.456)

'생물'과 관련된 <1.55> 항목에서 일본 교과서는 절대적 수치가 적은 상태에서 개별어수는 1.2배였고, 전체어수는 1.3배나 되는 것으로 조사되었다.

3회 이상 사용된 어휘는 다음과 같다.

한국(개별어수 68, 전체어수 177)	일본(개별어수 81, 전체어수 226)
나무(21), 꽃(11), 고구마(9), 장생초(9), 산딸기(8), 들꽃(8), 풀잎(5), 나뭇잎(4), 씨앗(4), 치자(3), 제비꽃(3), 귤(3), 홍시(3), 민들레씨(3), 열매(3), 단풍잎(3), 이하 생략	花꽃28), 木나무23), かぶ순무17), 実열매14), 種씨9), たんぽぽ민들레8), コスモス(코스모스7), ふきのとう(머위6), お花꽃6), ミカン(귤5), バナナ(바나나4), ミニトマト(방울토마토3), 菜の花유채꽃3), 葉っぱ잎3), 草풀3), 野菜채소3), 이하 생략

3회 이상 사용된 어휘는 한국 및 일본 교과서 모두 16어로 동일하나 '나무·꽃·잎'을 제외하고는 공통된 단어가 없다. 즉, '장생초·산딸기·치자·제비꽃·홍시'와 같이 한국에서만 사용된 경우와 '순무·코스모스·머위·바나나·방울토마토·유채꽃' 등 일본에서만 사용된 경우가 상당수 있었다. 생물 역시, 선호도에 차이가 큼을 알 수 있다.

3) <1.17공간·장소>(유의차 : 전체어수 15,710)

공간 및 장소와 관련된 <1.17> 항목에서 일본 교과서는 절대적 수치가 적은 상태에서 개별어수 및 전체어수가 한국과 거의 같은 것으로 조사되었다. 3회 이상 사용된 어휘는 다음과 같다.

한국(개별어수 51, 전체어수 214)	일본(개별어수 53, 전체어수 209)
어디(22), 앞(15), 속(14), 여기(14), 위(14), 안(11), 뒤(10), 자리(8), 밑(8), 밖(6), 옆(6), 멀리(6), 왼쪽(5), 아래(5), 주변(5), 길가(4), 가까이(3), 저기(3), 여기저기(3), 남쪽(3), 사이(3), 이하 생략	中36), 上(18), 下(15), 外외11), 間사이10), そこ(거기9), どこ(어디9), そば곁9), 右6), 先앞6), 辺り(주변6), 遠く(멀리6), 地面5), 前앞4), ここ(여기4), 隣이웃4), 山奥(산속3), 周り(주위3), 向う(건너편3), 이하 생략

어휘별로 빈도수에 차이가 있으나 양국 교과서 모두 비슷한 사용양상을 보이고 있다. 그밖에 일본이 <1.10지시>, <1.41소재>, <1.31언어행동>, <1.45도구> 등의 항목에서 유의차가 높다는 것은 동·식물 등 자연물 뿐 아니라, 소재 및 도구를 중요시하며 경쟁보다는 사회 속에서 지켜야할 기본 생활을 중요시하고 있다고 해석할 수 있겠다.

이상, 본장에서는 한·일 양국의 저학년 교과서의 어휘에 나타난 의미 분포의 차이를 통하여 한국은 인종·민족, 나·우리라는 집단 인식이 강하고, 인물 중심이며, 저학년임에도 불구하고 경제 인식, 노력 및 보상 등을 중요시하고 있음을 확인하였다.

한편, 일본은 인물보다는 동·식물 중심이며, '소재·도구'를 중시하고, '시간·공간적 인식'을 중시하며, 특정 가치보다는 기본 생활양식을 중시함을 알 수 있다. 특히 저학년에서 등장한 동·식물 간에 차이가 크다는 점에서 양국의 언어교육의 밑거름이 되는 기초어휘 산정에 활용할 필요가 있음을 보여준다.

4.5 중학년 국어 교과서의 어휘 분포 대조

본장은 중학년(4학년)[81] 교과서에 나타난 '어휘(명사)'에 주목하여, 양국의 교과서의 '어휘 분포'의 유의차를 통해 양국의 사회상 및 가치관의 차이를 밝히려는 데 그 목적이 있다.

한국의 4학년 교과서는 '2007 개정 교육과정'에 의해 2010년에 발간된 『읽기』(총 2권)에 한한다.[82] 일본은 2011년에 발간된 4학년 국어 교과서(光村図書, 총 2권)에서 말하기·듣기·쓰기 영역 및 교육과정 소개·각주·

---

81) 중학년은 3~4학년을 모두 다루어야 하나 양이 방대하여 편의상 4학년에 한정하였다.
82) 4.4의 저학년(1~2학년) 교과서 어휘와 달리, '학습활동'을 포함하였다.

부록표를 제외한 전 분야에서 어휘를 추출하였다.

4.5.1 개별어수와 전체어수

중학년 읽기 교재에 사용된 어휘의 개별어수 및 전체어수는 <표 38>과
같다.

<표 38> 한·일 중학년 국어 교과서 어휘의 개별어수 및 전체어수

	개별어수		전체어수	
	한국	일본	한국	일본
4학년	2,751어	2,249어	13,780어	8,049어

개별어수는 한국이 일본의 1.2배이며, 전체어수는 한국이 일본의 1.7배에
이를 정도로, 한국 교과서가 개별어는 물론 전체어에서 어휘수가 많았다.
참고로, 한 단어의 평균 빈도는 한국이 5.01회로, 일본의 3.58회에 비해 높
았다. 먼저, 사용빈도 30위까지의 고빈도어를 각각 제시하면 다음과 같다.
(*는 형식명사임, 이하 같음)

　· 한국 : 것*(242), 나(242), 의견(235), 우리(205), 글(166), 말(言151), 사람
(130), 이야기(116), 일*(110), 까닭(107), 선생님(97), 뜻(94), 내용(91), 정보(86),
집(81), 무엇(80), 방법(79), 책(78), 낱말(75), 친구(73), 이반(人71), 곳(71), 친구
들(64), 사전(辞典63), 도깨비(59), 곳(58), 생각(57), 아이들(52), 때*(51), 고양이
(51), 이하 생략
　· 일본 : こと*(것261), の*(것250), 言葉(언어141), とき*(때96), 漢字(82), 中
(중81), 文(글67), もの*(것64), 次(다음58), ごん(너구리55), 女の子(여자아이51),
兵十(人49), 私(나48), 何(무엇45), 自分(자기45), 声(목소리43), 絵(그림43), 三太
郎(人41), ところ*(곳41), 意味(41), 茂吉(人39), 日(일38), お前(자네38), うなぎ

(뱀장어38), それ(그것36), 誰(누구35), 様子(모양33), 気(생각33), 頭(머리31), 이하 생략

30위까지의 고빈도 어휘가 사용된 총 빈도는 한국 3,135회, 일본 1,867회로, 전체어에서 차지하는 비율은 각각 22.8%, 23.2%에 이르렀다. 양국 모두 상위 30위 안에 형식명사가 다수 포함되어 있다는 점도 공통적이었다.

한국은 '의견·글·말·이야기·뜻·내용·정보·방법·생각' 등, 글의 내용과 관련하여 의견이나 내용을 묻는 어휘가 대거 포함되어 있었다. 반면, 일본은 '中(중)·次(다음)·一つ(하나)·それ(그것)·誰(누구)·様子(모양)' 등, 지시 및 공간, 양 등 추상적 관계를 나타내는 어휘가 많이 사용되고 있는 것을 확인할 수 있다.

인간과 관련해서는 한국이 '우리'라는 1인칭 대명사 외에 '사람·선생님·친구·이반(人)·친구들·아이들'이 고빈도어였고 일본은 '私(나)·自分(나)'과 같은 1인칭 대명사 및 'お前(너)'와 같은 2인칭 대명사, 그리고 '女の子(여자아이)·兵士(人)·三太郎(人)·茂吉(人)·人(사람)'가 포함되어 있었다. 저학년에 비해 동물명은 대폭 줄어 30위 안에 한국은 '고양이', 일본은 'ごん(너구리), うなぎ(뱀장어)'가 포함되는데 그쳤다.

4.5.2 대분류에 나타난 의미 분포의 유의차

<표 39>는 중학년 어휘의 개별어수와 전체어수의 대분류이다. 카이자승 검정을 통해 99.99% 이상(카이자승값 6.635 이상)의 확률로 유의차가 나타난 부분은 음영으로 표시하였다.

<표 39> 한·일 중학년 국어 교과서 어휘의 대분류

(숫자는 도수, ( )안은 비율)

코드	의미 분야	개별어수			전체어수		
		한국	일본	카이 자승값	한국	일본	카이 자승값
1.1	추상적 관계	549(20.1)	512(22.8)	5.445	3,096(22.5)	2,734(34.0)	343.478
1.2	인간 활동의 주체	713(26.1)	507(22.6)	8.155	4,261(30.9)	1,514(18.8)	382.906
1.3	인간 활동- 정신 및 행위	620(22.7)	545(24.3)	1.748	3,388(24.6)	1,962(24.4)	0.118
1.4	생산물 및 물품	428(15.6)	260(11.6)	17.187	1,301(9.4)	498(6.2)	71.107
1.5	자연물 및 자연 현상	426(15.6)	423(18.8)	9.244	1,734(12.6)	1,340(16.7)	69.441
	합계	2,736(100)	2,247(100)		13,780(100)	8,048(100)	

개별어수에서는 한국이 <1.4 생산물 및 도구>, <1.5 인간 활동의 주체> 항목에서 유의차가 나타났고, 일본은 <1.5 자연물 및 자연현상> 항목에서 유의차가 나타났다.

자국 내에서 비율을 보면 한국은 <1.2>, <1.3>, <1.1>, <1.4>, <1.5> 순이었고 일본은 <1.3>, <1.1>, <1.2>, <1.5>, <1.4>로, 여전히 한국이 <1.2>의 비율이 여전히 높음을 알 수 있다. 가장 큰 특징으로는 양국 모두 저학년에서 가장 비율이 낮았던 <1.3 인간 활동-정신 및 행위> 분야의 어휘가 현저하게 늘었다는 점이다. 수치상으로는 한국은 186어(15.4%)에서 620어(22.7%)로, 일본은 114어(12.6%)에서 545어(24.3%)로 양과 비율 모두 현저하게 늘었다.

한편, 전체어수에서는 한국이 <1.2>, <1.4>에서, 일본이 <1.1>, <1.3>, <1.5>에서 유의차가 매우 높게 나타났다. 이는 <1.1>, <1.2>, <1.5>에서 유의차가 나타났던 저학년에 비해 어휘 분포에 차이가 심하다는 것을 나타낸다. 더불어 카이자승값에서도 차이가 더욱 벌어졌다.

자국 내에서의 비율을 보면 한국은 개별어수와 같이 <1.2>, <1.3>,

<1.1>, <1.5>, <1.4>순이었고 일본은 <1.1>, <1.3>, <1.2>, <1.5>, <1.4>로, 한국은 <1.2>에서, 일본은 <1.1>에서 비율이 높게 나타났다. 저학년에 비해 양국 모두 공통적으로 <1.3>은 높아졌고 <1.5> 및 <1.4>가 낮았다. 자세한 것은 4.5.3의 중분류에서 다루기로 한다.

4.5.3 중분류에 나타난 의미 분포의 유의차

앞의 <표 39>의 대분류를 43개 의미 분야별 항목으로 세분하여 제시한 것이 <표 40>이다. 역시, 카이자승 검정을 통해 99.99% 이상(카이자승값 6.635 이상)의 확률로 유의차가 나타난 부분은 음영으로 표시하였다.

<표 40> 한·일 중학년 국어 교과서 어휘의 중분류

(숫자는 도수, ( )안은 비율)

코드	의미 분야	개별어수			전체어수		
		한국어	일본어	카이 자승값	한국어	일본어	카이 자승값
1.10	지시	37(1.4)	28(1.2)	0.107	642(4.7)	857(10.6)	284.994
1.11	유(類)·예(例)	26(1.0)	19(0.8)	0.149	210(1.5)	166(2.1)	8.707
1.12	유무	5(0.2)	3(0.1)	0.182	11(0.1)	7(0.1)	0.031
1.13	양상	31(1.1)	15(0.7)	2.915	225(1.6)	34(0.4)	63.476
1.14	힘	11(0.4)	7(0.3)	0.277	58(0.4)	33(0.4)	0.014
1.15	작용	24(0.9)	31(1.4)	2,846	47(0.3)	49(0.6)	8.318
1.16	때	152(5.6)	128(5.7)	0.046	697(5.1)	533(6.6)	23.392
1.17	공간·장소	102(3.7)	95(4.2)	0.809	486(3.5)	410(5.2)	48.317
1.18	형태·모습	28(1.0)	35(1.6)	2.814	112(0.8)	116(1.4)	19.419
1.19	양(量)	133(4.9)	151(6.7)	7.927	600(4.4)	491(6.1)	32.646
1.20	인간	269(9.8)	268(11.9)	5.629	2,219(15.4)	927(11.4)	64.113
1.21	가족	58(2.1)	35(1.6)	2.125	496(3.6)	137(1.7)	63.748

1.22	상대·동료	24(0.9)	14(0.6)	1.048	223(1.6)	61(0.8)	29.282
1.23	인종·민족	73(2.7)	22(1.0)	18.806	184(1.3)	46(0.6)	25.941
1.24	구성원·직위	84(3.1)	63(2.8)	0.304	359(2.6)	105(1.3)	43.185
1.25	지역·국가	126(4.6)	53(2.4)	17.970	556(4.0)	130(1.6)	94.137
1.26	사회	56(2.0)	42(1.9)	0.200	230(1.7)	92(1.1)	9.920
1.27	기관	14(0.5)	2(0.1)	6.866	32(0.2)	3(0.0)	14.846
1.28	동맹·단체	9(0.3)	8(0.4)	0.025	70(0.5)	14(0.2)	12.487
1.30	마음	199(7.3)	151(6.7)	0.577	1,191(8.6)	584(7.3)	13.073
1.31	언어행동	142(5.2)	140(6.2)	2.499	1,366(9.9)	802(10.0)	0.016
1.32	창작·저술	34(1.2)	89(4.0)	37.845	137(1.0)	252(3.1)	132.556
1.33	문화·역사	105(3.8)	78(3.5)	0.467	320(2.3)	152(1.9)	4.513
1.34	의무	35(1.3)	14(0.6)	5.445	99(0.7)	51(0.6)	0.534
1.35	교류	29(1.1)	21(0.9)	0.193	83(0.6)	41(0.5)	0.775
1.36	지배·정치	18(0.7)	15(0.7)	0.002	39(0.3)	23(0.3)	0.001
1.37	경제	35(1.3)	16(0.7)	3.909	92(0.7)	32(0.4)	6.556
1.38	일	23(0.8)	21(0.9)	0.123	61(0.4)	25(0.3)	2.256
1.40	물품	12(0.4)	8(0.4)	0.207	31(0.2)	13(0.2)	1.015
1.41	자재	33(1.2)	9(0.4)	9.565	119(0.9)	21(0.3)	28.951
1.42	의류	36(1.3)	39(1.7)	1.463	78(0.6)	74(0.9)	9.177
1.43	식료	42(1.5)	53(2.4)	4.468	181(1.3)	95(1.2)	0.720
1.44	주거	130(4.8)	37(1.6)	36.703	422(3.1)	77(1.0)	100.841
1.45	도구	99(3.6)	69(3.1)	1.133	209(1.5)	134(1.7)	0.722
1.46	기계	38(1.4)	19(0.8)	3.213	135(1.0)	48(0.6)	8.975
1.47	땅·도로	38(1.4)	26(1.2)	0.520	126(0.9)	36(0.4)	15.043
1.50	자극	34(1.2)	41(1.8)	2.812	92(0.7)	99(1.2)	18.530
1.51	자연·물체	82(3.0)	49(2.2)	3.207	323(2.3)	149(1.9)	5.826
1.52	우주·천문	51(1.9)	62(2.8)	4.455	280(2.0)	201(2.5)	5.110
1.55	생물	72(2.6)	81(3.6)	3.921	253(1.8)	260(3.2)	43.057
1.56	동물	100(3.7)	97(4.3)	1.421	417(3.0)	310(3.9)	10.759
1.57	몸	69(2.5)	71(3.2)	1.834	309(2.2)	260(3.2)	19.543
1.58	생명	18(0.7)	22(1.0)	1.592	60(0.4)	61(0.8)	0.073
계		2,736(100)	2,249(100)		13,780(100)	8,048(100)	

먼저, 개별어수에서 유의차가 나타난 항목은 7개 항목이었고, 한국은 이 중 <1.44주거>를 비롯하여, <1.23인종·민족>, <1.25지역·국가>, <1.41 자료> 등, 4개 항목에서 높았고, 일본은 <1.32창작·저술>을 비롯하여 <1.19양(量)>, <1.26기관> 등 3개 항목에서 높았다. 저학년의 개별어수에서 양국 간에 차이가 거의 없고 <1.16때>, <1.55생물>의 두 항목에서 일본이 높았던 것에 비하면 양국의 어휘의 의미 분야별 분포의 차이가 심해진 것 으로 나타났다.

중분류에서 자국 내에서의 전체어수의 비율이 상위 7위까지의 항목을 살 펴보자. 개별어수에서 양국은 <1.20>, <1.30>, <1.16>, <1.31>에서 공통 적으로 비율이 높은데, 저학년에 비해 언어활동과 관련된 <1.31> 항목이 추가되었다는 점이 특징적이다. 그밖에 한국은 <1.44자료>, <1.25지역·국 가>, <1.33문화·역사>가, 일본은 <1.19양(量)>, <1.17공간·장소>, <1.56 동물>이 포함되었다. 단, <1.56>은 저학년에 비해 비율이 현저하게 낮아졌 음을 알 수 있다. (( )안은 자국 내의 비율을 나타냄. 한·일 공통 항목은 밑줄로 표 시함. 이하 같음.)

· 한국 : <u>1.20인간</u>(9.8%)><u>1.30마음</u>(7.3%)><u>1.16때</u>(5.6%)><u>1.31언어활동</u> (5.2%)>1.44자료(4.8%)>1.25지역·국가(4.6%)>1.33문화·역사(3.8%)
· 일본 : <u>1.20인간</u>(11.9%)><u>1.30마음</u>(6.7%)>1.19양(量)(6.7%)><u>1.31언어행동</u> (6.2%)><u>1.16때</u>(5.7%)>1.17공간·장소(4.2%)>1.56동물(4.3%)

한편, 전체어수에서는 28개 항목에서 유의차가 나타났는데, 저학년에서 13개 항목에서 유의차가 나타난 것과 비교하면 역시 양국 간에 차이가 커 졌다고 할 수 있다. 한국은 <1.44주거>, <1.25 국가·지역>을 비롯하여, <1.21가족>, <1.20인간>, <1.13양상>, <1.24구성원·직위>, <1.41자료>, <1.23인종·민족> 등 15개 영역에서 높았다. 주로 <1.2>와 <1.4>영역에 집중되어 있음을 확인할 수 있다.

한편, 일본은 <1.10지시>, <1.32창작 · 저술>을 비롯하여, <1.55생물>, <1.17공간 · 장소>, <1.19양(量)>, <1.16때> 순으로 13개 항목에서 유의차가 높았다. 주로 <1.1>과 <1.5>영역에 집중되어 있음을 확인할 수 있다.

<표 40>의 중분류에서 자국 내에서의 전체어수의 비율이 상위 7위까지의 항목을 살펴보자. 양국 모두 순위는 다르지만 <1.20>, <1.31>, <1.30>, <1.16>, <1.10>, <1.17> 등의 6개 항목에서 공통적으로 비율이 높고, 그 밖에 한국은 <1.25국가 · 지역>, 일본은 <1.19양(量)>이 높은 것을 알 수 있다. 저학년에 비해 <1.31언어행동>, <1.10지시> 항목이 포함되었고, <1.56동물>, <1.23인종 · 민족>, <1.45도구> 등이 제외되었음을 알 수 있다. 즉, 추상화된 어휘가 늘고 있음을 보여준다.

· 한국 : 1.20인간(15.4%)>1.31언어행동(9.9%)>1.30마음(8.6%)>1.16때 (5.1%)>1.10지시(4.7%)>1.25지역 · 국가(4.10)>1.17공간 · 장소(3.5%)
· 일본 : 1.20인간(11.4%)>1.10지시(10.6%)>1.31언어행동(10.0%)>1.30마음 (7.3%)>1.16때(6.6%)>1.19양(量)(6.1%)>1.17공간 · 장소(5.2%)

이하, '전체어수'를 기준으로 유의차가 높은 항목을 분석해 간다.[83]

4.5.3.1 한국 교과서가 유의차가 높은 항목 대조

전체어수에서 한국 교과서가 일본 교과서에 비해 유의차가 높게 나타난 것은 14개 항목에 이른다. 이중 카이자승값이 20.0 이상 높게 나타난 <1.44 주거>를 비롯한 8개 항목에 대해 자세히 분석한다.

참고로 8개 항목 중 <1.44주거>, <1.25지역 · 국가>, <1.41자료>, <1.23

---

83) 4.3.3의 저학년 교과서의 중분류 분석에서는 유의차가 10.0 이상인 항목을 대상으로 설명하였으나, 중 · 고학년에서는 유의차도가 저학년보다 높아짐에 따라 20.0 이상을 대상으로 하였다.

인종·민족>, <1.20인간> 등 5개 항목은 개별어수와 전체어수 모두 유의
차가 발생된 항목이고, <1.21가족>, <1.13양상>, <1.24구성원·직위>의 3
개 항목은 개별어수에서는 유의차가 발생되지 않았으나 전체어수에서 유의
차가 발생된 항목들이다. 이하 구체적인 내용에 대해서는 각 항목별로 살펴
보기로 하겠다.

1) <1.44주거>(유의차 : 개별어수 36,703, 전체어수 100,841)
'주거'와 관련된 <1.44> 항목에서 한국 교과서는 개별어수에서도 일본
의 3.5배에 이르고, 전체어수에서는 5.5배로 높은 것으로 조사되었다. 3회
이상 사용된 어휘를 제시하면 다음과 같다.

한국(개별어수 130, 전체어수 422)	일본(개별어수 37, 전체어수 77)
궁궐(33), 고인돌(30), 건물(18), 한옥(18), 무령왕릉(16), 무덤(14), 방(14), 씨름판(10), 묘(9), 경복궁(9), 문(8), 창경궁(7), 광(7), 경운궁(7), 방문(6), 벽(6), 성(6), 지붕(6), 경희궁(5), 마루(5), 첨성대(5), 창덕궁(4), 초가집(4), 화분(4), 거실(4), 교태전(4), 천마총(4), 담(4), 돌기둥(4), 병풍(4), 천장(4), 부엌(3), 석가탑(3), 둥지(3), 궁전(3), 송덕비(3), 창문(3), 온돌(3), 주택(3), 책꽂이(3), 책상(3), 이하 생략	家(집18), キッチン(키친4), 物置(창고4), 椅子(4), お城(성4), 窓(3), 墓地(3), テーブル(테이블3), 이하 생략

<1.44>에 속한 어휘를 살펴보면 한국은 '궁궐·경복궁·창경궁·경운
궁·경희궁·창덕궁·교태전·궁전' 등, '궁궐' 관련 어휘의 사용이 많고,
'고인돌·무녕왕릉·무덤·묘·천마총·송덕비' 등 무덤 및 왕릉과 관련
된 어휘가 많이 사용되었는데, 이는 '전통' 및 '지배세력'과 관련이 있는
것으로 보이며 이를 중요시하는 사회적 가치관과 깊은 연관이 있다고 볼
수 있다. 반면, 일본 교과서는 '家(집)'[84]을 제외하고는 특정 고빈도어가 거
의 없었다.

2) <1.25지역·국가>(유의차 : 개별어수 17,970, 전체어수 94,137)

'국가 및 지역'과 관련된 <1.25> 항목에서 한국 교과서는 개별어수에서
도 일본의 2.4배에 이르고, 전체어수에서는 4.3배로 높은 것으로 조사되었
다. 3회 이상 사용된 어휘를 제시하면 다음과 같다.

한국(개별어수 126 전체어수 556)	일본(개별어수 53, 전체어수 130)
집(81), 마을(41), 나라(25), 신라(24), 우리나라(19), 중국(19), 경주(17), 서울(16), 청해진(16), 공주(16), 동네(13), 타라스(12), 강남(11), 옆집(11), 만강(10), 당(唐10), 댁(10), 일본(9), 제주도(8), 외국(8), 조선(6), 백제(5), 석굴암(5), 필리핀(5), 토함산(4), 안압지(4), 독일(4), 타이(4), 미국(4), 네덜란드(3), 동아시아(3), 말레이시아(3), 서양(3), 인도(3), 인도네시아(3), 오스트레일리아(3), 중문관광단지(3), 이하 생략	町(동네25), 村(마을16), うち(우리집9), 日本(8), 東京都(4), マリアナの海(바다명3), 京都(3), 이하 생략

<1.25>에 속한 어휘를 살펴보면, 한국은 3회 이상 사용된 고빈도어가 많
았는데, 특히 '집·마을'을 비롯하여 '나라·신라·우리나라·경주·서울'
등 자국의 지명 뿐 아니라, '중국·타라스·일본·외국·필리핀·미국' 등
외국 국가명을 다량 사용하고 있었다. 85) 반면, 일본은 '町(마을)'를 비롯하
여 '日本·東京·京都' 등 자국명 및 자국의 지명 관련 어휘는 일부 있으나,
외국 국가관련 어휘는 극히 적다. 한국이 상대적으로 외국, 나아가 이문화
관련 어휘를 적극 사용하고 있다고 볼 수 있다.

3) <1.21가족>(유의차 : 전체어수 63,748)

가족과 관련된 <1.21> 항목에서 한국 교과서는 개별어수에서는 일본 교

---

84) 일본어의 '家'는 주거개념으로 'いえ[ie]'로 읽는 경우에만 <1.44住居>에 넣고, '가정'이
라는 의미의 'うち[uchi]'로 읽는 경우에는 <1.25지역·국가>에 넣었다. 한편, 한국의
'집'에는 이러한 구별이 없어 <1.25지역·국가>에 넣었다.

85) '토함산, 안압지' 등은 고유지명으로 <1.25지역·국가>로 분류하고, '경복궁, 궁궐'은
<1.44주거>로, '산, 섬'은 <1.52우주·천문>으로 분류하였다.

과서의 1.7배 정도인데, 전체어수에서는 3.6배로 높은 것으로 조사되었다. 3회 이상 사용된 어휘를 제시하면 다음과 같다.

한국(개별어수 58, 전체어수 496)	일본(개별어수 35, 전체어수 137)
아버지(46), 어머니(42), 엄마(40), 할아버지(37), 아들(30), 아빠(26), 아저씨(26), 부모님(26), 가족(25), 언니(22), 동생(17), 새끼(15), 할머니(12), 아주머니(9), 조상(9), 누나(8), 형들(7), 부부(7), 외삼촌(6), 고모(5), 아저씨들(5), 형(4), 어미(4), 오빠들(3), 아부이(4), 어머이(3), 아비(3), 선조(3), 딸(3), 부모(3), 형제(3), 이하 생략	かか(엄마23), お母さん(어머니19), お父さん(아버지14), ママ(엄마12), 子(아들10), おっかあ(엄마7), おばあさん(할머니6), おじいちゃん(할아버지5), おじいさん(형님3), 家族(3), 弟(3), 이하 생략

한국은 '아버지·어머니·할아버지·부모님·할머니' 등, 부모 및 조부모 관련 어휘, '언니·동생·누나·형' 등, 형제 관련 어휘 등 다양한 어휘가 사용되었다. 더불어, '아주머니·외삼촌·고모·아저씨들, 등 친인척 관계를 나타내는 단어들의 사용빈도도 높은 것을 확인할 수 있었다. 한편, 일본도 부모 및 조부모 관련 어휘에는 고빈도어가 있으나 형제 관련 어휘나 그 밖의 친인척 관련 어휘는 사용량이 적었다.

이를 좀 더 정확히 살펴보기 위해 <1.21> 항목의 전체 어휘를 소분류 하여 제시하면 다음과 같다.

<표 41> 한·일 중학년 국어 교과서의 <1.21가족> 소분류

		가족	부부	부모·선조	자녀·자손	형제	친족
한국	개별어	8(13.6)	9(15.3)	16(27.1)	9(15.3)	9(15.3)	8(13.6)
	전체어	46(9.3)	21(4.2)	252(50.8)	57(11.5)	66(13.3)	54(10.9)
일본	개별어	1(2.9)	2(5.9)	22(64.7)	3(8.8)	4(11.8)	2(5.9)
	전체어	3(2.2)	3(2.2)	110(80.9)	12(8.8)	6(4.4)	2(1.5)

즉, 한국 교과서는 가족, 부부, 부모 및 조부모, 자녀, 형제, 친족 등 다양

하게 사용되었으나 일본 교과서에서는 부모 및 조부모에 집중되어 있고 그 밖의 부부나 자녀, 형제, 친족관련어휘는 극히 적었다. 이러한 조사 결과는 양국의 외국어교육의 기초가 되는 기본어휘 선정에도 매우 유용한 자료로서 활용될 수 있을 것이다.

4) <1.20인간>(유의차 : 전체어수 64.113)

인간과 관련된 <1.20>에서는 개별어수에서 일본 교과서가 유의차가 높은 것으로 조사되었고 전체어수에서 한국 교과서가 높은 것으로 조사되었다. 개별어수는 양국이 거의 같았고 전체어수에서는 2.4배나 높은 것으로 조사되었다. 3회 이상 사용된 어휘를 제시하면 다음과 같다.

한국(개별어수 269, 전체어수 2,219)	일본(개별어수 268, 전체어수 927)
나(273), 우리(205), 사람(130), 이반(人71), 도깨비(59), 아이들(52), 사람들(49), 김덕령(人46), 인물(42), 장보고(人42), 미라(人37), 너(36), 민철이(人36), 제니(人35), 김홍도(人33), 저(31), 모두(29), 영만이(人28), 누구(25), 창남이(人23), 자기(22), 아이(21), 나라(人20), 세린이(人20), 오성(人18), 여러분(18), 지현이(人18), 민우(人17), 누가(15), 미나(人14), 그(13), 노마(人13), 한음(人12), 등장인물(11), 경우(人11), 남(他人11), 자신(11), 채연이(人11), 세몬(人10), 너희(10), 지윤이(10), 안네(人10), 성미(人9), 바보(9), 은선이(人9), 남자아이들(8), 저희(8), 소희(人8), 시현이(人4), 범수(人7), 어린이(9), 정화(人7), 바우(人6), 상은이(人6), 서로(6), 성태(人6), 정희(人6), 키티(人6), 효은이(人6), 지우(人6), 정약용(人6), 진선이(人6), 우현이(人6), 상현이(人5), 아가(5), 경민(人5), 경민이(人5), 김장사(5), 링컨(人5), 옛사람들(5), 장사(5), 총각(5), 민수(人5), 경선(人4), 주인공(4), 경선이(人4), 위안(人4), 톨스토이(人4), 꾸러기(4), 도깨비들(4), 지윤(人4), 딴자(人4), 미선(人4), 미진(人4), 지현(人4), 애(3), 앤디(人4), 박마우(人4), 박노인(4), 어른(4), 여자아이들(3), 지호(人3), 한창남(人3), 박서	女の子(여자아이51), 兵十(人49), 私(나48), 自分(자신45), 三太郎(人41), 人(사람39), 茂吉(人39), 誰(누구35), ゆみ子(人25), 僕(나23), あなた(너22), 松井さん(人22), おれ(나21), 化け物(도깨비17), 人物16), 登場人物(12), 私たち(우리들11), ビクター(人10), カンジ博士(한자박사9), 童子(7), 加助(人7), 人たち(사람들8), 子供(아이8), 人々(사람들7), 三年生(3학년6), おら(나6), みなさん(여러분6), 神様(신5), 北野様(人5), レナ(人5), 女(5), 男の子(남자아이5), セノビア(人4), カムロ(人4), ピドウス(人4), わし(나4), 孟子(人4), 弥助(人4), ピッピ(人3), やつ(놈3), あまんきみこ(人3), こぞう(아이3), タネット(人3), ニコライ(人3), 河野進(人3), 金原(人3), 松谷さやか(人3), 松谷みよ子(人3), 新美南吉(人3), 安房直子(人3), 原さん(人3), 人間(3), 者(놈3), 中谷日出(人3), 瀬川拓男(人3), 이하 생략

방(3), 당신(3), 페터(3), 흥부(人3), 고등학생(3), 놈
(3), 김(人3), 남자(3), 노인(3), 부처님(3), 분(3), 서윤
이(人3), 소정이(人3), 수진(人3), 승혁(人3), 여자아이
(3), 제시카(人3), 준혁이(人3), 이하 생략

<1.20>에 속한 어휘를 살펴보면, 인칭 및 인물과 관련된 단어들이 빈도
수 상위어를 차지하고 있는 것을 확인할 수 있다. 특히, 한국은 '나·우리'
등의 인칭대명사나 '사람·사람들·인물·아이들'과 같은 인간 전반, '이
반·미리·제니·김덕령·장보고·김홍도' 등 등장인물과 관련된 고빈도
어가 많았다. 일본 개별어수에서는 유사한 경향을 나타내고 있으나, 한국에
비해 고빈도어의 양이 적고 특히 등장인물과 관련된 고빈도어가 적었다. 이
를 좀 더 정확히 살펴보기 위해 <1.20> 항목의 전체 어휘를 소분류하여 제
시하면 다음과 같다.

<표 42> 한·일 중학년 국어 교과서의 <1.20인간> 소분류

		인간 일반	자타	인간	신불(神佛)	남녀	노소
한국	개별어	22(8.1)	3(1.1)	201(74.7)	4(1.5)	11(4.1)	28(10.4)
	전체어	719(32.4)	12(0.5)	1,159(52.2)	67(3.0)	29(1.3)	133(6.0)
일본	개별어	21(7.9)	2(0.8)	218(82.3)	7(2.6)	4(1.5)	13(4.9)
	전체어	241(26.1)	4(0.4)	566(61.3)	24(9.2)	54(5.9)	34(3.7)

양국 모두 6분야 모두 고르게 사용되고 있는데 한국은 특히 '인간 일반'
및 '인간'의 2개 의미 분야에서 특정 어휘(인물 및 인칭)의 반복 사용이 많았다.

5) <1.13양상>(유의차 : 전체어수 63,476)

양상과 관련된 <1.13> 항목은 <1.1> 영역 중에서 유일하게 한국이 높
은 항목이다. 개별어수에서는 한국 교과서가 일본 교과서의 2.1배인데, 전

체어수에서의 사용양상은 무려 6.6배에 이르러 매우 높은 것으로 조사되었다. 3회 이상 사용된 어휘를 제시하면 다음과 같다.

한국(개별어수 31, 전체어수 225)	일본(개별어수15, 전체어수 34)
내용(91), 성격(23), 분위기(20), 특징(18), 상황(15), 구성(10), 요소(8), 특성(7), 상태(3), 구조(3), 이하 생략	組み合わせ(조합9), 内容(8), 組み立て(구성6), 特徵(3), 風(분위기3), 이하 생략

<1.13> 항목에 속한 단어를 살펴보면, 한국은 '내용·성격·분위기·특징·상황·구성' 등, 텍스트의 내용 파악을 위한 학습활동과 관련된 단어가 고빈도어로 조사되었다. 반면에 일본 교과서에는 '組み合わせ(조합), 内容(내용), 組み立て(구성), 特徵(특징)' 등, 이와 경향이 같은 고빈도어가 있으나 전체적으로 양이 적었다.

6) <1.24구성원·직위>(유의차 : 전체어수 43,185)

구성원 및 직위와 관련된 <1.24> 항목에서 한국 교과서가 개별어수에서 일본 교과서의 1.3배이고, 전체어수에서의 사용양상은 3.4배로 높은 것으로 조사되었다. 3회 이상 사용된 어휘를 제시하면 다음과 같다.

한국(개별어수 84, 전체어수 359)	일본(개별어수 63, 전체어수 105)
선생님(97), 글쓴이(47), 군사(16), 반장(15), 학생들(10), 농부(9), 권판서(8), 웃어른(6), 지도자(6), 화가(6), 하인(5), 하인들(5), 대통령(5), 군사들(4), 지배자(4), 의병(3), 지은이(3), 학생(3), 의사선생님(3), 체육선생님(3), 이하 생략	筆者(15), 作者(7), 作家(6), 兵士(3), 船長(3), 運転手(3), 이하 생략

<1.24> 항목에 속한 단어를 살펴보면, 한국은 '선생님·학생들·농부·화가' 등의 일반 직업 외에 '군사·반장·권판서[86]·웃어른·지도자·하인·하인들' 등 상대적인 지위를 나타내는 어휘가 고빈도어로 조사되었다.

반면에 일본은 고빈도어도 적고, '筆者(필자)·作者(작자)·作家(작가)'로 일반 직업이 대부분으로 한국과는 차이가 크게 나타났다.

7) <1.41자료>(유의차 : 개별어수 9.565, 전체어수 28.951)

자료와 관련된 <1.41> 항목에서 한국은 개별어수에서 일본 교과서의 3.7 배이고, 전체어수에서의 사용양상도 5.4배로 높은 것으로 조사되었다. 3회 이상 사용된 어휘를 제시하면 다음과 같다.

한국(개별어수 33, 전체어수 119)	일본(개별어수 9, 전체어수 21)
천연자원(20), 자원(17), 쪽지(14), 화석연료(8), 석유(6), 연료(5), 고무조각(4), 장대(3), 종이(3), 종이쪽지(3), 이하 생략	あみ(철망6), 縄(밧줄6), 이하 생략

<1.41>에 속한 어휘를 살펴보면, 한국은 '천연자원·자원·화석연료· 석유' 등이 고빈도어인데 반해, 일본은 이러한 어휘가 거의 없었고, 'あみ (철망), 縄(밧줄)'만이 3회 이상 사용된 어휘들로 조사되었다.

8) <1.23인종·민족>(유의차 : 개별어수 18.806, 전체어수 25.941)

인종 및 민족과 관련된 <1.23> 항목에서 한국은 개별어수에서 일본의 3.3배이고, 전체어수에서는 4.0배로 높은 것으로 조사되었다. 3회 이상 사용된 어휘를 제시하면 다음과 같다.

한국(개별어수 73, 전체어수 184)	일본(개별어수 22, 전체어수 46)
왕(17), 해적들(14), 해적(9), 세종대왕(6), 양반(6), 영조(6), 장수(6), 정조(5), 백성들(5), 장군(5), 외국인(5), 임금(4), 족장(4), 주민들(4), 홍덕왕(4), 부족(3), 사신(3), 서민들(3), 대가(3), 이하 생략	選手(10), 仲間(동료6), 紳士(6), 酒飮み(술주정 뱅이3), 選手たち(선수들3), 王樣(왕3), お百 姓(백성3), 이하 생략

---

86) 권판서는 '권+판서'로 단어를 분리하기도 하나 본고에서는 한 단어로 간주한다.

<1.23> 항목에 속한 어휘를 보면 한국은 '민족·부족'은 물론 '왕·세종대왕·영조·정조' 등, '군주' 및 '사회계층', '인물'을 나타내는 다양한 어휘가 사용된 반면, 일본은 어휘 자체도 적고 '選手(선수)·仲間(동료)·紳士(신사)'와 같은 일반적인 인물에 관한 의미 분야가 압도적으로 높았다. 즉, 국민과 관련된 어휘는 전혀 사용되지 않았다. 이는 한국이 상대적으로 국제화, 다문화를 지향한다는 측면과 더불어 혈통 및 민족을 중요시하는 이데올로기의 반영이라 할 수 있다.

그밖에 한국이 <1.28동맹·단체>, <1.30 마음>, <1.47토지·도로>, <1.27기관>, <1.45도구> 등의 항목에서 유의차가 높은 것을 알 수 있다.

4.5.3.2 일본 교과서가 유의차가 높은 항목 대조

전체어수에서 일본 교과서가 한국 교과서에 비해 유의차가 높게 나타난 것은 14개 항목이나 이중 20.0 이상 높게 나타난 항목은 <1.32창작·저술>를 비롯한 6개 항목이었다. 참고로, 6개 항목 중 <1.32창작·저술>, <1.19양(量)>은 개별어수와 전체어수 모두에서 일본 교과서에 유의차가 발생된 항목이고, <1.10지시>, <1.55생물>, <1.17공간·장소>, <1.16때> 등의 4개 항목은 개별어수에서는 유의차 없었으나 전체어수에서 유의차가 크게 발생한 항목들이다. 이하 구체적인 내용에 대해서는 각 항목별로 살펴보기로 하겠다.

1) <1.10지시>(유의차 : 전체어수 284.994)
'지시'와 관련된 <1.10>은 전체어수에서 일본 교과서는 절대적 수치가 적은 상태에서 한국어의 1.3배의 사용량을 보였다. 3회 이상 사용된 어휘를 모두 제시하면 다음과 같다.

한국(개별어수 37, 전체어수 642)	일본(개별어수 28, 전체어수 857)
것*(242), 일*(110), 무엇(80), 자료(38), 수*(37), 점*(28), 그것(11), 비밀(11), 사건(11), 물건(10), 이것(8), 사실(7), 것들*(5), 데*(5), 줄*(5), 아무것(4), 대상(4), 큰일(3), 이하 생략	こと*(것315), の*(것250), もの*(것64), 何(무엇45), それ(그것36), これ(이것28), 他*(기타19), 秘密(11), 物(물건10), どれ(어느 것8), 事実6), 出来事(사건6), 何か(무언가6), あれ(저것5), 物事(5), 事柄(사항5), これら(이들4), わけ*(이유4), それら(그들3), 이하 생략

<1.10> 항목에 속한 어휘를 보면 양국 모두 형식명사의 사용이 많다는 점에서 유사한 양상을 보였다. 일본은 특히 'こと・の・もの'라는 3개의 형식명사가 무려 565회나 사용되어 <1.10>전체의 66.2%를 차지했다. 한국도 이에 해당하는 '것・일'이 352회로 전체의 54.8%를 차지할 정도로 비율이 높았다.

2) <1.32창작·저술>(유의차 : 개별어수 40,690, 전체어수 132,455)

창작 및 저술과 관련된 <1.32> 항목에서 일본 교과서는 절대적 수치가 적은 상태에서 개별어수도 한국 교과서의 2.6배에 달하고, 전체어수도 1.8배나 되는 것으로 조사되었다. 3회 이상 사용된 어휘를 제시하면 다음과 같다.

한국(개별어수 34, 전체어수 137)	일본(개별어수 89 , 전체어수 252)
그림(40), 사진(22), 풍속화(11), 노래(10), 만화(7), 어진(4), 동물도감(3), 벽화(3), 이하 생략	絵(그림43), 作(작품28), 作品(25), 詩(22), 写真(15), なぞ(수수께끼12), しりとり(끝말잇기9), 歌(노래7), 音読劇(낭독회6), 俳句(하이쿠3), 이하 생략

<1.32> 항목에 속한 어휘를 보면, 일본이 한국에 비해 3회 이상 사용된 고빈도어가 많고, 특히 '絵(그림)・作(작품)・作品(작품)・写真(사진)' 등 예술 관련 단어가 53회 이상 사용되었고, '詩(시)・歌(노래)・音読劇(낭독회)・俳句

‘(하이쿠)’ 등 문학과 관련된 어휘 사용이 풍부하다는 것을 확인할 수 있다. 한편, 한국은 ‘그림·사진·풍속화·만화·동물도감·벽화’ 등, 대부분 ‘미술’과 관련된 어휘들이 많이 사용되고 있다. 이를 좀 더 정확히 살펴보기 위해 <1.31> 항목의 전체 어휘를 소분류 하여 제시하면 다음과 같다.

<표 43> 한·일 중학년 국어 교과서의 <1.31창작·저술> 소분류

		창작·저술	예술·저술	미술	음악	연극·영화
한 국	개별어	7(19.4)	6(16.7)	17(47.2)	1(2.8)	3(8.3)
	전체어	8(5.8)	18(13.1)	105(76.6)	1(0/7)	5(3.6)
일 본	개별어	4(4.5)	77(8.7)	5(5.6)	-	3(3.4)
	전체어	55(21.8)	127(50.4)	61(24.2)	-	9(3.6)

전체 어휘 역시, 일본은 ‘예술·저술’ 및 ‘창작·저술’ 분야 등에서, 한국은 ‘미술’과 관련된 의미 분야의 단어가 사용되었음을 알 수 있다.

3) <1.17공간·장소>(유의차 : 전체어수 48.317)

공간 및 장소와 관련된 <1.17> 항목에서 일본 교과서는 절대적 수치가 적은 상태에서 84%의 양에 해당하나 비율 면에서 높아 유의차가 높았다. 3회 이상 사용된 어휘를 모두 제시하면 다음과 같다.

한국(개별어수 99, 전체어수 481)	일본(개별어수 94, 전체어수 410)
곳*(71), 어디(33), 앞(27), 안(26), 뒤(23), 자리(23), 위(19), 속(17), 주변(12), 옆(9), 여기저기(8), 바닥(8), 장소(8), 주상절리대(8), 너머(7), 중*(7), 물속(6), 쪽(6), 지역(6), 땅속(5), 저기(5), 거기(5), 밖(5), 오른쪽(5), 지방(4), 왼쪽(4), 내부(4), 밑(4), 공간(4), 내부(4), 하류(4), 이곳(3), 대부분(3), 여기(3), 가장자리(3), 전쟁터(3), 주위(3), 중간(3), 중앙(3), 해상(3), 아래(3), 이하 생략	ところ*(곳41), どこ(어디29), 後ろ(뒤29), 場所(장소22), うち*(중17), ここ(여기14), 方(쪽14), 下(14), 上(13), そこ(거기), 周り(주변10), 中心(10), どちら(어느쪽9), そば*(곁9), 地面(9), 右(7), 中(중6), うら(안5), 範囲(5), 外(외5), 裏側(안쪽4), なか(안4), 店先(가게4), 向う(건너편4), ほう*(쪽3), ゴール(골3), こっち(이쪽3), 地域(3), 手がかり(단서3), 遠く(멀리3), 이하 생략

<1.17> 항목에 속한 어휘를 보면 일본과 한국 모두 장소를 나타내는 형식명사인 'ところ'와 '곳'의 사용이 두드러지고 장소를 나타내는 어휘가 고빈도어들로 구성되어 있는 점도 유사한 경향이라고 할 수 있다. 이를 좀 더 정확히 살펴보기 위해 <1.17> 항목의 전체 어휘를 소분류하여 제시하면 다음과 같다.

<표 44> 한·일 중학년 국어 교과서의 <1.17공간·장소> 소분류

		공간	점	범위·자리	방향	좌우	면·측	전후	내외	가장자리
한국	개	25(25.3)	1(1.0)	10(10.1)	13(13.1)	26(26.3)	6(6.1)	7(7.1)	6(6.1)	5(5.1)
	전	174(36.2)	1(0.2)	46(9.6)	43(8.9)	101(21.0)	14(2.9)	59(12.3)	32(6.7)	10(2.1)
일본	개	19(20.2)	6(6.4)	10(10.6)	20(21.3)	15(16.0)	10(10.6)	4(4.3)	5(5.3)	5(5.3)
	전	141(34.4)	110(26.8)	27(6.6)	67(16.3)	66(16.1)	30(7.3)	42(10.2)	18(4.4)	8(2.0)

양국의 국어 교과서는 공간을 나타내는 전 의미 분야의 단어들이 고르게 사용되었으며, 공간 및 방향, 좌우를 나타내는 의미 분야 단어 사용 비율이 높게 사용되는 경향을 보였다.

4) <1.55생물>(유의차 : 전체어수 43.057)
생물과 관련된 <1.55> 항목에서 일본 교과서는 절대적 수치가 적은 상태에서 전체어수가 한국 교과서보다 약간 많은 양이 사용되었다. 3회 이상 사용된 어휘를 모두 제시하면 다음과 같다.

한국(개별어수 72, 전체어수 253)	일본(개별어수 81, 전체어수 260)
나무(21), 꽃(17), 백일홍(16), 상수리(14), 감(13), 가지(11), 목화(11), 약초(10), 양파(10), 복숭아(9), 생물(8), 감나무(7), 사과(6), 식물(4), 씨(4), 은행잎(4), 잎(4), 줄기(4), 벼(3), 볏짚(3), 상추(3), 생물들(3), 강생이(3), 가시(3), 대나무(3), 모(3), 이하 생략	柿(감23), よもぎ(쑥20), 木(18), 花(18), 葉(잎)14), 實(열매12), くり(밤11), 草(8), 生き物(생물7), 小枝(줄기5), コスモス(코스모스5), 柳(버들5), 夏みかん(귤5), きのこ(버섯4), 葉っぱ(잎4), 種(씨3), いね(모3), すすき(억새3), はぎ(싸리3), 松茸(송이3), 이하 생략

<1.55> 항목에 속한 어휘를 보면 한국은 '백일홍·상수리·가지·목화·양파·복숭아·사과' 등이 상위 고빈도어인데 반해, 일본은 '柿(감)·よもぎ(쑥)·コスモス(코스모스)·柳(버들)·夏みかん(귤)·すすき(억새)·はぎ(싸리)·松茸(송이)' 등으로, 양국 간 다른 양상을 보였다. 즉, '백일홍·상수리·가지·목화·상추' 등과 같이 한국에서만 사용된 경우와 'よもぎ(쑥)·柳(버들)·すすき(억새)·はぎ(싸리)' 등과 같이 일본에서만 사용된 경우가 상당수 있었다. 이는 양국의 식물의 선호도에 차이가 있음을 보여줌과 동시에 또한 이러한 연구가 양국의 언어교육의 밑거름이 되는 기초어휘 산정에 활용할 필요가 있음을 보여준다. 이를 좀 더 정확히 살펴보기 위해 <1.55> 항목의 전체 어휘를 소분류하여 제시하면 다음과 같다.

<표 45> 한·일 중학년 국어 교과서의 <1.55생물> 소분류

		생물	식물	식물명	가지·잎·꽃
한국	개별어	5(6.9)	7(9.7)	41(56.9)	19(26.4)
	전체어	15(5.9)	41(16.2)	133(52.6)	64(25.3)
일본	개별어	3(3.7)	10(12.3)	45(55.6)	23(284.)
	전체어	11(4.2)	39(15.0)	144(55.4)	66(25.4)

양국 교과서 모두 식물명의 의미 분야와 가지·잎·꽃 등을 나타내는 의미 분야의 단어 사용 비율이 높은 경향을 보였다.

5) <1.19양(量)>(유의차 : 개별어수 7.927, 전체어수 32.646)

'양'과 관련된 <1.19> 항목에서 일본 교과서는 절대적 수치가 적은 상태에서 개별어수는 한국 교과서의 1.1배이고, 전체어수는 82%에 해당하나 비율상으로 유의차가 높게 나타났다. 3회 이상 사용된 어휘를 모두 제시하면 다음과 같다. (-는 아라비아 숫자를 나타냄. 예를 들어, '-시간'은 1시간, 2시간, 10시간 등을 포함함)

한국(개별어수 133, 전체어수 600)	일본(개별어수 151, 전체어수 491)
-시간(47), -년(42), -번(33), -월(26), 하나(26), -발(24), -일(23), -개월(21), 둘째(13), 부위(12), -가지(12), -권(12), -개(12), 단원(11), -학년(10), 나이(10), 거리(9), -명(8), -미터(8), 전체(8), -시(8), 연월일(7), 셋(7), -마리(7), 아라비아 숫자(5), -교시(5), -편(5), 이상(5), 여든(4), -근(4), -쪽(4), -퍼센트(4), 규모(4), 나머지(4), -줄(4), 일부(4), -리(3), -배(3), -장(3), 정도(3), -회(3), -대(3), 첫 번(3), -마디(3), 혼자(3), 얼마(3), 표(3), 이하 생략	一つ(하나(45), -ページ(페이지35), -年(년33), 部分(26), みんな(모두25), -人(명21), -円(엔20), -行(행14), 二つ(두개14), 二人(두 사람13), 아라비아 숫자(12), 全体(10), 一セント玉(1센트짜리7), 以上(6), -位(위6), 個(개6), いくつ(몇 개6), 三つ(셋6), 全部(5), -日(일4), 休長(몸길이4), 四つ(넷3), 数(수3), -ダース(다스3), 長さ(길이3), 距離(3), 一面(일면3), -本(권3), -匹(마리3), 이하 생략

<1.19> 항목에 속한 어휘를 보면, 양국 모두 단위를 나타내는 형식명사 및 수(數)를 나타내는 어휘가 고빈도어로 조사되었다. 특히 한국은 단위가 많이 사용되고 그중에서도 '-시간·-년·-월·-일·-개월' 등과 같이 시간을 나타내는 형식명사가 고빈도어로 나타났다. 한편 일본은 이러한 형식명사 외에 '部分(부분)·みんな(모두)·全体(전체)·全部(전부)' 등 양을 나타내는 어휘가 다양하게 사용되었다.

6) <1.16때>(유의차 : 전체어수 23.392)

때와 관련된 <1.16> 항목에서 일본 교과서는 절대적 수치가 적은 상태에서 76%의 양에 해당하나 비율 면에서 높아 유의차가 높았다. 3회 이상 사용된 어휘를 모두 제시하면 다음과 같다.

한국(개별어수 152, 전체어수 697)	일본(개별어수 128, 전체어수 533)
때*(51), 시*(47), 다음(31), 지금(29), 아침(26), 오늘(20), 그때(19), 풍년(17), 사이(16), 전(18), 옛날(14), 장면(13), 저녁(12), 어제(11), 봄(9), 동안*(13), 끝(8), 단오(8), 순간(8), 순서(8), 겨울(8), 이튿날(8), 차례(8), 토요일(7), 하루(7), 밤(7), 여름(7), 원래(7), 이번(7), 가을(7), 내일(7), 마지막(6), 언제(6), 오후(6), 요즈음(6), 추석(6), 당시(5), 지난	とき*(때96), 次(58), 日(날38), 春(24), 場面(23), 後(17), 今(지금13), 夏(11), 秋(10), 年月(9), 始め(시작8), 頃(무렵8), 昔(옛날8), 最後(7), 終り(끝5), 年(해5), 近く(근처4), 今年(올해4), 今日(오늘4), 朝(아침4), いつ(언제6), とたん*(순간6), 始まり(시작5), 季節(4), 冬(4), 立春(4), 最初(4), はじめ(시작3), 今度(이번3),

해(5), 올해(5), 월(4), 처음(4), 단계(4), 기회(4), 년(4), 시대(4), 초(3), 평소(3), 현재(3), 그날(3), 며칠(3), 세월(3), 순식간(3), 어젯밤(3), 여름철(3), 연세(3), 오늘날(3), 왕위(3), 이틀(3), 목요일(3), 이듬해3), 이하 생략	六月(3), 間(동안3), 時間(3), 場合(경우3), 이하 생략

<1.16> 항목에 속한 어휘를 보면 양국 모두 시간을 나타내는 형식명사인 'とき'와 '때'의 사용이 두드러지게 높고, 시간과 관련된 어휘가 고빈도어들로 구성되어 있는 점도 유사한 경향이라고 할 수 있다. 양국 교과서 모두 동일한 시간표현 단어들이 고빈도어에 속해 있으며 사용양상도 상호 유사하다는 것을 알 수 있었다. 그밖에 일본이 <1.50 자격>, <1.56 동물>, <1.58 몸> 등의 항목에서 유의차가 높았다.

이상, 한국은 '우리·사람·나·너·이반·아이들·사람들·친구·친구들', '아버지·어머니·엄마·할아버지'와 같은 인간 및 가족, '김덕령·장보고·김홍도' 등의 위인 등, 가족 및 전통, 충효라는 가치덕목과 관련된 '인간 활동의 주체'가 대거 등장하고 있다.

중학년 교과서는 저학년에 비해 추상적 관계나 인간 활동의 주체를 나타내는 어휘 항목이 늘고 생산물 및 자연물을 나타내는 어휘가 줄어드는 것을 확인함과 동시에 어휘 분포에 있어서도 양국 간의 차이가 크게 나타났다. 한편, 전체어수에서는 28개 항목에서 유의차가 발생하였는데, 한국은 이중 '나·우리·사람'과 관련된 어휘가 많았고 주거, 국가 및 지역, 가족, 구성원, 인종, 민족, 자료 등에서 많았다. 한편 일본은 추상적 영역인 지시, 공간·장소, 양, 위치·지위와 같은 추상적 관계를 나타내는 어휘가 많았고, 창작 및 저술관련 어휘가 많았다. 또한 여전히 동물 관련 영역의 어휘가 많은 것도 특징적이다.

이상과 같이 양국의 중학년 교과서의 어휘 대조를 통해 양국 국어 교과서 어휘의 특징과 어휘의 의미 분포의 차이를 확인하였고, 유의차가 발생되

는 의미 분야별 항목비교를 통해서는 한국과 일본 양국의 사회상 및 가치
관 등을 엿볼 수 있었다.

4.6 고학년 국어 교과서의 어휘 분포 대조

본장에서는 고학년(6학년)[87] 국어 교과서에 나타난 '어휘(명사)'에 주목하여,
양국의 교과서에 나타난 '어휘 분포'의 유의차(有意差)를 통해 양국의 사회상
및 가치관의 차이를 밝히려는데 그 목적이 있다.

한국의 6학년 교과서는 '2007 개정 교육과정'에 의해 2011년에 발간된 『읽
기』(총 2권)에 한한다. 일본은 2011년에 발간된 6학년 국어 교과서(光村図書, 1
권)에서 말하기·듣기·쓰기 영역 및 교육과정 소개·각주·부록표를 제외한
전 분야에서 어휘를 추출하였다.

4.6.1 개별어수 및 전체어수

고학년 '읽기' 교재에 사용된 어휘(명사)의 개별어수 및 전체어수는 <표
46>과 같다.

<표 46> 한·일 고학년 국어 교과서 어휘의 개별어수 및 전체어수

	개별어수		전체어수	
	한국	일본	한국	일본
6학년	3,577어	2,848어	18,583어	9,393어

---

87) 고학년은 5~6학년을 가리키나 양이 방대하여 편의상 6학년에 한정하였다.

개별어수에서는 한국이 일본의 1.3배에 이르고, 전체어수에서는 일본의 2.0배에 이른다. 앞의 2.1에서 조사대상 페이지수가 한국이 일본의 1.4배라는 점에서 어휘수가 많을 것으로 예상은 되지만, 국어과의 실시간수가 같은 상태에서 이 같은 교과서 어휘의 차이는 납득하기 어려운 점이 있다.

개별어의 평균 사용횟수를 보면 한국 5.20회, 일본 3.30회로, 일반적인 잣대로 보면 한국이 일본보다 어휘 습득상 용이할 것으로 볼 수 있다. 다만, 이를 위해서는 특정 고빈도어에 집중되어 있는지 여부가 관건이다. 먼저, 사용빈도 30위에 속하는 고빈도 어휘를 각각 제시하면 다음과 같다. (*는 형식명사임)

· 한국 : 것*(408), 특성(382), 나(372), 우리(234), 글쓴이(229), 글(217), 때(202), 말(185), 사람(152), 일*(135), 집(134), 무엇(134), 생각(125), 한글(102), 까닭(102), 사람들(100), 주장(100), 엄마(90), 다음(90), 때문*(85), 새엄마(80), 친구들(80), 물(73), 꿈(71), 관점(68), 표현(66), 웃음(64), 꼬락서니(64), 모습(62) (이하 생략)

· 일본 : こと*(것297), の*(것291), ことば(말153), もの*(것110), 本(책94), 自分(나86), 中(중83), それ(그것81), 僕(나79), とき(때71), 漢字(68), 人(사람67), 人物(65), 絵(62), 年*(61), 今(지금58), 山腹(人56), お母さん(어머니49), 文章(48), あなた(너47), 太一(人47), 作品(45), ため*(때문40), 物語(모노가타리/산문39), 意味(38), 次(다음37), 心(36), 筆者(36), これ(이것36), 賢治(人32) (이하 생략)

30위까지의 고빈도어가 사용된 총 빈도는 한국 4,204회, 일본 2,313회로, 전체어에서 차지하는 비율은 각각 22.6%, 24.6%를 차지하였다. 양국 모두 높은데, 특히 일본이 약간 높은 것으로 나타났다.[88] 한국이 절대적으로나

---

88) 참고로, 30회 이상 사용된 어휘수로 보면 한국은 105어, 일본 33어라는 점에서 볼 때 한국이 고빈도어의 비율이 높다고 할 수 있다. 이들이 사용된 빈도는 한국 7,517회, 일본 2,413회로 전체어수에서 차지하는 비율은 각각 40.5%, 25.7%에 이른다.

상대적으로 지나치게 특정 단어의 중복이 심하다는 것을 알 수 있는데, 이는 특정 이데올로기의 강요로 이어질 우려가 있으며 교육적·언어학적으로 비효율적이라 할 수 있다.

위의 상위 30어를 보면, 한국은 '우리·나·사람·사람들·엄마·새엄마·친구들' 등, 인간 및 가족, 동료와 관련된 어휘가 8어에 이르고 일본은 '自分(나)·僕(나)·人(사람)·あなた(당신)·お母さん(어머니)' 등, 5어에 지나지 않는다. 또한 한국은 '특성·무엇·까닭·주장·관점·표현' 등, 교과서의 내용파악과 관련된 어휘가 주를 이루는데 반해, 일본은 앞서 설명한 바와 같이 작가 및 등장인물을 비롯하여 '本(책)·繪(그림)·作品(작품)·物語(모노가타리/산문)' 등, 작품 관련 어휘가 많다는 점에서도 차이가 있다. 이와 관련해서는 뒤에서 자세히 다루기로 한다.

4.6.2 대분류에 나타난 어휘 분포의 유의차

<표 47>은 6학년 어휘의 개별어수와 전체어수의 대분류이다. 카이자승 검정을 통해 99.99% 이상(카이자승값 6.635 이상)의 확률로 유의차가 나타난 부분은 음영으로 표시하였다.

<표 47> 한·일 고학년 국어 교과서 어휘의 대분류

(숫자는 도수, ( )안은 %)

코드	의미 분야	개별어수			전체어수		
		한국	일본	카이자승값	한국	일본	카이자승값
1.1	추상적 관계	672(18.7)	684(24.0)	26.420	5,232(28.2)	3,247(34.6)	121.502
1.2	인간 활동의 주체	859(24.0)	584(20.5)	10.946	4,910(26.4)	1,830(19.5)	164.291

1.3	인간 활동— 정신 및 행위	961(26.8)	782(27.4)	0.329	4,808(25.9)	2,298(24.5)	6.528
1.4	생산물 및 도구	445(12.4)	291(10.2)	7.578	1,230(6.6)	544(5.8)	7.192
1.5	자연물 및 자연 현상	640(17.9)	507(17.8)	0.004	2,403(12.9)	1,474(15.7)	39.852
	계	3,577(100)	2,848(100)		18,583(100)	9,393(100)	

개별어수에서는 한국이 <1.2 인간 활동의 주체>, <1.4 생산물 및 도구> 항목에서 유의차가 나타났고, 일본은 <1.1 추상적 관계> 항목에서 나타났다. 이에 대하여는 <표 48>의 중분류에서 다루기로 한다.

자국 내에서 비율을 보면 한국은 <1.3>, <1.2>, <1.1>, <1.5>, <1.4> 순이었고, 일본은 <1.3>, <1.1>, <1.2>, <1.5>, <1.4>로 양국 모두 <1.3>이 높았고, <1.5>, <1.4>는 낮았는데, 이는 저·중학년과 비교되는 특징이라 할 수 있다. 한국이 여전히 <1.2>의 순위 및 비율이 높지만, 양국 모두 저·중학년 교과서에 비해 <1.3>이 꾸준히 비율이 높아지고 있음을 알 수 있다. 한편 전체어수에서는 5개 항목 모두 유의차가 나타났는데, <1.1>, <1.5>에서는 일본이, <1.2>, <1.3>, <1.4>는 한국이 유의차가 높게 나타났다. 저·중학년에 비해 의미 분야별 유의차가 나타나는 항목이 늘어났음을 알 수 있다.

자국 내에서 비율을 보면, 양국 모두 <1.1>, <1.3>, <1.2>, <1.5>, <1.4>순으로, 동일했다. 저학년 교과서와 비교해보면 6학년이 되면서 <1.1>~<1.3>범주는 늘고 <1.4>, <1.5>범주는 줄었는데, 일본이 한국보다 변화 폭이 컸다. 자세한 것은 4.6.3의 중분류에서 다루기로 한다.

4.6.3 중분류에 나타난 의미 분포의 유의차

앞의 <표 47>의 대분류를 43개 의미 분야별 항목으로 세분하여 제시한
것이 <표 48>이다. 역시, 카이자승 검정을 통해 99.99% 이상(카이자승값
6.635 이상)의 확률로 유의차가 나타난 부분은 음영으로 표시하였다.

<표 48> 한·일 고학년 국어 교과서 어휘의 중분류

(숫자는 도수, ( )안은 비율)

코드	의미 분야	개별어수			전체어수		
		한국어	일본어	카이 자승값	한국어	일본어	카이 자승값
1.10	지시	36(1.0)	46(1.6)	4.694	984(5.3)	990(10.5)	261.682
1.11	유(類)·예(例)	35(1.0)	37(1.3)	1.487	417(2.2)	138(1.5)	19.262
1.12	유무	11(0.3)	9(0.3)	0.004	13(0.1)	21(0.2)	12.126
1.13	양상	38(1.1)	23(0.8)	1.076	588(3.2)	80(0.9)	143.149
1.14	힘	18(0.5)	5(0.2)	4.743	58(0.3)	20(0.2)	2.207
1.15	작용	45(1.3)	62(2.2)	8.224	114(0.6)	90(1.0)	10.240
1.16	때	145(4.0)	196(6.9)	25.406	1,224(6.6)	758(8.1)	20.850
1.17	공간·장소	123(3.4)	130(4.6)	5.379	706(3.8)	498(5.3)	34.206
1.18	형태·모습	21(0.6)	33(1.2)	6.242	142(0.8)	80(0.9)	0.607
1.19	양(量)	200(5.6)	143(5.0)	0.985	986(5.3)	572(6.1)	7.287
1.20	인간	247(6.9)	286(10.0)	20.702	2,206(11.9)	1,092(11.6)	0.361
1.21	가족	66(1.8)	44(1.6)	0.830	516(2.8)	181(1.9)	18.545
1.22	상대·동료	21(0.6)	9(0.3)	2.485	168(0.9)	34(0.4)	25.574
1.23	인종·민족	135(3.8)	27(1.0)	51.351	409(2.2)	35(0.4)	133.530
1.24	구성원·직위	116(3.2)	65(2.3)	5.284	519(2.8)	185(2.0)	17.240
1.25	지역·국가	165(4.6)	89(3.1)	9.151	794(4.3)	165(1.8)	119.315
1.26	사회	60(1.7)	43(1.5)	0.271	220(1.2)	114(1.2)	0.047
1.27	기관	15(0.4)	8(0.3)	0.000	19(0.1)	10(0.1)	0.000
1.28	동맹·단체	34(1.0)	13(0.5)	5.294	59(0.3)	14(0.2)	6.801
1.30	마음	346(9.7)	261(9.2)	0.447	2,126(11.4)	961(10.2)	9.298

1.31	언어행동	230(6.4)	146(5.1)	4.809	1,419(7.6)	514(5.5)	45.418
1.32	창작·저술	57(1.6)	161(5.7)	79.956	398(2.1)	455(4.8)	154.126
1.33	문화·역사	106(3.0)	80(2.8)	0.125	265(1.4)	155(1.7)	2.119
1.34	의무	25(0.7)	35(1.2)	4.839	65(0.4)	64(0.7)	14.943
1.35	교류	47(1.3)	23(0.8)	3.738	121(0.7)	38(0.4)	6.712
1.36	지배·정치	38(1.1)	21(0.7)	1.818	85(0.5)	28(0.3)	3.935
1.37	경제	57(1.6)	27(1.0)	5.077	157(0.8)	37(0.4)	18.423
1.38	일	56(1.6)	28(1.0)	4.130	172(0.9)	46(0.5)	66.781
1.40	물품	15(0.4)	6(0.2)	2.100	45(0.2)	7(0.1)	9.448
1.41	자재	28(0.8)	40(1.4)	5.883	113(0.6)	66(0.7)	0.877
1.42	의류	32(0.9)	37(1.3)	2.462	104(0.6)	53(0.6)	0.002
1.43	식료	98(2.7)	39(1.4)	14.182	297(1.6)	93(1.0)	16.785
1.44	주거	92(2.6)	47(1.7)	6.306	306(1.7)	83(0.9)	26.492
1.45	도구	110(3.1)	46(1.6)	14.176	203(1.1)	75(0.8)	5.478
1.46	기계	34(1.0)	44(1.5)	4.701	79(0.4)	84(0.9)	23.707
1.47	땅·도로	36(1.0)	32(1.1)	0.213	83(0.5)	83(0.9)	20.198
1.50	자극	47(1.3)	49(1.7)	1.801	157(0.8)	94(1.0)	1.705
1.51	자연·물체	73(2.0)	101(3.5)	13.724	305(1.6)	269(2.9)	46.401
1.52	우주·천문	92(2.6)	48(1.7)	5.791	398(2.1)	179(1.8)	2, 807
1.55	생물	103(2.9)	79(2.8)	0.106	325(1.8)	206(2.2)	6.611
1.56	동물	108(3.0)	120(4.2)	6.674	446(2.4)	401(4.3)	74.240
1.57	몸	145(4.0)	86(3.0)	4.827	563(3.0)	266(2.8)	0.848
1.58	생명	71(2.0)	24(0.8)	14.127	209(1.1)	65(0.7)	12.043
계		3,577(100)	2,848(100)		18,583(100)	9,393(100)	

먼저, 개별어수에서 유의차가 나타난 항목은 11개 항목이었고, 한국은 이중 <1.23인종·민족>을 비롯하여, <1.58생명>, <1.45도구>, <1.43식료>, <1.25지역·국가> 등, 5개 항목에서 높았고 일본은 <1.32창작·저술>을 비롯하여 <1.16때>, <1.20인간>, <1.51자연·물체>, <1.15작용>, <1.56동물> 등 6개 항목에서 높았다. 이중 <1.20인간>은 <1.2> 항목 중 유일하

게 일본이 높은 항목인데, 이는 일본이 본문 및 '책 소개' 항목에서 문학작품 및 작가를 소개하고 있는 데에서 기인한다.

저학년에서 2개 항목(1.55, 1.16), 중학년에서 7개 항목(1.44, 1.23, 1.41, 1.25, 1.32, 1.19, 1.20)에서 유의차가 나타났던 것과 달리, 11개 항목에서 유의차가 나타나, 고학년에 올라가면서 양국 간의 어휘 분포에 차이가 커지는 것을 알 수 있다.

중분류에서, 자국 내에서의 개별어수의 비율이 상위 7위까지의 항목을 제시하면 다음과 같다. (( )안은 자국 내의 비율을 나타냄, 한·일 공통 항목은 밑줄로 표시함. 이하 같음.)

· 한국 : <u>1.30마음</u>(9.7%)><u>1.20인간</u>(6.9%)><u>1.31언어행동</u>(6.4%)><u>1.19양</u>(量)(5.6%)>1.25지역·국가(4.6%)><u>1.16때</u>(4.0%)>1.23인종·민족(3.8%)

· 일본 : <u>1.20인간</u>(10.0%)><u>1.30마음</u>(9.2%)><u>1.16때</u>(9%)>1.32창작·저술(5.7%)><u>1.31언어행동</u>(5.1%)><u>1.19양</u>(量)(5.0%)>1.17공간·장소(4.6%)

개별어수를 보면, 양국은 <1.30>, <1.20>, <1.31>, <1.19>, <1.16>에서 공통적으로 비율이 높았다. 중학년과도 유사하였다. 그밖에 한국은 <1.25>, <1.23>과 같이 인종 및 민족, 지역 및 국가를 나타내는 어휘의 종류가 많고, 일본은 <1.32>, <1.17>과 같이 창작 및 저술, 공간 및 장소를 나타내는 어휘가 다양하게 사용되었다는 점에서 특징적이다. <1.32> 항목은 고학년에서 처음으로 7위 안에 포함된 것으로 나타났다.

한편, 전체어수에서는 중학년과 같이 29개 항목에서 유의차가 나타났다. 한국은 이중 <1.13양상>, <1.25지역·국가>, <1.23인종·민족>을 비롯하여 <1.31언어행동>, <1.38일>, <1.44주거>, <1.22상대·동료>, <1.20인간> 등 17개 영역에서 유의차가 높았는데, 주로 <1.2>에 집중되어 있음을 확인할 수 있다. 단, <1.20인간>은 개별어수에서 일본어가 유의차가 높았다. 일본은 <1.10지시>, <1.32창작·저술>을 비롯하여 <1.56동물>, <1.51자

연·물체>, <1.17공간·장소>, <1.46기계>, <1.47땅·도로>, <1.34의무> 등 12개 영역에서 높게 나타났는데, <1.1>에 가장 많이 집중되어 있음을 확인할 수 있다.

중분류에서, 자국 내에서의 전체어수의 비율이 상위 7위까지의 항목을 제시하면 다음과 같다.

· 한국 : 1.20인간(11.9%)>1.30마음(11.5%)>1.31언어행동(7.6%)>1.16때(6.6%)>1.19 양(量)(5.3%)>1.10지시(5.3%)>1.25지역·국가(4.3%)
· 일본 : 1.20인간(11.6%)>1.10지시(10.5%)>1.30心(10.2%)>1.16때(8.1%)>1.19 양(量)(6.1%)>1.31언어행동(5.5%)>1.17공간·장소(5.3%)

양국은 비율의 차이는 있으나 상위 6개 항목에서 일치하였고, 그밖에 한국은 <1.25>, 일본은 <1.17>이 높은 것을 알 수 있다. 이하, 전체어수를 기준으로 유의차가 25.0 이상 높게 나타난 항목을 분석한다.

4.6.3.1 한국 교과서에서 유의차가 높은 항목 대조

'전체어수'에서 한국 교과서가 일본 교과서에 비해 유의차가 높게 나타난 항목은 17개 항목이나 이중 25.0 이상 높게 나타난 항목은 아래와 같이, <1.13양상>을 비롯한 7개 항목이었다.

참고로 7개 항목 중 <1.23인종·민족>, <1.25지역·국가> 등 2항목은 개별어수와 전체어수 모두 유의차가 발생된 항목이고, <1.13양상>, <1.38 일>, <1.31언어행동>, <1.44주거>, <1.22상대·동료> 등 5개 항목은 개별어수에서는 유의차가 발생되지 않았으나 전체어수에서 유의차가 발생된 항목들이다. 이하 구체적인 내용에 대해서는 각 항목별로 살펴보기로 한다.

1) <1.13양상>(유의차 : 전체어수 143.149)

'양상'과 관련된 <1.13> 항목에서 한국 교과서는 개별어수에서는 일본 교과서의 1.7배 정도였고, 전체어수에서는 7.4배로 높은 것으로 조사되었다. 3회 이상 사용된 어휘를 제시하면 다음과 같다.

한국(개별어수 38, 전체어수 588)	일본(개별어수 23, 전체어수 80)
특성(382), 근거(70), 내용(64), 상황(47), 힘(34), 사고(16), 장애(14), 기본(15), 변화(11), 결과(11), 능력(9), 특징(7), 척*(6), 지경*(4), 성질(4), 분위기(4), 구조(4), 상대(3), 이하 생략	樣子(모양13), 特徵(11), 構成(8), 狀態(6), 存在(6), 特色(5), 調子(기분4), ふり*(척4), 性格(3), 이하 생략

앞서, 4.6.1에서 밝힌 바와 같이 6학년은 양국 모두 읽기 교재의 '학습활동'에 사용된 어휘를 포함하였다. <1.13> 항목은 그로 인해 학습활동에서 사용된 '특성·근거·내용·상황·특징' 등의 어휘로 인해 전체어수에서 유의차가 높게 나타난 것으로 판단된다. 이는 한국 국어과의 학습활동의 양이 많고, 또 활동내용이 본문의 내용 파악에 중점이 있다는 것을 보여준다. 한편 일본도 학습활동을 포함하였지만, 상대적으로 양이 적고 내용파악보다는 사고력 증강을 위한 토론이 중심이므로 상대적으로 특별한 특징이 나타나지 않았다.

2) <1.23인종·민족>(유의차 : 개별어수 51.351, 전체어수 133.530)

'인종·민족'과 관련된 <1.23> 항목에서 한국 교과서는 개별어수에서는 일본 교과서의 5.0배 정도이고, 전체어수에서는 11.7배로 높은 것으로 조사되었다. 3회 이상 사용된 어휘를 제시하면 다음과 같다.

한국(개별어수 135, 전체어수 409)	일본(개별어수 27, 전체어수 35)
부자영감(29), 박사(29), 백성(26), 세종대왕(21), 리마선수(17), 민족(11), 바보(11), 시애틀추장(8), 찌아찌아족(8), 일본사람들(8), 임금(7), 부자(7), 왕(7), 행인(6), 사망자(6), 마을사람들(6), 시민들(6), 양반(6), 운전자(5), 구두쇠(4), 배불뚝이(3), 태조(3), 지도자(3), 원주민(4), 벼슬아치들(3), 노릇(3), 인디언(3), 외국인(3), 양반들(3), 동족(3), 이하 생략	武士(4), 町人(동네사람3), 이하 생략

<1.23> 항목에 속한 어휘를 보면, 한국은 '세종대왕·임금·왕·태조'와 같은 '군주'는 물론, '양반·양반들·벼슬아치들·지도자'와 같은 '사회계층'과 관련된 인물을 나타내는 다양한 어휘가 사용된 반면, 일본은 어휘 자체도 적고 '武士(무사)·町人(동네사람)'등, 일부에 불과했다.

<1.23>영역은 양 교과서의 차이를 극명하게 보여주는 범주로, 분류어휘표의 소분류를 통해 살펴보면, 한국은 '한민족·대한사람·백성·동족·동포·동족' 등, 자국민 관련 어휘가 많이 등장할 뿐만 아니라, '리마선수·시애틀추장·찌아찌아족·원주민' 등의 고빈도어 외에도 '일본인·유럽사람·중국사람·독일 어린이' 등 외국인이 많이 등장하고 있다. 이는 한국이 상대적으로 국제화, 다문화를 지향한다는 측면과 더불어 혈통 및 민족을 중요시하는 이데올로기의 반영이라 할 수 있다. 반면 일본은 'アメリカ人(미국인)'을 제외하고는 외국인 및 이민족에 대한 어휘가 없어 한국과 대비적이라 할 수 있다.

인물과 관련하여 한국은 '바보·못난이·오줌싸개·배불뚝이·구두쇠·욕심꾸러기' 등, 외모에 빗댄 부정적 평가를 나타내는 어휘(비하어)가 많이 사용되고 있어, 외모와 관련된 차별어에 대해 관대한 사회상을 반영하는 점이라 할 수 있다. 한편, 일본은 외모 관련 비하어가 없었다.

3) <1.25지역·국가>(유의차 : 개별어수 9,151, 전체어수 119,315)

지역 및 국가와 관련된 <1.25> 항목에서 한국 교과서는 개별어수에서는 일본 교과서의 1.9배 정도이고 전체어수에서는 4.8배로 높은 것으로 조사되었다. 3회 이상 사용된 어휘를 제시하면 다음과 같다.

한국(개별어수 165 , 전체어수 794)	일본(개별어수 89, 전체어수 165)
집(134), 나라(57), 마을(35), 세계(34), 아프리카(32), 독도(27), 세상(24), 백두대간(19), 서울(18), 일본(14), 미국(12), 조나라(12), 지역(11), 인도(11), 중국(10), 연나라(9), 아메리카대륙(8), 인도네시아(6), 제나라(6), 국가(6), 남대문(6), 대서양(5), 경기(5), 개인(5), 성문(5), 베트남(4), 국제(4), 일제(4), 고향(4), 에스파냐(4), 자국(3), 영국(3), 외국(3), 신대륙(3), 아메리카(3), 성(3), 러시아(3), 금수강산(3), 굿집(3), 한양(3), 설악산(3), 지리산(3), 콩고(3), 평양(3), 이하 생략	家(집21), 日本(13), 道(12), イーハトーヴ(지명8), 町(마을5), アラスカ(알래스카4), 岩手県(지명4), アメリカ(미국3), 故郷(3), 東京都(3), 花巻(지명3), 이하 생략

<1.25> 항목에 속한 어휘를 보면, 한국이 유의차가 높게 나타난 이유는 '집·나라·마을' 등의 빈도가 높고 '세계·세상·국제·외국' 등 세계화와 관련된 다양한 어휘가 사용되고 있고, '아프리카'를 비롯하여 '일본·미국·인도' 등과 같은 국명이 다량 사용되고 있어 매우 국제화되어 있다고 평가할 수 있다.

한국이 국가와 지역, 국내·외를 구별하는 어휘가 많이 사용된다는 점은 앞의 <1.23> 항목의 결론과 통하는 바가 있다. 참고로 한국 교과서에는 '일본'이 14회 등장하는데 비해, 일본 교과서에는 '한국'이 등장하지 않았다. 전체적으로도 한국은 '집'이나 '마을'을 비롯하여 '미국·일본·중국·아프리카·유럽' 등의 외국의 국명 및 지역을 나타내는 어휘가 51종(182회) 등장한 반면, 일본은 '미국·중국' 등 11종(27회)에 불과하다. 반면, 일본 국내의 지역명은 다양하게 등장하여 양국 간에 극명한

차이를 나타내고 있다.

4) <1.38일>(유의차 : 전체어수 66.781)

일과 관련된 <1.38> 항목에서 한국 교과서는 개별어수에서는 일본 교과서의 2.0배인데, 전체어수에서는 3.7배로 높은 것으로 조사되었다. 3회 이상 사용된 어휘를 제시하면 다음과 같다.

한국(개별어수 56, 전체어수 172)	일본(개별어수 28, 전체어수 46)
청소(29), 개발(19), 공사(8), 농사(7), 농업(7), 들일(13), 벼농사(13), 직업(5), 시설(4), 이식(4), 일(4), 재배(4), 사용(3), 생산(3), 활용(3), 요리(3), 이하 생략	仕事(일7), 料理(5), 農業(3), 作業(3), 이하 생략

<1.28> 항목에 속한 어휘를 보면, 한국은 어휘수가 많다고 하나 '농사·농업·들일·벼농사' 등, 1차 산업에 집중되어 있어, 현대사회를 제대로 반영하지 못하고 있다고 평가할 수 있다. 일본도 어휘양은 적지만, 한국과 유사한 경향을 나타낸다. 이는 이시하라(石原, 2009)에서도 지적한 바와 같이, 과거와 전통을 중요시하는 기성세대의 이데올로기의 반영이라 할 수 있다.

5) <1.31언어행동>(유의차 : 전체어수 45.418)

언어행동과 관련된 <1.31> 항목에서 한국 교과서는 개별어수에서는 일본 교과서의 1.6배 정도인데, 전체어수에서는 2.8배로 높은 것으로 조사되었다. 3회 이상 사용된 어휘를 제시하면 다음과 같다.

한국(개별어수 230, 전체어수 1,419)	일본(개별어수 146, 전체어수 514)
말(185), 한글(102), 표현(66), 이야기(50), 이름(50), 문자(49), 책(43), 우리말(39), 종이책(35), 물음(33), 고유어(36), 글자(34), 문장(28), 낱말(26), 동화(25), 논설문(23), 외국어(21), 한자어(20), 제목(19), 외래어(17), 보기(16), 자음자(16), 전자책(15), 수식(15), 한자(13), 읽기(12), 편지(12), 삼인칭(10), 기사(9), 뉴스(8), 예(8), 언어(8), 소식(7), 신문(7), 속담(7), 교과서(7), 만화(6), 인사(6), 관용표현(5), 시조(5), 어록(5), 자음(5), 광고(5), 국어(5), 노랫말(5), 자음(5), 찌아찌아어(5), 농담(4), 대사(4), 명언(4), 모음(4), 모음자(4), 자음자(4), 본론(4), 알파벳(4), 영어(4), 연설(4), 서론(4), 지문(4), 답(3), 문맹(3), 문해(3), 사례(3), 소문(3), 얘기(3), 위협(3), 인터넷(3), 일본어(3), 질문(3), 획(3), 속보(3), 이하 생략	本(책95), 漢字(68), 文章(48), 文(19), 熟語(17), 訳(이유12), 名前(이름11), 題名(8), 詩集(7), 国語(6), 名(이름6), 新聞(6), 訓読み(훈독6), お話(이야기6), カレンダー(달력5), 手紙(편지5), 字(글자5), 記録(4), せりふ(대사4), 段落(3), 文字(3), 本文(3), 英語(3), 外来語(3), 情報(3), カタカナ(가타카나3), こよみ(달력3), 詩(3), 이하 생략

6) <1.44주거>(유의차 : 전체어수 26.492)

주거와 관련된 <1.44> 항목에서 한국 교과서는 개별어수에서 일본 교과서의 2.0배이고 전체어수에서는 3.7배로 높은 것으로 조사되었다. 3회 이상 사용된 어휘를 제시하면 다음과 같다.

한국(개별어수 92, 전체어수 306)	일본(개별어수 47, 전체어수 84)
방(33), 문(32), 울타리(26), 마당(11), 베란다(9), 벽(7), 대문(7), 무대(7), 장(가구7), 마구간(7), 성벽(7), 사립문(6), 지붕(5), 사진기(5), 별장(5), 창문(5), 계단(4), 마루(4), 방바닥(4), 옷장(4), 방문(3), 쪽마루(3), 창고(3), 꽃상여(3), 초가집(3), 컴퓨터(3), 화장실(3), 이하 생략	天井(천장7), 床(마루4), 舞台(4), 門(3), 部屋(방3), 戸棚(선반3), 窓(3), 이하 생략

<1.44> 항목에 속한 어휘를 보면, 한국은 주거와 관련된 다양한 어휘를 사용하고 있다. 특히, '울타리・마구간・사립문・쪽마루・꽃상여・초가집'

과 같은 전통과 관련된 어휘가 많이 사용되고 있다.

7) <1.22상대·동료>(유의차 : 전체어수 25.574)

상대 및 동료와 관련된 <1.22> 항목에서 한국 교과서는 개별어수에서는 일본 교과서의 2.3배 정도인데, 전체어수에서는 4.9배로 높은 것으로 조사되었다. 개별어수에서 유의차가 나타나지 않았으나 전체어수에서 유의차가 나는 이유는 한국이 '친구들·친구'와 같은 어휘를 111회나 사용한 것이 가장 큰 요인이다. 참고로, 일본은 '友達(친구)'가 18회에 사용되었다. 이는 한국이 지나치게 친구를 강조하는 것이 아닐까 생각된다. 그밖에 유의차는 25.0 이하이지만, 한국이 <1.21 가족>, <1.37 경제>, <1.24 구성원·직위>, <1.38 식량> 등의 항목에서 유의차가 높다는 것을 알 수 있다.

4.6.3.2 일본 교과서에서 유의차가 높게 나타난 항목 대조

전체어수에서 일본 교과서가 한국 교과서에 비해 유의차가 높게 나타난 항목은 12개 항목이나 카이자승값이 25.0 이상 높게 나타난 항목은 아래와 같이, <1.10지시>를 비롯한 11개 항목이었다.

참고로 10개 항목 중 <1.32창작·저술>, <1.56동물>, <1.51자연·물체>, <1.34의무>, <1.46기계>, <1.16때>, <1.47땅·도로> 등, 8항목은 개별어수와 전체어수 모두 유의차가 발생된 항목이고, <1.10지시>, <1.17공간·장소>, <1.19양(量)> 등 3항목은 개별어수에서는 유의차 발생되지 않았으나 전체어수에서 유의차가 발생된 항목들이다. 이하 구체적인 내용에 대해서는 각 항목별로 살펴보기로 한다.

1) <1.10지시>(유의차 : 전체어수 261.682)

지시와 관련된 <1.10> 항목에서 일본 교과서는 절대적 수치가 적은 상태에서 개별어수는 한국 교과서의 1.3배이고, 전체어수는 약간 많았으나 비율상으로 유의차가 높게 나타났다. 3회 이상 사용된 어휘를 모두 제시하면 다음과 같다.

한국(개별어수 36, 전체어수 984)	일본(개별어수 46, 전체어수 990)
것*(408), 무엇(134), 일*(135), 그것(42), 사실(30), 왜(29), 이(26), 데*(23), 적*(18), 이하 생략	こと*(것297), の*(것291), もの*(것110), それ(그것81), これ(이것36), 何(무엇30), どれ(어느것18), 이하 생략

<1.10> 항목에 속한 어휘를 보면. 일본은 'こと・もの・の' 등, 3종의 형식명사를 702회나 사용하였고 한국은 이에 해당하는 '것・일・데・적' 등, 596어가 사용되어, 일본어 쪽이 형식명사의 사용률이 높다는 기존의 인식을 증명하고 있다. 지시어에서도 일본이 147회로, 한국 107회보다 많았다.

2) <1.32창작·저술>(유의차 : 개별어수 79.956, 전체어수 154.126)

창작 및 저술과 관련된 <1.32> 항목에서 일본 교과서는 절대적 수치가 적은 상태에서 개별어수는 한국 교과서의 2.8배이고, 전체어수는 1.1배로 약간 많았으나 비율상으로 유의차가 높게 나타났다. 3회 이상 사용된 어휘를 모두 제시하면 다음과 같다.

한국(개별어수 57 , 전체어수 398)	일본(개별어수 161, 전체어수 455)
노래(38), 사진(36), 훈민정음(30), 문학작품(30), 작품(14), 음악(13), 문학(9), 해례본(8), 캐럴(7), 소설(7), 연극(7), 백과사전(5), 사보(4), 역할극(4), 고소설(4), 독창성(3), 이하 생략	絵(62), 作品(45), 物語(모노가타리/산문39), 狂言(교겐18), 作(작품14), 詩(13), 漫画(11), やまなし(작품11), 鳥獣戯画(작품9), 俳句(하이쿠7), 雑誌(7), 短歌(7), 写真(6), 柿山伏(작품6), アニメ(만화영화4), 竹取物語(작품3), 歌(시가3), 劇(3), 能(극3), 落語(만담3), 辞書(사전3), 小説(3), 随筆(3), 演劇(3), 映画(3), 枕草子(작품3), 著(저술3), 이하 생략

<1.32> 항목에 속한 어휘를 보면, 한국은 '훈민정음 · 홍길동전 · 흥부가' 등의 작품명이 15종(64회) 등장한 데 비해, 일본은 문학 및 미술작품 등 59 종(95회)이 사용되었다. 장르 관련 어휘도 한국이 '소설 · 고소설 · 신화 · 희 곡' 등 4종인데 비해, 일본은 '物語(모노가타리/산문) · 詩(시) · 漫畵(만화) · 漢 詩(한시) · 日記(일기) · 伝記(전기) · 民話(민화) · ファンタジー(판타지)' 등으로 다양하며, 소설에서도 '탐정소설 · 추리소설 · 장편소설 · 청춘소설 · 모험소 설 · 고전(소설)' 등 세분화된 어휘를 사용하고 있다. 전통극과 관련해서도 한국이 '판소리' 1종인데 반해, 일본은 '狂言(교겐) · 歌舞伎(가부키) · 能(노) · 落語(만담) · 紙芝居(종이인형극)'등의 전통 극문화와 관련된 다양한 어휘가 사 용되었다. 양국은 초등학교 고학년 아동에 대한 문화적 평가 및 기대에 있 어 차이가 있다고 평가할 수 있다.

3) <1.56동물>(유의차 : 개별어수 6,674, 전체어수 75,003)

동물과 관련된 <1.56> 항목에서 일본 교과서가 유의차가 높게 나타났다. 3회 이상 사용된 어휘를 모두 제시하면 다음과 같다.

한국(개별어수 103, 전체어수 325)	일본(개별어수 79, 전체어수 206)
소(87), 왕치(39), 소새(32), 개미(24), 말(18), 동물(14), 잉어(14), 인류11), 조개(11), 황새(11), 면충(8), 돼지6), 동식물(4), 생태계(4), 개(4), 달팽이(3), 붕어(3), 불가사리(3), 산짐 승(3), 상어(3), 고등어(3), 곰(3), 야생동물(3), 야생마(3), 어패류(3), 원숭이(3), 이하 생략	生き物(생물31), 犬(개23), 魚(물고기)22), 蛙(개구 리)18), うさぎ(토끼17), 幼虫(요충13), 河鹿(사슴 13), かに(게16), せみ(매미15), サッチ(동물명9), チロ(동물명9), 鳶(독수리8), 鴉(새7), 鮭(연어7), 動物(7), 蛇(뱀5), みんみん蟬(매미5), お魚(물고기 5), わに(악어4), みみず(지렁이4), みんみん(매미 4), 象(코끼리4), 鯛(도미4), 狐(여우4), 蜘蛛(거미 3), ハクトウワシ(독수리3), アブラ蟬(매미3), 이 하 생략

<1.56> 항목에 속한 어휘를 보면, 일본은 '조류'에서 23종(65회)으로, 11 어(56회)인 한국보다 많으며, '곤충'에서도 6종(26회)으로, 1종(1회)인 한국보

다 많았다. 한국은 '동물 일반' 및 '어류'에서 18종(68회)으로, 10종(26회)인 일본보다 많음을 알 수 있다. 특히 한국의 고빈도어인 '소·말·조개'나 일본의 '犬(개)·うさぎ(토끼)·せみ(매미)' 등은 일본 교과서에 전혀 없거나 소량 등장하는데 그쳐 양국이 문화적으로 동물에 대한 기호·선호에 크게 차이가 있음을 알 수 있다.

4) <1.51자연·물체>(유의차 : 개별어수 13.724, 전체어수 46.401)

자연 및 물체와 관련된 <1.51> 항목에서 일본 교과서는 절대적 수치가 적은 상태에서도 개별어수는 한국 교과서의 1.4배에 해당한다. 전체어수는 88%에 해당하는 수치였으나 비율상으로 유의차가 높게 나타났다. 3회 이상 사용된 어휘를 모두 제시하면 다음과 같다.

한국(개별어수 73, 전체어수 305)	일본(개별어수 101, 전체어수 269)
물(73), 자연(54), 바위(31), 바람(13), 불꽃(12), 봄비(5), 열(5), 가뭄(4), 흙(4), 이산화탄소(4), 산소(3), 기후(3), 물결(3), 백통(금속)(3), 산소(3), 생물(3), 석탄(3), 이하 생략	海(27), 水(27), 鑛物(12), 風(12), 泡(거품(10), 自然(9), 土(7), 岩(7), 霧(6), 空(6), 黃金(6), 波(파도6), 雲(5), 石(5), 洪水(4), 火(4), 煙(연기)4), 空気(3), 物質(3), 月(달)3), 月光(달빛)3), 이하 생략

<1.51> 항목에 속한 어휘를 보면, '자연 일반', '광물', '물', '천재(天災)', '기후' 등으로 소분류 되는데, 일본은 '津波(쓰나미)·地震(지진)·大雨(소나기)·つゆ(장마)·風(바람)·霧(서리)·雷(번개)' 등, '재해·기후'와 관련된 어휘가 40여 종이나 사용되었다. 반면, 한국은 '바람·비' 등, 12종에 불과했고 자연 일반, 광물 관련 어휘가 많았다.

5) <1.17공간·장소>(유의차 : 전체어수 34.206)

공간 및 장소와 관련된 <1.17> 항목에서 일본 교과서는 절대적 수치가 적은 상태에서 개별어수는 한국 교과서의 1.1배에 해당하고, 전체어수는

71%에 해당하는 수치였으나 비율상으로 유의차가 높게 나타났다. 3회 이상 사용된 어휘를 모두 제시하면 다음과 같다.

한국(개별어수 123, 전체어수 706)	일본(개별어수 130, 전체어수 498)
관점(68), 속(47), 곳(47), 위(42), 환경(34), 안(31), 대상(25), 점*(25), 자리(22), 전(19), 어디(18), 눈앞(9), 면(8), 남쪽(8), 동쪽(8), 밑(6), 아래(6), 주변(6), 가운데(5), 전체(5), 틈(5), 도처(4), 방향(4), 서쪽(4), 앞뒤(4), 터전(4), 참*(4), 편*(4), 중간(4), 저기(4), 세로(3), 일부분(3), 한쪽(3), 속(3), 산속(3), 결승점(3), 거기(3), 이하 생략	中(속83), 上(31), 下(14), うち(속11), とこ ろ*(곳27), どこ(어디19), そこ(거기17), 辺り(주변12), 이하 생략

<1.17> 항목에 속한 어휘를 보면, 개별·전체어수에서 일본이 유의차가 높고 비율 또한 높은 항목으로, 일본이 상대적으로 세분된 공간적 인식을 한다고 볼 수 있다. 그밖에 유의차는 25.0 이하이지만, 일본이 <1.46기계>, <1.16때>, <1.47땅·도로>, <1.12유무>, <1.15작용>, <1.19양(量)> 등의 항목에서 유의차가 높았다.

이상, 양국의 고학년 교과서는 저학년에 비해 추상적 관계나 인간 활동의 주체를 나타내는 어휘 항목이 늘고 생산물 및 자연물을 나타내는 어휘가 줄어드는 것을 확인함과 동시에 어휘 분포에 있어서도 양국 간의 차이가 커지는 것을 알 수 있었다. 유의차가 나타난 항목 대조를 통하여, 인물, 가족, 친구, 민족, 국가, 지역을 중시하는 한국과 자연물, 작품, 전통문화 중심의 일본 교과서의 단면을 볼 수 있었다는 점에서, 사회상 및 그 시대가 요구하는 가치관이 담겨 있는 교과서 연구의 필요성을 다시 한 번 확인하였다.

4.7 저·중·고학년의 변화

4.7.1 개별어수와 전체어수

<표 49>와 같이, 저·중·고학년 교과서의 어휘 양을 보면 한국의 국어 교과서가 상대적으로 어휘 학습의 부담이 클 것으로 예상된다.

<표 49> 한·일 국어 교과서 어휘의 개별어수와 전체어수의 변화

	개별어수		전체어수	
	한국	일본	한국	일본
저학년	1,204	908	4,671	3,149
중학년	2,751	2,249	13,780	8,049
고학년	3,577	2,848	18,583	9,393

먼저, 개별어수에서 한국은 일본의 어휘에 비해 각각 1.3배, 1.2배, 1.3배 많았다. 한편 전체어수에서는 1.5배, 1.7배, 2.0배로 학년이 올라갈수록 차이가 커지는 것을 알 수 있다. 즉, 한국은 어휘의 절대량이 일본보다 상대적으로 많다. 일본은 한자교육에 할애하는 시간이 많지만, 그렇다고 해도 상대적으로 한국의 아이들에게는 많은 어휘가 학습 부담이 될 수 있다.

언어교육에서는 한 단어당 평균 출현빈도를 산출하여, 반복에 의해 습득이 용이하다는 학설이 있다. 이를 산출한 결과에 의하면, 한국은 저·중·고학년에서 각각 3.88회, 5.01회, 5.20회씩 사용되는 것으로 나타났다. 한편 일본은 각각 3.47회, 3.58회, 3.30회 정도로, 반복비율에 있어서는 한국이 현저히 높은 것으로 나타났다. 일견, 한국이 반복에 의해 어휘습득이 용이할 것으로 보인다. 그러나 특정 어휘의 반복 사용으로 인하는 것으로 파악된다.

30회 이상 사용된 어휘의 총 사용빈도를 조사하여 전체어수에서 차지하는 비율을 산출한 것이 <표 50>이다.

<표 50> 한·일 국어 교과서 전체어수에서 차지하는 30회 이상 사용된 고빈도어의 비율

	저학년	중학년	고학년
한국	11어(624회, 13.4%)	78어(4,981회, 36.1%)	105어(7,517회, 40.5%)
일본	10어(399회, 12.7%)	31어(2,037회, 25.3%)	33어(2,413회, 25.7%)

한국은 전체적으로 고빈도어가 많고, 전체어수에서 차지하는 비율도 높은 편이다. 특히, 중학년 교과서에서는 78어로 전체어수의 36.1%, 고학년에서는 105어로 40.5%에 해당하는 사용빈도를 보이는 것으로 나타났다. 따라서 어휘수에 비해 특정 어휘가 반복 사용되어 학습 부담이 적을 수 있다는 결론이 나올 수 있으나, 이같은 특정 어휘의 반복은 교육적으로 비효율적이고 경우에 따라서는 특정 이데올로기의 강요로 이어질 우려가 있다.

4.7.2 항목 간 비율 대조

4.7.2.1 대분류의 비율 대조

대분류(5개 항목)를 통해 저·중·고학년 교과서 어휘의 변화를 살펴보고자 한다. 5개 항목을 각각 자국 내에서 비율이 높은 순서로 제시하면 <표 51>과 같다. (각 숫자는 대분류 항목 명을 나타냄. 예를 들어 1.1은 <1.1 추상적 관계>를 나타냄)

<표 51> 한·일 저·중·고학년 국어교과서의 대분류 항목의 비율 대조

		개별어수					전체어수				
		1위	2위	3위	4위	5위	1위	2위	3위	4위	5위
한국	저	1.5	1.2	1.4	1.1	1.3	1.5	1.1	1.4	1.2	1.3
	중	1.2	1.3	1.1	1.5	1.4	1.3	1.1	1.2	1.5	1.4
	고	1.3	1.2	1.1	1.5	1.4	1.3	1.1	1.2	1.5	1.4
일본	저	1.2	1.5	1.1	1.4	1.3	1.5	1.1	1.2	1.4	1.3
	중	1.2	1.3	1.1	1.5	1.4	1.1	1.3	1.2	1.5	1.4
	고	1.3	1.1	1.2	1.5	1.4	1.1	1.3	1.2	1.5	1.4

양국 모두 개별어수 및 전체어수에서 학년이 올라가면서 <1.4> 및, <1.5>영역의 비율이 줄고, <1.3>, <1.1>영역은 비율이 높아지는 경향이 공통적으로 나타났다. 단, 전체어수에서 한국은 <1.3>이 일본은 <1.1>이 높다는 점에 차이가 있다.

4.7.2.2 중분류의 비율 대조

중분류(43개 항목)를 통해 저·중·고학년 교과서 어휘의 변화를 살펴보고자 한다. 43개 항목 중 상위 7위를 각각 자국 내에서 비율이 높은 순서로 제시하면 <표 52>와 같다. 단, 본서의 특성상 어휘의 양에 초점을 맞추어 전체어수만을 제시한다. (각 숫자는 중분류 항목 명을 나타냄)

<표 52> 한·일 저·중·고학년 국어 교과서의 중분류 항목의 비율 대조

		1위	2위	3위	4위	5위	6위	7위
한국	저	1.20	1.56	1.23	1.16	1.57	1.21	1.45
	중	1.20	1.31	1.30	1.16	1.10	1.25	1.17
	고	1.20	1.30	1.31	1.16	1.19	1.10	1.25

일본	저	1.56	1.16	1.55	1.17	1.20	1.23	1.45
	중	1.20	1.10	1.31	1.30	1.16	1.19	1.17
	고	1.20	1.10	1.30	1.16	1.19	1.31	1.17

43개 항목에서 상위 7개 항목을 보면 양국 모두 상당히 유사함을 알 수 있는데, 중·고학년으로 올라가면서 <1.55생물>, <1.56동물>, <1.45도구>는 7위 밖으로 밀려났고 <1.30 마음>, <1.31언어행동> 및 <1.10지시>, <1.16때> <1.19양(量)>이 포함되었다. 한국은 <1.25지역·국가>에서, 일본은 <1.10지시> 및 <1.17공간·장소>에서 우세를 보였다.

4.7.3 항목 간 유의차 대조

4.7.3.1 대분류의 유의차 대조

대분류(5개 항목)에서 유의차가 높게 나타난 항목을 제시하면 <표 53>과 같다. 유의차가 나타난 곳에 ○표하고 유의차가 높은 쪽을 표기하였다.

<표 53> 한·일 저·중·고학년 국어 교과서 어휘의 대분류 항목의 유의차 대조

	개별어수			전체어수		
	저	중	고	저	중	고
1.1	○일본	○일본	-	○일본	○일본	○일본
1.2	○한국	-	-	○한국	○한국	○한국
1.3	-	-	-	-	○일본	○한국
1.4	-	○한국	-	-	○한국	○한국
1.5	-	○일본	-	○일본	○일본	○일본

고학년으로 올라갈수록 유의차가 나타나는 범주가 늘어나는 것을 알 수

있으며 개별어수 및 전체어수를 막론하고 한국은 <1.2>, <1.4> 항목에서 일본은 <1.1> 항목에서 유의차가 높게 나타났다.

4.7.3.2 중분류의 유의차 대조

중분류(43개 항목)를 유의차가 높게 나타난 항목을 제시하면 <표 54>와 같다. 유의차가 나타난 곳에 ○표하고 유의차가 높은 쪽을 표기하였다.

<표 54> 한·일 저·중·고학년 국어 교과서 어휘의 중분류 항목의 유의차 대조

		개별어수			전체어수		
		저	중	고	저	중	고
1.10	지시	-	-	-	○일본	○일본	○일본
1.11	유(類)·예(例)	-	-	-	-	○일본	○한국
1.12	유무	-	-	-	-	-	-
1.13	양상	-	-	-	-	○한국	○한국
1.14	힘	-	-	-	-	-	-
1.15	작용	-	-	○일본	-	○일본	○일본
1.16	위치·지위	○일본	-	○일본	-	○일본	○일본
1.17	공간·장소	-	-	-	○일본	○일본	○일본
1.18	형태·모습	-	-	-	-	○일본	-
1.19	양(量)	-	○일본	-	-	○일본	○일본
1.20	인간	-	○일본	○일본	○한국	○한국	-
1.21	가족	-	-	-	-	○한국	○한국
1.22	상대·동료	-	-	-	-	-	○한국
1.23	인종·민족	-	○한국	○한국	-	○한국	○한국
1.24	구성원·직위	-	-	-	-	○한국	○한국
1.25	지역·국가	-	○한국	○한국	○한국	○한국	○한국
1.26	사회	-	-	-	-	-	-
1.27	기관	-	-	-	-	-	-
1.28	동맹·단체	-	-	-	-	○한국	○한국

1.30	마음	-	-	-	-	○한국	○한국
1.31	언어행동	-	-	-	○일본	-	○한국
1.32	창작·저술	-	○일본	○일본		○일본	○일본
1.33	문화·역사	-	-	-	-	-	-
1.34	의무	-	-	-	-	-	○일본
1.35	교류	-	-	-	-	-	○한국
1.36	지배·정치	-	-	-	○한국	-	-
1.37	경제	-	-	-	○한국	-	○한국
1.38	일	-	-	-	-	-	○한국
1.40	물품	-	-	-	-	-	○한국
1.41	자재	-	○한국	-	○일본	○한국	-
1.42	의류	-	-	-	-	○일본	-
1.43	식료	-	-	○한국	-	-	○한국
1.44	주거	-	○한국	-	-	○한국	○한국
1.45	도구	-	-	○한국	○일본	-	-
1.46	기계	-	-	-	-	○한국	○일본
1.47	땅·도로	-	-	-	-	○한국	○일본
1.50	자극	-	-	-	-	○일본	
1.51	자연·물체	-	-	○일본	-	-	○일본
1.52	우주·천문	-	-	-	○한국	-	-
1.55	생물	○일본	-	-	○일본	○일본	-
1.56	동물	-	-	○일본	○일본	○일본	○일본
1.57	몸	-	-	-	○한국	○일본	-
1.58	생명	-	-	○한국		○일본	○일본
유의차 항목수		2	7	11	13	28	29

고학년으로 올라갈수록 유의차가 나타나는 범주가 늘어나는 것을 알 수 있다. 전체어수를 보면 <1.1>에서는 <1.13>을 제외하고는 대부분 일본이 유의차가 높았다. <1.2> 및 <1.4>에서는 대부분 한국이, 그리고 1.5영역에서는 대부분 일본이 유의차가 높았다. <1.3>에서는 <1.32>, <1.34>는 일본이, 나머지는 한국이 유의차가 높음을 알 수 있다.

V. 국어 교과서의 삽화 분석

5.1 들어가는 글

'삽화(揷畫)'란 '글의 내용을 보완하고 그 이해를 돕기 위해 문장 내용과 관계되는 정경·인물 등을 묘사하여 글속에 삽입되는 그림'[89], '신문, 잡지, 서적 등에서 문장의 이해를 돕고 흥미를 갖도록 하기 위해 넣는 그림'[90]이라 정의되고 있다. 교과서 삽화의 정의 역시, '학습동기를 유발시키고 내용 이해를 촉진하여 학습활동에 도움을 주기 위해 사용하는 그림'으로 보는 것이 일반적이다. 여기에서 그림이란 글이 아닌 것, 즉, 그림 및 사진, 도표 등을 포함하는 의미로 사용한다.

종래의 연구에서 삽화가 문자언어에 비해 내용을 시각적으로 명료하게 전달하여 학습내용의 이해를 돕고 흥미를 유발한다고 평가해 왔다. 박종희(2012)에서는 '그림에 대한 기억은 시간이 지나더라도 언어적인 기억만큼 빨리 사라지지 않는다'[91]는 Erdelyi & Becker(1974)의 말을 인용하고 있는데, 이역시 삽화의 순기능을 평가한 것이라 할 수 있다. 『日本大百科全書』(1989)의 '삽화'에 대한 다음 정의를 보면 삽화의 기능과 역할에 대해 재해석하고 있음을 알 수 있다.

---

89) 『한국민족문화 대백과사전』(1991).
90) 『大辭林』(1998).
91) Erdelyi & Becker(1974), 박종희(2012) 재인용.

기술내용에 대한 관심 및 이해를 높이기 위해 신문, 잡지, 서적 등의 문 중에 삽입하는 그림. 일러스트와 거의 같은 의미이지만, 일반적으로는 문장 과 직접적으로 관련이 있고, 게다가 회화적 성격이 강한 것을 나타낸다. 사 진도판, 컷92), 권두화(卷頭畵)93)와는 구별된다. (필자역)

교과서의 삽화란 적어도 위와 같이 '문장과 직접적으로 관련이 있어야 한다'는 정의 위에서 출발해야 한다고 보지만, 실제 이를 명확히 구별하기 어렵다. 본고에서는 삽화를 글이 아닌, 그림, 사진 및 도표라는 넓은 의미로 다룬다.

그러나 삽화의 기능에 대해 종래의 정의대로 글의 이해를 돕는 것이 아닌 독자적 텍스트로서의 기능을 인정하는 연구가 속속 나오고 있다.

P.C.Duchastel(1983)94)에서 제시한 교과서 삽화의 세 가지 기능을 보면, 삽화가 학습동기를 유발하고 내용 이해에 도움을 주는 기능 외에도 글과는 다른 삽화의 텍스트로서의 기능(retentional role)을 제시하고 있다.

1) attentive role : 학생의 주의를 끌고 학습동기를 유발하여 교과내용을 흥미롭게 하는 기능
2) explicative role : 언어로 명확히 표현하기 어려운 교과내용을 삽화로 직 접적으로 전달하여 이해를 돕는 기능
3) retentional role : 심상·그림에 대한 기억이 언어기억보다 낫다는 이론 에 근거를 둔 삽화의 텍스트로서의 기능

김병수(2015), 박준용(2014), 히라오카(平岡, 2006) 등, 최근의 연구에서도 삽 화를 보조적인 것이 아닌, 복합 언어매체로서의 기능을 인정해야 한다는 것 을 강조하고 있다. 즉, 종래 삽화를 글의 내용을 구체적으로 정교화하는 문

---

92) 인쇄물에 들어가는 작은 그림.
93) 서적·잡지 등의 권두(卷頭)에 넣는 그림이나 사진.
94) 최성희(1988 : 11)에서 재인용하여 편집함.

장 독해의 보조적인 역할을 한다고 보았다면, 이제는 글과 다른 또 하나의 텍스트로서의 삽화의 역할을 인정하고 텍스트와 삽화의 기능에 대한 검증이 이루어져야 할 시기라는 것이다.

이중 김병수(2015)는 교과서 삽화에 대한 기존의 연구가 삽화의 '형식적인 구성'을 중심으로 진행되었다면 이제는 '삽화의 기능'과 관련하여 삽화의 내용 전개 방식에 관한 연구가 이루어져야 한다고 지적하고 있다. 중학교 국어 교과서의 삽화를 연구한 박준용(2014)에서는 삽화가 대체로 글과 '대응 관계'를 이루고 글의 내용을 '정교화'하는 기능을 하는데 그치고 있다고 지적하고 있다. 즉, 삽화를 기존의 의존적, 부가적 관점에서 벗어나 '의미 구성의 한 요소'라는 새로운 관점에서 바라보아야 한다는 것이다.

본장에서는 저·중·고학년의 변화에 주목하면서, 삽화의 '분량(양적) 연구' 및 '형식'은 물론 '내용(질적) 연구'를 통해, 양국의 국어 교과서의 특징을 연구함과 동시에, 양국의 사회·문화적 가치관의 차이를 밝히는 것을 목적으로 한다. 여기서, '분량 분석'이란 전체 교과서에서 삽화가 사용된 페이지의 비율과 페이지당 삽화가 차지하는 비율을 대조하는 것을 가리킨다. 또한, '형식'이란 삽화의 표현기법이나 배치 등을 말한다. 마지막으로, '내용 분석'이란 교과서의 내용과의 관련 하에서 삽화에 나타난 등장인물, 성차, 가족, 다문화, 전통 등을 통하여 다양한 가치덕목 및 표상을 분석하는 것을 말한다.

5.2 선행연구 분석

삽화와 관련된 선행연구를 '삽화의 의의 및 기능'에 대한 연구, 한국과 일본의 국어 교과서의 '삽화의 인식', '삽화의 분량 및 형식', 마지막으로 '삽화의 질적 연구'로 나누어 살펴본다.

'삽화의 의의 및 기능'에 대하여는 히라오카(平岡, 2006), 박종희(2012)에 유의미한 연구 결과가 있다. 삽화가 아동의 감정과 정서에 미치는 영향을 연구한 히라오카(平岡, 2006)에서 미쓰무라도서(光村図書)와 도쿄서적(東京書籍)의 초등학교 교과서에서 공통적으로 사용하고 있는 'ごんぎつね(너구리)'라는 텍스트가 출판사별로 삽화가(揷家)가 다르며, 상반된 표현기법을 사용하고 있는 점에 착안하여 학생들이 느끼는 감정의 차이를 연구하였다.

그 결과, 동일 작품인데도 불구하고 삽화에 나타난 시점, 등장인물의 표정, 색채, 추상성의 차이에 의해 학생들이 한쪽은 '서정적인 이야기'라 느끼고 다른 한쪽은 '잔혹하고 비극적인 이야기'라 느낀다는 것이다. 이는 삽화를 통해 작품의 해석이 달라질 수 있다는 것을 보여주고 있다. 더불어, 여학생은 전자를 선호하는데 반해, 남학생은 후자를 선호하는, 이른바 성차(性差)가 나타났다는 점을 보고하고 있다.

나카가와 외(中川他, 2007)에서도 삽화가 아동의 언어 이미지를 풍부하게 하고, 정확한 내용이해에 도움이 된다는 것을 밝힌 바 있다. 시마다 외(島田他, 2008)에서는 삽화는 성인(成人)에게도 동기를 유발하고 치밀화(緻密化)를 촉진하여 문장 이해에 유의미하다고 보고하고 있다. 초등학교 교과서의 삽화의 역할과 의의에 대하여는 더 이상 설명이 필요하지 않을 것이다.

박종희(2012)는 삽화의 효과를 검증하기 위해 편집 및 기획을 달리한 2종의 교과서를 사용하여 각각 수업을 한 결과, 교과서의 삽화 및 편집디자인이 학업 몰입도 및 성취도에 유의미하게 작용하며, 국어교과에 대한 자아개념이나 자신감, 긍정적인 태도, 성취동기를 높이는데 크게 영향을 미친다는 것을 밝혔다.

'삽화에 대한 인식'에 있어 한국과 일본 간의 차이에 대해 살펴보자. 이원희(2009)는 한국 교과서의 삽화의 문제는 교과서 개발 일정이 촉박하고 교과서 전문 일러스트의 부족에서 비롯된다고 지적한 바 있다. 한국 교과서 삽화를 비하할 의도는 없으나, 전반적으로 삽화에 대한 사회적 인식 부족 및 삽화에 대한 평가절하가 고질적인 요인이라 할 수 있다. 하나의 예로, 작품에서 삽화가를 명시하는지 여부는 삽화가에 대한 예우 및 책임 소재와 연결된다고 할 수 있다. 한국의 교과서의 경우, 삽화가를 명시한 작품은 저학년 교과서의 시(詩)의 일부였다. 반면, 일본은 텍스트별로 담당 삽화가를 명기하고 있다.

이원희(2009)에서는 일본은 교과서 삽화가의 30~50%가 교사라는 점을 밝히고 있는데 이 또한 삽화와 관련된 인프라의 차이를 느끼게 한다. 다만, 이제까지 한국 교과서에서 삽화가 제대로 평가받지 못한 데에는 평가절하도 문제이지만, '집필자를 섭외하고 검토하는 기간을 제외하면 실제 집필 기간이 1년이 채 안 된다'[95]는 물리적 요인도 한몫해 왔다. 한 예로, 2008년 개정 교과서의 표지 삽화에서 성차가 나타났고, 또한 삽화에 등장한 아동의 눈이 사시(斜視)를 연상시킨다는 점에서 문제가 된 바 있는데, 당시 해당 출판사는 그 원인을 '짧은 제작기간과 삽화가와 의사소통 불일치'라고 해명한 바 있다.

권오윤(2006)에서도 교과서 개발에 참석한 경험을 통하여 한국의 교과서는 일반 서적 등에 비해 디자인에 대한 인식이 매우 낮고 보수적이어서 제약이 많고, 디자인 전문가 및 아트디렉터의 활용이 배제된 실정이었다고 보고하고 있다. 또한, 최근 '2007 개정교육과정' 교과서의 개발과정을 통해 삽화를 연구한 김병수(2015)에서도 교과서에서 삽화를 독해의 보조물로서 기능하는 경우가 대다수이며, 그 원인이 촉박한 교과서 개발 일정과 교과서 내용 집필자와 출판 디자이너의 삽화 기능에 대한 인식 부족에 있다는 점을 지적하고 있다.

일본은 수차례 개정을 거치면서도 지속적으로 사용되는 텍스트가 많은 만큼 삽화의 질 유지가 안정적이라 할 수 있다.[96] 교과서 개정 때마다 일

---

95) 조선일보 2013년 9월 23일, 2014년 2월 13일자 참조..
96) 수차례 개정을 거치면서도 동일 텍스트가 사용되는 예가 많은데, 이전 교과서와 2011년

부를 교체하는 일본과 달리, 한국은 개정 때마다 텍스트가 전면적으로 바뀌는 체제라는 것도 질 높은 삽화를 기대하기 어렵게 만드는 요인 중의 하나이다.

다음은 '삽화의 분량 및 형식'과 관련된 연구에 대해 살펴보자.

이원희(2009)는 한국 교과서는 삽화가 부족하며, 이는 교과서 분량을 '140페이지±10'과 같이 규정하는데 있다고 지적한 바 있다. 문학작품은 원문 전체를 싣지 못하거나 원전(原典)의 삽화를 상당부분 제외하게 된다는 것이다. 그러나 결론적으로 본서의 연구결과에 의하면 적어도 일본과 비교해 보면 양적인 문제 보다는 질적인 문제가 더욱 시급한 해결과제라 할 수 있다.

삽화의 크기 및 배치에 대한 비판도 많은데, 김성연(2002 : 48-52)에서는 한국 교과서의 삽화가 함축성 및 상상력, 그리고 창의력 배양이 필요하며 삽화의 배치 등에 있어서도 획일화되어 있다는 점을 지적하고 있다. 또한, 미술전공자의 입장에서 초등학교 저학년 국어 교과서 삽화의 재료 및 표현기법에 대해 분석하였는데 97%에 이르는 대부분의 삽화가 수채화물감을 사용한 밋밋한 삽화였다고 지적하고 있다. 본고에서도 이에 준해 분석하여 최근의 교과서의 삽화에는 변화가 있는지 일본 국어 교과서는 어떠한지 5.3.2에서 자세히 분석하고자 한다. 한·일 교과서 삽화를 대조한 최수진(1997 : 49-50)에서도 한국의 국어 교과서가 삽화 비율은 일본보다 높으나 크기와 배치가 단조롭고, 직사각형의 고정 프레임을 주로 사용하는 등 편집 구성의 의지가 안이하다는 점을 지적하고 있다. 하신자(2004 : 139)에서는 교사들이 삽화의 양이나 크기, 배치에 대해서는 긍정적으로 평가하고 있지만, 57%에 이르는 교사가 교과서 삽화의 의도를 명확히 파악하지 못하고 있다고 대답하고 있고, 삽화의 활용방법을 모른다고 답한 교사도 많다고 보고하고 있다. 본고의 연구 대상인 '2007 개정 교과서'도 일본에 비해 삽화의 양은 오

에 행된 본서의 연구대상 국어 교과서의 삽화를 비교해 보면 삽화의 크기 및 배치를 조정하거나 일부 삽화를 추가하거나 삭제하고 있다.

히려 많은 것으로 나타났으나 형식에 있어서는 여러 가지 문제점이 나타났다. 뒤의 5.3장에서 자세히 다루기로 한다.

마지막으로 교과서 '삽화의 질적 연구'를 살펴보자.

일반적으로 교과서에 나타난 사회·문화적 가치관 연구는 주로 텍스트 및 문학작품 분석, 어휘, 등을 통해 이루어져 왔다. 삽화 연구는 주로 삽화의 기능, 표현 및 양에 주목했고 일부 성차(性差) 및 차별에 대한 연구가 있다. 일본은 종래 삽화의 소재(인물인가 동물인가 등)나 성차와 관련된 논의가 격렬했고(日本敎師會 1980 등), 오랜 기간 변화를 거듭해 왔다. 본고의 연구대상인 2007 개정 교과서(2009년~2011년 시차 발행)의 개발단계에서 저학년 교과서를 검토, 연구한 이원희(2009 : 193)에서는 국어 교과서에서 수정이 필요한 부분은 14%정도로, 그 대부분이 직업별 성(性) 고정관념, 부모의 역할, 남녀의 성차에서 나타난 '적절치 못한 삽화'라고 지적한 바 있다. 그리고 14%라는 높은 수치가 나온 가장 큰 원인은 교과서 개발 일정이 촉박하고 교과서 전문 일러스트가 부족하다는 점에 있다고 설명하고 있다. 이원희(2009)는 2010년의 2쇄본 교과서 수정을 위한 기초자료로 이루어진 정책연구이나 시간적으로 보아 이중 얼마나 반영되었는지에 대하여는 회의적(懷疑的)이다.

한·일 교과서 삽화를 분석한 최수진(1997 : 49-50)에서는 한국 교과서 삽화가 삽화의 표현양식이 단순히 내용을 설명한다는 사실적인 것에 치우쳐 있고 학습내용의 핵심에서 벗어난 삽화가 많다고 지적한 바 있다. 이에 관해서는 5.3에서 자세히 분석한다.

'2009 개정 교육과정'부터 삽화는 물론, 표지, 편집디자인, 외형 체계 및 편집이 한층 자유로워진 만큼 앞으로 삽화에 대한 인식을 개선하고 근본적인 시스템의 전환이 필요한 때라 생각된다. 그러한 점에서 교과서 삽화 연구는 뒤늦은 감이 있지만 활발히 논의되어야 할 것이다.

5.3 삽화의 분량 및 형식 대조

5.3.1 삽화의 분량 분석

본장에서는 삽화의 양(量)을 비교하는 이른바 '분량 분석'에 초점을 맞추어 분석한다. 분량분석의 방법에는 조영복(2007 : 14-18)과 같이 페이지당 종이 전체 크기에 대한 삽화의 넓이를 계산하는 방법을 취하는 경우가 있으나 본고는 분석대상 교과서의 양이 방대하다는 점과 전체적인 경향을 파악하려는 취지하에 다음과 같이 4종류로 나누어 분석한다.

먼저 페이지 별로 '삽화를 사용한 경우'와 '사용하지 않은 경우'로 양분한다. 삽화를 사용한 경우는 <그림 9.>와 같이 페이지의 95% 이상에 해당하는 부분을 삽화에 할애한 경우, <그림 10>과 같이 50% 이상인 경우, <그림 11>과 같이 50% 이하인 경우로 나누어 대조한다.97)

<그림 9> 일본(3-1)   <그림 10> 일본(3-2)   <그림 11> 일본(3-1)

<표 55>는 위 기준에 의거, 저·중·고 학년 군별로 전체 페이지에서

---

97) 삽화의 양은 <그림 10>과 같이 4등분하여 표시한 투명비닐을 사용하여 측정하였다. 빈 여백도 삽화의 일부로 보아 <그림 10>은 50% 이상으로 처리하였다.

차지하는 페이지당 삽화의 비율을 제시한 것이다. 그리고 <그림 12>는 이를 그래프로 나타낸 것이다.

<표 55> 한·일 학년 군별 전체 페이지에서 차지하는 페이지 당 삽화의 비율

	한국					일본				
	삽화 있음			삽화 없음	계	삽화 있음			삽화 없음	계
	95% 이상	50% 이상	50% 이하			95% 이상	50% 이상	50% 이하		
저학년	3.6*	43.9	42.7	9.9	100	9.4	27.5	40.0	23.1	100
중학년	1.9	19.5	50.9	27.5	100	4.7	13.7	43.8	37.9	100
고학년	3.6	27.7	42.7	26.1	100	2.8	12.9	38.4	46.0	100
평균	3.0	30.4	45.4	21.2	100	5.6	18.0	40.7	35.7	100

*3.6이란 95% 이상의 삽화에 할애한 페이지가 전체 페이지의 3.6%라는 의미임

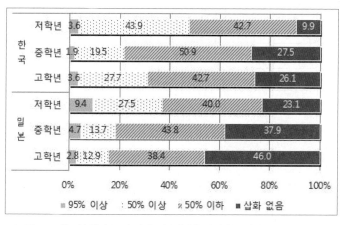

<그림 12> 한·일 학년 군별 전체 페이지에서 차지하는 페이지당 삽화의 비율

이원희(2009) 등, 종래의 연구에서 한국 교과서의 삽화 부족을 지적해 왔다. 교과서 분량을 한정하여 원문 전체를 싣기가 어렵다는 점을 지적한 연구가 많은데, 일본과 비교해 본 바에 의하면, 삽화를 사용한 페이지의 비율

은 상당히 높았다.

먼저, 삽화가 전혀 사용되지 않은 페이지 비율은 평균적으로 한국 21.2%, 일본 35.7%로 나타났다. 전 학년에 걸쳐 한국이 삽화를 사용한 페이지 비율이 높다는 것이다. 그러나 페이지당 95% 이상을 삽화에 할애한 페이지의 비율은 한국이 3.0%인데 비해 일본은 5.6%로, 일본이 높음을 알 수 있다.

<표 55>에서 학년별 삽화의 변화를 살펴보면, 일본은 학년이 높아질수록 삽화를 사용한 페이지의 비율이 낮아졌음을 알 수 있다. 더불어 95% 이상을 삽화에 할애한 페이지 비율 역시 줄어드는 등, 학년과 비례하여 일관성을 보이는데 반해 한국은 뚜렷한 경향이 나타나지 않았다.

특히, 한국 교과서는 3학년 이상에서 삽화의 사용과 학년과의 상관성은 거의 없다고 볼 수 있다. 한국은 학년마다 집필진이 다르고, 부족한 집필기간 내에 교과서 전체를 재작성하게 되는데, 바로 이 점이 학년간 삽화의 비율을 조정하기 힘든 원인의 하나가 될 수 있다고 본다. 텍스트의 내용 및 교과서 정책과 관계가 있겠지만, 이제는 삽화의 빈도보다는 삽화의 의의 및 기능, 그리고 내용에 주의를 기울여야 할 필요가 있겠다.

5.3.2 삽화의 표현 재료

삽화의 표현 기법과 텍스트의 의도에 맞는 효율적인 표현 재료를 고려하는 것 또한 중요하다고 할 수 있다. 표현 기법에 대하여는 뒤의 5.3.3에서 다룬다.

앞서 거론한 바와 같이, 최수진(1997), 김성연(2002) 등, 많은 연구에서 한국 교과서 삽화의 표현 방식이 단조롭다는 지적이 있었다. 양국의 교과서를 다룬 최수진(1997)에서는 펜이나 단색의 색연필로 윤곽을 강조하고 수채화

물감으로 채색한 기법이 전체 삽화의 60%를 넘는데 비해, 일본은 이러한 유형이 15%에 불과하고 그래픽, 아크릴화, 유화 등 다양하다고 지적하고 있다. 김성연(2002 : 22)에서는 한국의 저학년 읽기교과서는 거의 대부분인 96.7%가 수채화 물감을 사용하였으며, 나머지는 펜화 2.5%, 색연필 0.6%였다고 보고하고 있다. 이는 앞의 5.1에서 소개한 『日本大百科事典』(1989)의 삽화의 정의대로, 회화적 성격이 강한 것으로 한정한다면 '컷'에 가까운 삽화가 많다고 할 수 있다.

먼저, 저・중・고학년 교과서를 대상으로 표본조사를 실시하였다. 삽화를 그림(그림13~16), 사진(그림17), 입체물(찰흙이나 종이접기 등)(그림18)로 나누고, '그림'은 다시 색연필 등으로 윤곽을 그리고 수채화 물감으로 연하게 색을 입히는 이른바 '컷'(그림13)과 '회화성이 강조된 투명 또는 불투명 수채화'(그림14) '아크릴 및 유화'(그림15), '펜화'(그림16)로 분류하였다.[98] 같은 페이지에 사진을 포함하여 두 가지 이상 사용된 경우는 '복합'으로 처리한다.

<그림 13> 컷(한국1-1)

<그림 14> 수채화(일본3-1)

<그림 15>
아크릴화(일본3-1)

---

98) 이러한 삽화는 5.1의 『日本大百科全書』의 정의에서 사용한 '컷'이라는 용어를 사용한다.

<그림 16> 펜화(일본4–1)   <그림 17> 사진(일본5)   <그림 18> 입체물(한국1–2)

<표 56>은 이상의 기준에 의거하여 분류한 것이다. <표 56>에서 알 수 있듯이 한국 교과서는 위의 <그림 13>이나 아래의 <그림 19>~<그림 21.>과 같이 연필, 또는 색연필로 선을 그린 후, 흐리게 채색한 만화풍의 컷이 전체의 83.9%를 차지하고 있어, 59.4%인 일본에 비해 매우 높은 편이다. 전체적으로 온화한 느낌의 구체적인 묘사가 특징으로, 텍스트와 학습활동에 쓰인 삽화 간에 큰 차이가 없다.

<표 56> 한·일 국어 교과서 삽화의 표현기법 비율

		그림				입체물	사진	복합
		컷	(불)투명 수채화	아크릴 ·유화	펜화			
1-1학기	한국	88.6	0	5.7	0	2.9	1.9	1.0
	일본	76.8	0	9.5	0	0	13.7	0
3-1학기	한국	90.8	0	0.8	0	0	6.7	1.7
	일본	46.4	15.9	14.5	5.8	0	14.5	2.9
5학년	한국	72.4	4.9	1.4	0	0.4	18.4	2.5
	일본	55.0	0	0.6	0	3.7	33.0	2.8
평균	한국	83.9	1.6	2.6	0	1.1	9.0	1.7
	일본	59.4	5.3	8.2	1.9	1.2	20.4	1.9

<그림 19> 한국(2-2)   <그림 20> 한국(5-1)   <그림 21> 한국(1-1)

한국교과서를 보면 상대적으로 저학년은 '컷' 외에, 아크릴화 및 펜화, 불투명 수채화 등 다양한 재료를 사용한 삽화가 거의 없지만, 6학년 교과서 에서는 <그림 22>~<그림 24>와 같은 다양한 표현재료가 사용되어 저·중학년과는 대조를 이루고 있다.

전체적으로 학년간의 배분이나 일관성이 없고 교과서 간의 차이가 크다 는 것이 한국 교과서의 해결해야 할 문제이기도 하다.

<그림 22> 한국(6-2)   <그림 23> 한국(6-2)   <그림 24> 한국(6-2)

앞의 <표 56>과 같이 일본 교과서는 아크릴화, 펜화, 사진 등이 상대적 으로 다양하게 사용되었고, 학년간의 배분도 일관성 있게 나타나고 있다.

수채화물감을 사용한 경우에도 앞의 <그림 14>와 같이, 밑그림 없이 붓을 사용하여 과감하게 그리거나 <그림 25>나 <그림 26>과 같이 아크릴을 사용한 강렬한 색채를 사용하는 등 텍스트 별로 특징이 명확하다. 또한, <그림 27>과 같이 펜화를 사용하거나 <그림 28>과 같이 물감을 찍어서 그리는 등, 다양한 시도를 하고 있다.

<그림 25> 일본(3-2)

<그림 26> 일본(4-2)

<그림 27> 일본(4-1)

<그림 28> 일본(2-1)

사진에 있어서는 양국 모두 고학년으로 올라가면서 비율이 늘어나는 특징을 보였다. 참고로, 일본은 고학년에서 그 차이가 크다.

한국의 교과서가 상대적으로 단조롭고 빠른 시간 내에 제작하기 쉬운 '컷'

을 사용하는 경향이 있고 교과서 간의 일관성이 부족한 것은 앞서 지적한 대로 짧은 제작시기와 전문적인 인력이 부족하다는 점과 맥락을 같이한다. 또한 학년별 교과서 집필자가 다르고 삽화가 역시 학년별로 다르다는 것도 영향이 있다고 볼 수 있다. 일본은 전 학년에 걸쳐 집필자가 동일하고 텍스트마다 삽화가가 다르다는 것도 크게 작용할 것으로 본다. 삽화가가 명시되어 있다는 것도 책임감과 개성을 드러나게 하는 요인이 될 수 있다. 앞으로 좀 더 삽화에 대한 인식을 높이고 삽화 및 삽화가에 대한 의미를 재고해야 할 시기라 본다.

5.3.3 삽화의 표현 기법

김성연(2002 : 20-22)에서는 삽화의 표현기법을 사실적, 투사적, 추상적, 초현실적, 환상적, 만화, 사진으로 구분하고 있는데, 한국의 저학년 교과서는 대부분 사실적, 투사적인 표현기법을 사용하고 있고 추상적, 초현실적 표현기법이 없다고 보고하고 있다. 즉, 사실적(57.2%), 환상적(35.8%) 표현기법이 대부분인데, 환상적 기법으로 간주한 것조차 동물이나 식물이 의인화된 경우로, 이 역시 작품의 내용을 구체적으로 표현한 것으로 본다면 사실적 묘사가 대부분이라고 볼 수 있다.

양국의 중학교 국어 교과서의 삽화를 연구한 李美淑(2015)에서는 한국의 삽화가 작품의 내용에 등장하는 인물의 희로애락의 감정을 그대로 묘사하는 구체적이고 사실적인 묘사를 지향하는데 반해, 일본의 삽화는 상상을 유도하는 '추상적'인 묘사를 선호한다고 결론지은 바 있다.[99] 그 근거는 다음과 같다.

---

99) 조사대상은 양국에서 2015년 현재 사용 중인 3종의 중학교 국어 교과서 3년분이다(한국 18권, 일본 9권). 한국 교과서는 노미숙 외(2013, 천재교육), 박영목 외(2013, 천재교육), 김태철 외(2013, 비상교육)를, 일본 교과서는 미쓰무라도서(光村図書, 2012), 도쿄서적(東

양국의 중학교 국어 교과서에 공통으로 싣고 있는 독일 작가 헤르만헤세의 『나비』[100]라는 작품에 등장한 삽화를 예로 들어 설명하고자 한다.

조사 대상으로 한 각 3종의 교과서중 한국은 2종에서 이 작품을 다루고 있다. 2종의 교과서에서 총 21건의 삽화를 사용하였는데, 이중, 85.7%에 해당하는 17건에서 주인공 소년이 등장하고 있다. 17건 모두 <그림 29>와 같이, 얼굴이 정면을 향하고 있고 사실적으로 표정이 드러나도록 묘사하고 있다, 반면, 일본은 3종 모두 해당 작품을 싣고 있는데, 총 11건의 삽화를 사용하였다. 이중, 주인공 소년이 등장한 것은 45.4%에 해당하는 5건에 불과했는데, <그림 30>, <그림 31>과 같이 표정묘사를 피하고 모두 옆모습이나 뒷모습, 혹은 얼굴 아래만을 그린 삽화를 사용하여 표정묘사를 피하고 있다.

<그림 29> 한국(중학교)   <그림 30> 일본(중학교)   <그림 31> 일본(중학교)

또한, <그림 32>, <그림 33>은 작품 내용 중 자신의 잘못에 대해 용서를 구하는 부분인데 이 역시 위와 같은 경향을 보인다. 참고로, 인물을 다루지 않은 한국의 나머지 4건 역시 '나비'를 그린 사실적 묘사였고, 일본의 6건은 인물의 심리상태를 나타내는 추상적 묘사였다.

京書籍, 2012), 교육출판(教育出版, 2012)을 사용하였다.
100) 일본 교과서에서는 『少年の日の思い出』(소년기의 추억)이라는 번역을 사용하고 있음. 한국 교과서에서는 '나비', 혹은 '공작나비' 등으로 번역되고 있다.

<그림 32> 한국(중학교)

<그림 33> 일본(중학교)

한편, 일본은 '현대시'에서는 거의 삽화를 사용하지 않는다는 특징이 있다. 그 이유는 여러 가지 있겠지만, 시가 나타내는 함축적인 이미지에 대해 선입견을 주지 않으려는 의도라 생각된다.

일본은 '소설' 등의 텍스트에서 인물묘사가 많지 않다는 점 외에도 다음과 같이 추상적으로 묘사하는 특징이 있다. <그림 34>는 주인공 소년과 아버지의 갈등과 화해의 과정을 나타내는 삽화인데, '다리'만 보여주고 있다. <그림 35> 역시, 뜻하지 않게 죽게 된 너구리를 보고 아연해하고 있을 등장인물의 '다리'만을 보여주어 긴장감을 더하고 있다.

<그림 34> 일본(6)

<그림 35> 일본(4-2)

한국 교과서에서 등장인물이 뒷모습으로 표현된 삽화는 다음의 두 예에 불과하

다. <그림 36>, <그림 37>의 경우에도 배경은 극히 사실적으로 묘사되어 있다.

<그림 36> 한국(4-2) <그림 37> 한국(1-1)

또한, 일본은 <그림 38>~<그림 41>과 같이, 주인공의 심리상태를 얼굴 표정보다는 추상화의 기법으로 그리고 있다.

<그림 38> 일본(3-1) <그림 39> 일본(4-2)

<그림 40> 일본(6) <그림 41> 일본(6)

<그림 42> 한국(5-2)   <그림 43> 한국(1-2)

초등학교 교과서에서 이는 더욱 명확한 특징으로 나타난다. 한국은 구체적이고 사실적으로 묘사하고 있으며, 특히 인물의 표정으로 희로애락이 그대로 드러나는 특징을 갖는다. <그림 42>, <그림 43>의 삽화를 보면, 한국의 삽화는 글의 내용에 등장하는 소재 모두를 사실적으로 묘사하고 있다.

위의 <그림 42>는 '병아리 싸움'이라는 시(詩)의 제목대로, 병아리가 싸우는 모습이 그려져 있고, 작품에 등장하는 '나무·잠자리' 등이 삽화로 제시되어 있다. 또한, <그림 43> 역시, 시의 제재에 등장한 '신발·강아지·꼬리·우유병·고양이' 등이 작품 속에 등장한 순서대로 그려져 있다. 이는 글의 내용을 시각화하고 친근하게 하는 점에서 효과적이라 할 수 있으나, 모든 학생들이 획일적인 느낌을 받을 것이라는 우려가 없지 않다. 따뜻하고 정서적인 아동을 기대할 수는 있으나 다양한 창의성이나 감성을 이끌어내는 데는 부족하다고 판단된다.

다음 <그림 44>, <그림 45>와 같이, 일본은 인물묘사가 아닌 경우에도 작품에 따라서는 다음과 같이 추상화된 기법을 채용하고 있다. 추상화된 일본의 삽화에서 느끼는 감정은 아동에 따라 다양할 것으로 예측된다.

<그림 44> 일본(3-2)　　　　　　　　　　<그림 45> 일본(6)

　이 같은 추상적 표현은 집필자와 삽화가의 충분한 시간을 통한 교감 없이는 어려울 것이다.

5.4 삽화의 내용 대조

　본장에서는 양국의 국어 교과서의 삽화에 나타난 주인공의 선호 경향 및 삽화에 등장한 인물의 직업에 나타난 성차(性差), 국가 이데올로기, 사회적 가치덕목, 전통 및 타문화(他文化)에 초점을 맞추어 질적으로 분석해 간다. 먼저 삽화의 기능에 대하여 분석한다.

5.4.1 삽화의 회화성

앞에서 일본 교과서는 한국 교과서에 비해 95% 이상을 삽화에 할애한 페이지의 비율이 높다고 언급한 바 있다. 삽화와 관련하여 또 하나의 특징은 <그림 46>과 같이, 교과서를 펼쳤을 때 보이는 좌우 2페이지 전체를 대상으로 하는지의 여부라 할 수 있다.

앞의 '5.3.1 페이지당 삽화 비율'
과는 달리, 삽화를 2페이지에 걸쳐
연결하여 제시한 경우, 지면을 넓
게 사용하여 보다 효과적으로 표현
할 수 있게 된다. 또한 글과의 대응
관계에서 어느 정도 벗어나 삽화의
독립성이 인정된다고 평가할 수 있

<그림 46> 일본(2-1)

다. 참고로, 즉 <그림 46>은 오른쪽 페이지는 50% 이상, 왼쪽 페이지는
25% 이하를 삽화에 할애한 경우이다.

먼저 한국과 일본 교과서에서 이러한 삽화가 사용된 횟수를 제시하고 본
고의 조사대상인 전체 읽기 교재의 페이지에서 차지하는 비율[101]을 산정한
것이 <표 57>이다.

<표 57> 한·일 국어 교과서의 2페이지로 연결한 삽화 수 및 비율

(숫자는 도수, ( )안은 비율)

	저학년	중학년	고학년	계
한국	43회*(16.9%)	29회(8.8%)	57회(14.5%)	129회(13.4%)
일본	55회(26.8%)	35회(16.3%)	18회(8.2%)	108회(17.1%)

*43회란 2페이지에 걸친 삽화의 횟수로 86페이지에 해당함

<표 57>에 의하면 2페이지에 걸친 삽화의 비율이 한국은 전체 페이지의
13.4%이고 일본은 17.1%이다. 일본이 삽화를 사용한 페이지가 적다는 것을
고려한다면 삽화를 사용한 페이지에서 차지하는 비율은 더욱 높아질 것이
다. 즉, 한국도 <그림 47>와 같이 삽화를 이어서 나타낸 경우가 있으나 양
적으로 일본에 비해 적다.

---

101) 2.1에서 제시하고 있음.

<그림 47> 한국(2-1)

한국은 <그림 48>, <그림 49>와 같이 각 페이지를 독립적으로 보아 각 페이지의 내용을 분할적으로 표현하는 경향이 있다. <그림 48>은 페이지별, <그림 49>는 페이지는 물론 단락별로 글과 대응관계를 이루고 있다.

<그림 48> 한국(2-2)

<그림 49> 한국(2-1)

상대적으로, 일본은 <그림 50>, <그림 51>과 같이 공간을 자유롭게 사용한 삽화의 비율이 높다. 주제나 제재에 초점이 맞추어져 클로즈업되어 있다. 즉, 삽화가 텍스트와 대등하게 다루어지고 있다고 판단된다.

<그림 50> 일본(1-2)

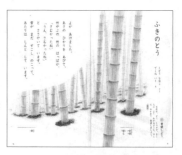

<그림 51> 일본(2-1)

<그림 52> 한국(1-1)

<그림 53> 한국(2-1)

한국은 2페이지에 걸쳐 공간을 자유롭게 사용한 경우에 있어서도, <그림 52>, <그림 53>과 같이, 삽화가 본문의 내용을 가능한 한 구체적으로 제시하고 텍스트의 내용과 관련하여 분위기를 표현하는 경향이 짙다. 결과적으로 텍스트의 내용을 구체화하거나 학습효과를 겨냥한 삽화가 많다.

<그림 54>, <그림 55>와 같이 '학습활동'에서 사용한 삽화에는 학습효과를 노린 장식성 삽화가 사용된 경우가 많은데, 대부분 단원의 끝에 등장하여, 배운 내용을 정리하기 위해 사용되었다. 내용과의 관련은 거의 없는 것으로 나타났다. 일본은 학습활동에서 삽화를 사용하는 비율이 상대적으

<그림 54> 한국(6-1)

<그림 55> 한국(3-1)

<그림 56> 일본

로 낮으며, <그림 56>과 같이 텍스트의 내용을 토의하는 과정에서 말하는 이를 가리키는 인물 컷이 사용된 예가 있다.

5.4.2 삽화의 주인공 및 내용과의 관련

삽화의 주인공102)은 그 사회의 문화 및 가치관을 살펴보는 자료가 될 수 있다. <표 58>은 페이지별로 삽화의 중심을 이루고 있는 것이 무엇인지에 따라, '인물', '동물', '인물과 동물', '자연물(식물 등)', '설명자료(표·그래프·도 등)'로 나누고 마지막으로 텍스트의 내용과 무관한 '장식 효과'를 나타낸 경우를 별도로 하여 표로 정리한 것이다. <그림 57>은 이를 그래프로 나타낸 것이다.

<표 58> 한일 국어 교과서의 학년 군별 페이지당 삽화의 주인공 비율(%)

		인물	동물	인물과 동물	자연물	설명자료	장식효과	계
저학년	한국	46.7	12.6	16.6	6.1	10.0	8.0	100
	일본	30.6	29.7	18.2	8.5	13.0	0	100
중학년	한국	61.3	6.9	11.9	3.2	11.1	5.8	100
	일본	49.8	10.6	9.6	10.3	19.7	0	100
고학년	한국	56.4	9.9	9.0	4.9	16.1	3.7	100
	일본	42.5	8.4	3.4	15.4	29.1	1.3	100
평균	한국	54.8	9.8	12.5	4.7	12.4	5.8	100
	일본	41.0	16.2	10.4	11.4	20.6	0.4	100

---

102) 삽화의 주인공이란 삽화에서 가장 중심이 되는 인물, 혹은 동·식물, 자료 등을 말한다. 복수인 경우는 가장 중심이 되는 것을 선정한다.

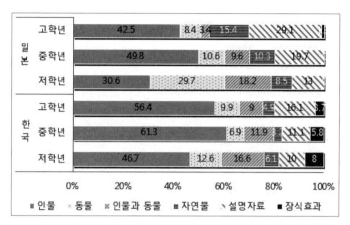

<그림 57> 학년 군별 페이지당 삽화의 주인공의 비율

양국 간에 삽화의 중심인물의 선호도가 크게 다른 것을 알 수 있는데, 이는 텍스트와 밀접한 관련이 있을 것으로 예상되며, 텍스트와는 별도로 가치관 및 사회상의 특징으로 이어질 것으로 보인다.

종래 한국의 국어 교과서 삽화는 보조적 기능의 삽화가 대부분이고(하신자2004 : 160), 학습내용과 관련성이 희박한 경우가 많다는 지적을 받았는데(최수진1997), 이와 통하는 바가 있다. 특히, 앞의 5.3.1의 <표 55>에서 한국의 고학년 교과서에서도 여전히 삽화를 사용하지 않는 비율이 줄지 않은 이유와도 관련이 있다.

다음 <그림 58>, <그림 59>는 저·중·고 학년 군별로 변화를 살펴보기 위해 이를 그래프로 나타낸 것이다.

먼저, 한국은 전 학년에 걸쳐 '인물' 및 '인물과 동물'의 비율이 높은 반면, 일본은 '동물' '자연물' '설명자료'의 비율이 압도적으로 높았다. 이중 동물은 저학년에서 비율이 두드러지게 높았다. 실제, 일본은 오래 전부터 교과서 텍스트의 주인공으로 동물이 많이 등장한다는 비판을 받아왔는데(谷川他1997 : 3-8, 国語教師会1981), 이러한 경향은 저학년에서 여전

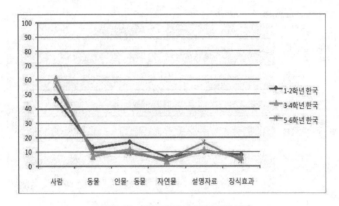

<그림 58> 한국의 삽화 주인공의 비율

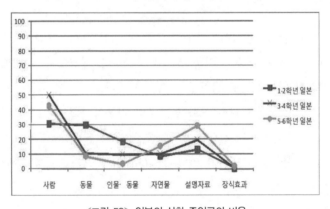

<그림 59> 일본의 삽화 주인공의 비율

한 것으로 나타났다.

한편, 앞서 밝힌 바와 같이 한국은 텍스트 내용과는 관련이 없는, 학습효과를 겨냥한 '장식성 삽화'가 사용되는 특징을 보였다. 본고에서는 삽화가 '학습내용'과 관련이 있는지 여부를 엄밀하게 다루지 않았지만, 한국의 국어 교과서에서 5.4.1에서 제시한 <그림 54>, <그림 55>와 같은 학습내용과 관련이 없는 장식성 삽화가 5.8%를 차지하고 있다는 것은 '삽화'의 본연의 의의와 목적에 대한 양국의 기준·평가가 다르다고 볼 수 있다. 즉, 일본이 학년이 올라갈수록 동물삽화의 비율이 줄고 있는데 이는 발달과정에 따른 자연스러운 변화라 평가되며, 학년이 올라갈수록 급격하게 인물, 설명자료 등이 높아지는 경향을 보이고 있는데, 이는 발달단계를 고려할 때 자연스러운 현상이라 판단된다.

　일본이 동물 비율이 저학년에서 높은데 비해, 한국은 학년을 고려한 차이가 없다. <그림 60>~<그림 63>과 같이 전 학년에 걸쳐 동물이 등장한 삽화가 많은데, 주제도 유사할뿐더러 삽화가 학년 레벨에 맞는 수준인지 의문이 든다. 이는 전래소설을 많이 사용한 텍스트 선정상의 문제이기도 하나 유사한 내용의 삽화가 사용된 것도 알 수 있다. 또한 전래소설에 등장하는 동물 중 '호랑이'와 '소'의 삽화가 많은데, 이에 대하여는 5.4.3에서 자세히 다루기로 한다.

<그림 60> 한국(3-1) 호랑이와 나그네

<그림 61> 한국(3-1) 토끼와 자라

<그림 62> 한국(3-1) 재미네 골

<그림 63> 한국(5-1) 별주부전

한국은 <그림 64>, <그림 65>와 같이, 전 학년에 걸쳐 인물이 등장하는 삽화가 많은 것은 저학년에서는 가족 및 학교생활과 관련된 삽화가 많은 것, 5~6학년으로 갈수록 특정인물(위인)을 다룬 텍스트가 많은 것과 관련이 있다. 이에 대하여는 Ⅵ장의 텍스트 연구를 참조 바란다.

<그림 64> 한국(1-1)

<그림 65> 한국(1-1)

자연물의 경우, 한국은 고학년으로 올라가면서 줄고 일본은 늘어나는 경향을 보였는데, 일본은 식물의 관찰에 관한 내용이 늘어난 데에 기인한다. '설명자료'에서는 양국 모두 증가했는데, 일본 쪽이 증가 폭이 컸다.

<그림 66> 일본(4-2)

<그림 67> 일본(6)

5.4.3 삽화에 나타난 동물 및 식물의 선호도

한국과 일본의 교과서 삽화에 등장한 동물이나 식물에는 어떠한 것이 있으며 어떠한 공통점이 있는지 선호도를 살펴보기로 한다.

먼저, 삽화에 등장하는 동물(조류, 곤충 포함)을 조사하기 위해 저학년 교과서를 예로 설명하고자 한다. 단, 한 페이지에 동일 동물이 여러 마리가 등장한 경우라도 1회로 계산하였다.

특히, 저학년 교과서는 한국과 일본 모두 55종의 동물이 등장하는데, 이중 약 35종이 공통적이었다. 등장 회수로 보면, 한국은 소 18회, 개 16회, 토끼 13회, 호랑이 12회, 고양이 11회 순이었고 일본은 개 27회, 고양이 13회, 말 12회, 개구리 11회, 돼지 10회로 나타났다. 한국에서 '소'와 '호랑이'가 많이 나타난 것을 제외하면 거의 유사하다고 볼 수 있다.

다음과 같이 한국의 전래소설에서 호랑이와 소는 자주 등장한다. 단, 전(全)학기를 통틀어볼 때 지나친 양이라 판단된다. 한국 교과서에는 위와 같은 삽화가 빈번히 등장한다. 호랑이는 5개 학기, 소는 6개 학기에 걸쳐 각각 23회 등장했다.

한편, 일본은 호랑이 3회, 소 4회에 그쳤다. 반면, '너구리'는 일본이 4개

<그림 68> 한국(1-1)

<그림 69> 한국(2-1)

<그림 70> 한국(3-1)

학기에 걸쳐 21회 등장하고 있는데 한국은 찾아보기 어렵다. 그밖에 한국은 앞서 지적한 '소', '호랑이' 외에 '코끼리, 노루, 다람쥐'가 등장했고, 일본은 '말, 개구리, 너구리, 고래, 무당벌레, 오징어'가 등장하여 동물에 대한 선호도·친숙도에 차이가 있었다.

한국과 일본의 저학년 교과서에서 거의 매학기 등장한 동물은 '개, 토끼, 원숭이, 곰'이었다. 한국에서만 등장한 동물은 '고슴도치, 문어, 코뿔소, 타조, 거미, 지렁이, 쇠똥구리, 방아깨비' 등이고, 일본에서만 등장한 동물은 '양, 악어, 펭귄, 멧돼지, 매미' 등이었다. 이를 통하여, 동물과 관련하여 친숙도에 있어 차이가 있음을 알 수 있었다. 이 점 역시 사회·문화적 차이라 할 수 있으며 교재 개발을 위한 기초어휘 산정 등에 반영될 필요가 있다.

한편, 식물은 한국 29종, 일본 20여 종이 수록되었으나 이중 공통적인 것은 '민들레, 해바라기, 토끼풀, 나팔꽃, 코스모스'의 5종에 지나지 않는다. 빈도수로는 한국이 개나리 6회, 소나무 4회, 나팔꽃 3회 순이었고, 일본은 민들레 7회, 대나무 6회, 코스모스 4회 순이었다. 한국에서만 등장한 것은 '개나리, 소나무, 도라지, 할미꽃' 등이며, 일본에만 등장한 것은 '대나무, 머위, 튤립' 등이었다.

5.4.4 성비 및 성차, 성 고정관념

<표 59>는 교과서에 등장하는 남녀의 성비(性比)이다. 단, 삽화 상으로 성(性)의 구별이 명확한 경우만 산정하였다.

삽화에 나타난 성비에 대하여는 많은 지적이 있었고 그동안 많은 변화가 있었다. 그러나 양국 모두 여전히 남성이 높게 나타났으며, 아동에서는 양국 모두 성비를 맞추려는 노력이 엿보이나 성인에서는 남성 편중이 심했다. 한국보다는 일본이 더욱 심하다.

<표 59> 한·일의 국어 교과서 삽화의 남녀 성비

	한국						일본					
	전체		아동		어른		전체		아동		어른	
	남	여	남	여	남	여	남	여	남	여	남	여
저학년	56.6	43.4	54.3	45.7	58.7	41.3	57.1	42.9	54.8	45.2	57.7	42.3
중학년	58.9	41.4	54.0	46.0	69.7	30.3	67.0	33.0	58.0	42.0	76.5	23.5
고학년	63.3	36.7	58.7	41.3	69.3	30.7	63.0	37.0	56.7	43.3	68.0	32.0
평균	59.5	40.5	55.7	44.3	65.9	34.1	62.4	37.6	56.5	43.5	67.4	32.6

(여기서 '전체'란 아동 및 어른을 포함한 수치임)

이처럼 성인에서 남녀 차이가 큰 이유로는 직업을 가진 인물이 모두 남성으로 묘사되고 있다는 점이 가장 큰 요인이다. 자세한 것은 5.4.5에서 다루기로 한다. 또 하나의 요인으로 한국은 특정인물(위인)의 소개가 많은데, 49명(100회) 중 남성이 39명(72회), 여성 10명(28회)이며, 삽화에 등장하는 횟수는 남성 72회, 여성 28회였다. 이와 관련해서는 5.4.6에서 분석한다.

5.4.5 남녀의 사회적 역할(직업)

정광순 외(2010 : 33-35)에서는 저학년 국정도서(5개 교과 36권)를 대상으로 남녀의 등장비율, 성 역할 고정현상, 직업 활동에서 양성평등의 문제를 평가하였는데, 한국의 국어 교과서는 4% 정도 문제가 있으며, 성 역할 고정현상을 제외하고는 양호했다고 평가한 바 있다. 여기에서 오류 비율이 4%에 머문 이유는 국어 교과뿐 아니라 수학, 과학 등, 전체 교과를 대상으로 했기 때문이라 생각된다.

성차(性差)가 가장 극명하게 나타나는 것은 성별에 따른 '직업'에서이다. 즉, 교과서 삽화의 성차는 단순 성비(性比)보다 등장하는 인물의 직업을 분석하는 것이 의미가 있다. <표 60>은 아동을 제외한 어른을 직업을 성(性) 및 직업 식별이 가능한 범위 내에서 '한국 표준 직업 분류표'[103]의 10개 대분류에 의거하여 분류한 것이다. (참고로 항목에 들어 있지 않은 '선비'는 '전문가'에, '이방' 등은 관리에, '사냥꾼'은 '농어업종사자'에 넣었다.)

<표 60> 한·일 국어 교과서의 학년 군별 삽화에 나타난 남녀의 직업(사람 수)

	한국								일본							
	저		중		고		계		저		중		고		계	
	남	여	남	여	남	여	남	여	남	여	남	여	남	여	남	여
관리자	22	-	46	-	27	1	95	1	-	-	17	-	10	2	27	2
전문가 등	10	6	27	18	82	37	119	61	9	4	31	7	84	21	124	32
사무종사자 등	1	-	1	-	2	-	4	-	-	-	-	-	2	-	2	
서비스종사자	-	-	-	-	5	4	5	4	4	-	3	6	7	9	14	15
판매종사자	9	1	13	3	9	1	31	5	3	-	13	3	6	6	6	19
농어업종사자	16	-	9	1	9	-	34	1	21	-	13	6	9	-	43	6
기능원 등	-	-	7	-	-	-	7	-	-	-	-	-	-	-	-	-
장치 기계 조작	-	-	-	-	-	-	-	-	3	-	-	-	4	-	7	-
단순노무종사자	4	-	9	1	10	-	23	1	1	-	3	1	10	1	14	2
군인	13	-	9	-	23	-	45	-	9	-	9	-	5	-	23	-
계	75	7	121	23	167	43	363	73	50	4	76	33	132	41	258	78

직업을 가지고 있는 경우 한국은 남성이 여성의 5.0배에 이르고, 일본 역시 3.3배로 높았다. 결과적으로, 명확한 직업을 가진 경우는 대부분 남성 쪽으로, 전체의 93.0%에 달했다. 일본이 '서비스 및 판매종사자'에서 여성이 남성보다 많은 것을 제외하고는 양국 모두 '관리자' 및 '전문가' 등을 비롯한 거의 모든 영역에서 남성의 비율이 높았다.

직업의 분야를 보면 남성은 '농부·어부·상인·운전수·소방관' 등, 다양한 직업 분야에 걸쳐 있다. 전문가 중에서도 남성은 '재판관·의사·소방

---

103) http://kostat.go.kr/kssc/stclass/StClassAction.do (검색일 : 2016년 3월 30일).

관' 등과 같이 다양한 반면, 여성은 '초등학교 교사'가 대부분이었다.

한국 교과서에는 전래소설이 많이 등장하는데 당시의 지배계급에서 지도층이라 할 수 있는 '선비·관리'로 모두 남성이 등장하는 것이 많다. 여성은 근현대를 배경으로 하는 교재 속에서 '교사'로 등장하는 것이 가장 많고, '점원' 및 '사무원'이 일부 있었다. 무엇보다 여성을 직업인으로서 보다는 '주부·아씨' 등, 가족 구성원으로 묘사하고 있다.

'농부 부부'를 예로 들어보면 남성은 '농부'로 소개되나 여성은 '농부의 아내'로 소개되고 있다. 또한, '음식'을 소개하는 경우에도 여성은 '요리사'로서가 아니라 '주부'로서 등장하는 식이다. 즉, 여성은 영역이나 분야가 다양하지 못했다. 이는 사회생활의 중심이 남성이라는 고정

<그림 71> 한국(6-1)

관념을 심어줄 수 있다. 한국은 <그림 71>과 같이 성차를 극복하려는 의지가 보이나, 교과서에서조차 그렇지 못하다는 모순을 드러내고 있다.

양국 모두, 직업에 있어서는 현시대를 반영하는데 소극적이고 과거 지향적임을 알 수 있다. <표 61>은 한국 표준 직업 분류표의 10개 대분류 중 몇 개 영역에 분포하고 있는지를 나타낸 것이다.

<표 61> 한·일 국어 교과서의 학년 군별 삽화에 나타난 남녀의 직업 분포

	한국								일 본							
	저		중		고		계		저		중		고		계	
	남	여	남	여	남	여	남	여	남	여	남	여	남	여	남	여
영역 수	7	2	8	4	8	4	9	6	7	9	6	5	8	6	8	7

먼저, 여성이 더욱 제한적임을 지적할 수 있다. 더불어, 양국 모두 10개의 대분류 중, 기능원, 장치 기계 조작 영역에 해당하는 직업은 거의 나타

나지 않았고, 대부분 관리자 및 전문가에 속하며, 이들 범주 안에서도 일부에 편중되어 있다. 이는 텍스트의 주제 및 시대적 배경과도 관련이 있을 것이나 직업 및 진로와 관련해서 상상력 및 진취성이 부족하고, 직업에 대한 고정관념이 존재한다고 평가할 수 있다.

전 세계 144개국을 대상으로 한 2016년 세계경제포럼(WEF)에서 한국은 성격차지수(性格差指數, Gender Gap Index)에서 116위를 기록하고 있다. 4개 부문 중 경제 참여 및 기회 123위, 건강 및 생존율 76위, 정치적 권한 92위, 교육적 성취분야 102위로 나타났다. 일본의 경우 역시 111위로, 4개 부문의 순위는 각각 118위, 40위, 103위, 76위로 매우 저조했다. 양국 모두 여성의 경제 참여 및 기회 부문이 가장 낮아 심각한 수준인 것으로 나타났다. 국어 교과서에 나타난 직업 관련 삽화는 이와 무관하지 않음을 보여주고 있다고 할 수 있다.

5.4.6 국가 이데올로기

한국은 국어 교과서의 삽화에서 인물, 가족, 남성중심이라는 점에서 '유교적' 가치가 강한데, 이중 두드러지는 것이 '충(忠)'이라는 가치이다. 이를 교과서 삽화에 등장하고 있는 특정인물, 이른바 위인을 통해 살펴본다. <표 62>는 한국의 교과서에서 6년간 특정인물(위인) 소개가 사용된 삽화의 횟수이다.

<표 62> 한·일 국어 교과서 삽화에 등장하는 특정인물 수(학년 군별)

	저학년	중학년	고학년	계
한국	3	24	73	100
일본	-	-	6	6

　특정인물(위인)을 살펴보면 세종대왕(그림 72), 맹사성(그림 73), 정약용(그림 74), 오성, 한음 등, 정치 및 군사 관련이 12명으로 제일 많았다. 특히, 한국은 '안중근(그림 75), 유관순(그림 76), 안창호(그림 77), 윤봉길, 주시경' 등 독립운동과 관련된 인물이 대거 등장하고 있다. 이중 세종대왕은 3개 학기, 정약용 및 안창호 등은 2개 학기에 걸쳐 중복 등장한다. 한편, 일본은 위인을 다룬 것이 6명으로 적었고, 문학, 사회 공헌, 장인(匠) 등이 대부분으로 정치 및 군사 관련 인물은 등장하지 않았다.

<그림 72> 한국(4-2)

<그림 73> 한국(4-2)

<그림 74> 한국(3-1)

<그림 75> 한국(5-2)

<그림 76> 한국(5-1)

<그림 77> 한국(6-2)

<그림 78> 한국(4-2)　　　<그림 79> 한국(5-2)　　　<그림 80> 한국(5-2)

　　진선희(2010 : 403)에서는 민족중심주의를 넘어서야 한다고 역설한 바 있다. 한국 교과서는 외국인이 전혀 등장하지 않는 일본의 교과서에 비해 외국인이 20.8%를 차지한다는 점에서 상대적으로 민족중심주의를 극복하고 있다고 평가할 수 있겠다. 외국인은 그림과 같이, 링컨(그림 78), 문학과 관련된 그림형제, 톨스토이, 과학자 아인슈타인(그림 79), 마리퀴리(그림 80), 에디슨 등에 걸쳐 있다. 자국인으로서는 김홍도를 제외하고는 문학 및 과학 등의 범주에 포함되어 있지 않아, 역으로 내국인에 대한 평가가 인색한 것이 아닌지 아쉬움이 있다. 반면, 일본은 초등학교 교과서에서 외국인을 전혀 다루지 않는다는 점에서 민족중심이자 보수적이라 할 수 있다.

<그림 81> 한국(1-1)　　　<그림 82> 한국(2-2)　　　<그림 83> 한국(2-2)

<그림 84> 한국(3-1) 　　<그림 85> 한국(5-2) 　　<그림 86> 한국(6-2)

한국은 위와 같이 '효(孝)' 덕목을 주제로 하는 많은 전래소설이 등장하고 '효'와 관련된 삽화 역시 다수 등장하고 있어 문제점으로 지적된다. 한편, 일본은 이러한 삽화가 전혀 없어 대조적이다.

5.4.7 부모의 역할 분담에 나타난 성 고정관념

삽화 중 부모가 어느 정도 등장하며 이때, 부모의 역할 분담이 나타났는 지를 통해, 성 고정관념은 물론 가족중시의 가치관을 살펴볼 수 있다. 한국 교과서에서는 교과서 삽화에서 부모의 역할 분담에 있어 성차가 나타난다 는 점에 관하여는 이원희(2009 : 143-177) 등, 많은 연구에서 지적해 왔다. 그 러나 조사 결과, 여전히 성 고정관념이 남아 있음을 알 수 있다.

6년분 국어 교과서에서 한국은 어머니 24건, 아버지는 10건 정도 등장했 는데, 어머니는 <그림 87>~<그림 89>와 같이 부엌에서 요리 등, 가사 및 육아를 담당하는 장면이 대부분이고 아버지는 <그림 90>~<그림 92>와 같이 기계와 관련된 설명하는 장면에서 등장하고 있다.

<그림 87> 한국(1-2)　　　<그림 88> 한국(3-1)　　　<그림 89> 한국(6-2)

<그림 90> 한국(2-2)　　　<그림 91> 한국(2-1)　　　<그림 92> 한국(3-1)

한편, 일본 교과서는 6년간 어머니는 4회, 아버지도 4회로 극히 적은데, 특별한 성 고정관념은 보이지 않았다. '아버지'는 전쟁에 출정하는 장면에서 2회 등장하고 나머지 2회는 <그림 95>와 같이 아들과의 갈등 및 화해 장면에서 등장할 뿐이다.

<그림 93> 일본(3-2)　　　<그림 94> 일본(4-1)　　　<그림 95> 일본(6)

아버지, 가족을 통해 가족의 소중함과 평화의 중요함을 그린 점에서 이 역시 '충효'라는 이데올로기를 표현하고 있는 것으로 해석할 수 있다. 단, 특별히 성차는 나타나지 않았다.

5.4.8 가족

한국은 주인공이 홀로 등장한 경우를 제외하고는 대부분 장남(장녀)였다. 주인공의 윗형제가 함께 등장한 경우는 1회에 불과했다.[104] 한편, 일본은 윗형제가 4회 등장하여 한국과는 대조를 이룬다. 한국의 경우, 주인공이 윗형제로 설정되어 있다는 것은 가족 및 형제에게 책임감을 갖게 하는 이른바 전통적인 유교적인 가치관이 강하게 나타난 것으로 풀이된다.

가족 구성을 보면 일본은 외국 소설 및 전쟁을 소재로 한 교재에서 일부 나타난 것을 제외하고는 부모가 함께 등장한 예는 드물다. 한편, 한국은 <그림 96>~<그림 98>과 같이 주인공이 부모와 함께 등장한 것이 15회에 이르고, 한 부모와 함께 등장한 것이 14회, 조모와 함께 등장한 것이 7회 등, 지나치게 삽화에서 가족을 강조하고 있음을 알 수 있다. 고령화로 인한 가족의 축소 및 이혼율의 증가 등의 사회현상을 고려해 볼 때, 한국의 국어 교과서는 이에 대한 배려가 부족하다고 해석된다.[105]

<그림 96> 한국(1-2)   <그림 97> 한국(3-1)   <그림 98> 한국(3-2)

---

104) '호랑이를 잡은 반쪽이(2-1)'라는 전래소설의 예이다.
105) 한국의 '2010 인구주택 총 조사'에 의하면 4인 가족 비율은 22.5%에 지나지 않고, 부모와 자식이 함께 사는 이른바 표준가족의 형태를 벗어난 가구의 비율이 55.7%로 증가했다고 보고하고 있다. (2011년 통계청조사).

　일본은 2 · 3세대 가족이 등장한 경우가 거의 없는데, 한국은 <그림 99>, <그림 100>과 같은 3세대 가족의 삽화를 사용하고 있다. 더구나 이들은 텍스트나 학습활동에서 글의 내용과 관련 없이 사용된 예이다.

<그림 99> 한국(6-1)

<그림 100> 한국(4-1)

　<표 63>은 교과서 삽화에 나타난 '가족 구성'을 조사한 것이다. 한국은 133회로, 38회인 일본보다 높고, 특히 2 · 3세대가족은 물론 한 부모나 조손가정(祖孫家庭)도 두드러지게 높았다. 삽화만으로 한부모인지 정확하지 않은 경우도 있으나, 교과서에서 가족을 배경으로 하는 이야기 전개가 많은 것이 사실이며, 이는 가족 중심적인 사회적 가치관을 반영한 것이라 할 수 있다. (단, 만화에서는 중복 등장하므로, 페이지당 최대 3회로 계산함).

<표 63> 한 · 일 국어 교과서 삽화에 등장한 가족 구성

		한국				일본			
		저	중	고	계	저	중	고	계
3세대 가족	조부모, 부모, 형제	-	3	1	8	-	2	1	4
	조모,(한)부모, 외동	-	-	4		-	-	1	
2세대 가족	부모, 형제	9	9	5	39	2	4	-	10
	부모, 외동	4	6	6		-	4	-	
한부모	한부모, 형제	-	4	2	76	-	-	-	10

가족	한부모, 외동	22	27	21		4	3	3	
조손 가정	조부모, 형제	1	-	1		-	-	-	
	조부모, 외동	1	1	-	10	5	5	-	10
	한쪽 조부모, 형제	3	-	-		-	-	-	
	한쪽 조부모, 외동	1	1	1		-	-	-	
형제자매		-	-	-	-	4	-	-	4
계		41	51	41	133	15	18	5	38

<표 64>와 같이 형제가 등장하는 경우(구분이 가능한 경우에 한함), 한국은 주인공이 장남 및 장녀(윗형제)인 비율이 높고 일본은 아래 형제인 경우가 높았다. 한국은 장남(장녀)으로서 책임을 강조하는 유교적 덕목에서 비롯되는 것으로 볼 수 있다. 단, 앞의 <표 63>과 같이, 한국도 학년이 올라가면서, 2·3세대가족의 등장이 줄어들고 있고 주인공 자신의 형제 서열이 나타나 있지 않거나 장남(장녀)인 예도 줄어드는 특징을 보인다.

<표 64> 한·일 국어 교과서의 학년 군별 삽화에 나타난 주인공의 형제 서열(%)

	저학년		중학년		고학년		계	
	윗형제	동생	윗형제	동생	윗형제	동생	윗형제	동생
한국	9	4	10	4	2	-	21(72.4)	8(27.6)
일본	2	4	-	5	-	-	2(8.2)	9(81.8)

5.4.9 전통 문화

<표 65>는 전체 삽화 중에서 '전통'과 관련된 삽화를 조사한 것이다. 전체 삽화 중, 전통 관련 삽화가 지나치게 많으며 특히 한국이 심했다. 한 예로, 한국의 3-1학기에 읽기교과서에서 삽화를 사용한 119페이지 중 32.8%에 해당하는 39페이지가 전통과 관련 있는 삽화였다. 한국은 일본

에 비해 전통 관련 삽화가 많아, 전체 페이지 중 16.2%에 달한 반면, 한편 일본은 평균 4.8%로 낮았다.

<표 65> 한·일 국어 교과서의 학년 군별 전통 관련 삽화수(학기당 평균)

	한국				일본			
	저학년	중학년	고학년	계	저학년	중학년	고학년	계
전통	16.2	28.9	27.1	24.1	4.8	21.2	23.2	16.4

일본은 무대극이나 전통 미술 및 건축 등과 관련된 전통 문화를 많이 다루면서 사진을 많이 사용하고 있다. 특히, 현재 활동 중인 배우 및 장인 등이 대거 등장한다는 특징이 있다.

반면, 한국은 전통이라기보다는 과거를 배경으로 한 전래소실의 사용이 많고 이와 관련된 삽화의 양이 현저하게 많고 대부분 만화풍의 컷을 사용하고 있다. 단, 일부 한글과 관련된 자료, 전통 음식과 관련 사진을 제외하고는 상대적으로 예술과 관련된 전통 문화에 대한 내용 및 관련 삽화가 극히 적다고 할 수 있다.

5.4.10 타문화 수용

한국은 전체 인구의 약 2%가 외국으로부터 유입되어 2010년 현재, 다양한 형태로 거주하는 외국인이 110만 명에 이르고 앞으로 그 비율은 점점 높아질 것으로 전망된다. 2012년 한국의 일간신문[106]에 의하면, 당시 다문화 가정의 초·중·고생이 5만여 명으로 2년 뒤에는 7만 명을 넘을 것이라는 보고가 있다. 부모의 국적은 중국이 33% , 일본 27%, 필리핀 16.1%라 한

---

106) 조선일보(2012년 9월 18일).

다. 교육과정에 새롭게 제시된 '다문화·글로벌사회에 적합한 국가 정체성 교육'은 이미 시대적 요구이다.

최근 '다문화교육'과 관련하여 한국과 미국의 교과서를 비교한 김정은(2010)에서도 미국 교과서의 50%가 다문화 관련 내용인데 비해, 한국의 초등학교 읽기 교재는 6.6%에 지나지 않는다고 지적하고 있다. 이윤정(2010)에서는 급속한 다문화 사회로의 진행을 보이고 있는 한국의 교과서가 따돌림이나 인식의 차이에 국한되었고 다문화에 대한 배려가 적다는 점을 지적하고 소수자(마이너)에 대한 이해교육, 다양한 문화에 대한 수용교육, 타자(他者)의 가치관에 대한 인정 교육 등을 전제로 하여 다문화를 긍정적 가치로 받아들여야 한다고 주장하고 있다. 양국 모두 타문화 관련 삽화가 적은 것으로 나타났는데, 일본 보다 한국이 약간 높은 편이다.107) <표 66>은 타문화 관련 삽화의 통계이다.

<표 66> 한·일 국어 교과서의 학년 군별 타문화 관련 삽화수(학기당 평균)

	한국				일본			
	저학년	중학년	고학년	계	저학년	중학년	고학년	계
타문화	0.9	7.3	14.4	7.5	9.4	5.9	3.0	6.1

한국은 고학년에서 많이 나타났고 일본은 저학년에서 많았는데, 삽화의 성격에는 차이가 있다. 먼저 한국은 <그림 101>, <그림 102>와 같이, 최근의 사회상을 반영하여 필리핀 및 동남아지역에서 유입되는 다문화 가정을 그린 삽화가 여러 건 삽입되었다.

외국작품에 사용된 삽화에 주목해 보자. 먼저, 한국 교과서의 삽화를 보면 삽화의 내용이 국내인지 외국인지 국적을 알 수 없는 경우가 많다. 이는 학생들

---

107) 최근 한 일간신문에 의하면, 2012년 현재 다문화 초·중·고생은 5만여 명으로, 2년 뒤에는 7만 명을 넘을 것이라는 보고가 있다. 부모 국적은 중국이 33%, 일본 27%, 필리핀 16.1%라 하는데, 저학년을 포함하여 5~6학년에서도 이와 관련된 배려가 거의 없다는 것은 문제라 할 수 있다.

<그림 101> 한국(6-2) <그림 102> 한국(4-2)

의 상상력을 자극하는데 걸림돌이 된다고 볼 수 있다. 한국은 6년간 11편의 외국 소설과 3편의 외국 전기를 싣고 있는데, 3편을 제외한 삽화가 교과서 집필 당시에 제작되었다. 한국인으로 추정되며 삽화가가 누구인지조차 알기 어렵다.

아래 <그림 103>은 미국의 시골을 나타내고 있고 <그림 104>는 러시아를 배경으로 하고 있으나 양쪽 모두 시대는 물론 배경이 국내인지 조차 알기 어렵다. 더구나 <그림 105>는 세계 2차대전기에 쓰인 독일의 안네프랑크의 일기로, 친구에게 보낸 편지형식의 글인데, 삽화의 내용과의 관련성은 물론 배경을 알기 어렵다. 이는 통해 타문화에 대한 호기심, 작품에 대한 감정 이입을 기대하기 어렵다고 본다.

<그림 103> 한국(5-2) <그림 104> 한국(3-1) <그림 105> 한국(4-1)

한편, <그림 106>은 아크릴로 표현한 삽화로 어두운 채도를 통해, 그 시대
와 문화를 전달하고 있다고 평가되며, <그림 107> 역시, 당시의 영국의 모습
과 오버랩 되면서 상상력과 작품에 몰입하게 하는 효과가 있다.

<그림 106> 한국(5-1)   <그림 107> 한국(6-2)

한편, 일본은 11편의 외국 소설을 싣고 있는데, 이중 6편은 외국 삽화가
의 작품을 사용하고 있다는 점에서 한국 교과서와 차이가 있다. <그림
108>[108]은 외국인 삽화가의 작품이고 <그림 109>[109]는 일본인 삽화가의
작품이다. 양쪽 모두 이국적인 느낌을 준다. 또한, <그림 110>은 일본의

<그림 108> 일본(1-2)   <그림 109> 일본(4-2)   <그림 110> 일본(4-2)

---

108) ずうっと，ずっと，大す好きだよ (외국인 삽화가).
109) 三つのお願い (일본인 삽화가).

<그림 111> 한국(3-2)

3-2학기 교과서에 실린 우리나라의 전래소설의 삽화인데, 재일 한국인 작가의 작품을 사용하고 있다.

　위의 <그림 110>과 같이 일본 교과서에서 한국의 민화를 9쪽에 걸쳐 실은 것은 놀랄만한 일이다. 참고로, <그림 111>은 현재 한국의 3-2학기 교과서에 실린 같은 내용의 삽화로, 만화 형식을 채택하고 있다.

<그림 112> 일본(2-2)

　이중에는 <그림 112>의 삽화가 등장하는 'スーホの白い馬(스호의 백마2-2)'라는 몽고 민화를 주제로 한 작품이다. 이 작품은 일본인 작가의 각색 작품인데, 삽화가는 중국 국적의 삽화가이다. 이 역시, 일본에서는 느낄 수 없는 이국적인 삽화라 할 수 있다.

5.5 저·중·고학년의 변화

한국과 일본의 초등학교 6년간의 국어 교과서의 삽화는 통해 양국 모두 정도의 차이는 있으나 성 고정관념이 강하고, 양국 모두 직업에서 양적·질적으로 성차가 심각한 것으로 나타났다. 양국 모두 전통을 중요시하고 있으나 한국이 전래소설·관습에 중점이 있다면 일본은 고전문학·극·그림·문화재 등을 적극 도입하고 있다. 양국 모두 타문화 관련 삽화는 부족한데, 특히 한국은 외국작품의 삽화에서 타문화에 대한 배려가 부족한 것으로 나타났다.

한국은 삽화의 빈도는 높지만, 페이지당 비율은 낮았다. 삽화의 소재에 있어 전 학년에 걸쳐 인물 비율이 높으며, 가족·인물중심으로, 특히 성 고정관념이 강하며, 전통, 충, 효, 장남(장녀)의 책임감 등이 나타났다. 정치·군사·독립운동과 관련하여 국가에 영향을 미친 특정인물의 소개가 많은데, 이를 통해 충(忠)을 소중히 하는 이데올로기가 강조되고 있다고 해석할 수 있다.

상대적으로 일본은 동물 중심의 삽화가 많은 것이 특징이며 본문의 내용과 관련 없는 삽화를 최소화하고 자연물 및 설명 자료의 기능이 강하다는 점과 사회적인 가치관을 배제하려는 의도가 엿보인다. 저학년에서는 동물 및 자연물의 비율이 높으나 고학년으로 가면서 낮아지고 자료적 성격의 삽화 비율이 높아졌다.

삽화를 사용한 페이지 비율은 상대적으로 낮으나 페이지 전체가 삽화인 경우나 2페이지에 걸친 삽화 비율이 높은 것을 알 수 있다. 사회·문화적인 가치관을 적극적으로 내포하고 있지 않고, 한국에 비해 언어기능을 강조하고 있음을 확인할 수 있다. 일본 역시, 전통문화를 소중히 한다는 점에서는 한국과 유사하나, 단순히 과거의 풍습보다는 극, 문학 등 높은 수준의 사진 삽화를 사용하고 있다.

VI. 국어 교과서의 텍스트 분석

6.1 들어가는 글

본장에서는 한국과 일본의 초등학교 국어 교과서의 '텍스트(texts)'에 주목하여 양국의 사회상과 가치관의 특징을 밝히고자 한다.

국어 교과서가 타 교과서와 구분되는 가장 큰 특징의 하나는 학습활동을 위해 제공된 읽을거리(본문, 바탕글), 즉 '텍스트'가 존재한다는 것이다. 양국의 국어 교과서는 표지·속지, 부록표를 제외하면 크게 '텍스트'와 '학습활동'으로 구성되어 있다.

이 중 '텍스트'는 '문학텍스트'와 '비문학텍스트'로 나눌 수 있다. 이 중 '비문학텍스트'란 주현희 외(2014 : 104)에서 설명한 대로 '말 그대로 문학이 아닌 글들, 혹은 문학 이외의 모든 글'을 가리킨다. 그러나 초등학교 교과서의 특성상, 어디까지를 '문학텍스트'로 인정할 것인지 명확히 구분하기 어려운 점이 있다. 이에 대하여는 '6.3 분석 기준 및 방법'에서 자세히 다루도록 한다.

본고에서는 '문학텍스트'를 소설·희곡·수필과 같은 산문(散文) 및 시(詩)·시가(詩歌)[110]와 같은 운문(韻文)으로 나누어, 장르별 선호도, 작품의 시대 및 배경, 작가·주인공의 성차 및 세대, 타문화 수용양상 및 제재를 분석함으로써 양국의 사회·문화적 특징을 밝히고자 한다.

국어 교과서에 수록되는 '문학텍스트'는 절대적으로 가치가 높은 작품이

---

110) 시조(時調), 단가(短歌), 하이쿠(俳句) 등.

어야겠지만, 언어기능을 신장시키기 위한 수단으로서의 역할을 겸하고 해당 시기의 교육과정에서 추구하고 있는 교육목표(성취기준) 및 국가 이데올로기와 맞물리면서 완전히 자유롭지 않다. 실제, 교과서에 수록하는 텍스트의 선정을 둘러싸고 '어떤 특정한 시대의 특정한 그룹 혹은 사회집단의 이익이나 관심을 반영한 것'111)이라고 보는 입장이 지배적이었다. 교과서를 '한 국가 공동체의 지배 이데올로기를 가장 직접적이고 효율적으로 주입하는 수단'112)이라고 보는 견해도 이와 맥락을 같이 한다. 임성규(2008)에서도 교과서에 주로 실리는 '정전(正典, canon)'이란 상대적으로 가치 있는 작가나 작품을 선택한다기 보다, '지배 집단의 이데올로기를 표현하지 않는 작품을 배제하려는 일종의 음모로 작용한다'고 지적한 바 있다. 여기서 '정전(正典)'이란 '학교 교과과정 속에서 공인된 텍스트나 해석 혹은 모방할 만한 가치가 있다고 널리 인정받은 텍스트'를 말하는데, '이러한 가치가 누구에 의해 어떤 목적으로 어떻게 생성되고 보존되며 전달되는가'에 대하여는 끊임없이 관심을 가져야 할 것이다.113)

양국의 국어 교과서는 시대의 변화와 비판 및 연구에 힘입어 많은 변화를 거듭해왔다. 그러나 여전히 교과서에는 기성세대가 다음 세대에 바라는 소망과 그 국가 사회의 가치관 및 문화가 담겨있을 것으로 보며, 이마이(今井, 990)에서 말하고 있듯이 '의도적이 아니라 할지라도' 학생들에게 '당연한 것'으로 받아들여질 측면이 있다는 점을 부정하기 어렵다.

> 국어 교과서는 읽기 쓰기나 문법을 가르치는 것으로, 사고방식이나 가치관을 의식적으로 가르치는 것은 아니다. 그만큼 오히려 국어 교과서에서 다루는 제재로부터 스며 나오는 사고방식이나 가치관은, 그 사회 전체에서 공통적으로 당연한 것으로 인식되고 있는 것이다. (이마이 1990, 필자 역)

---

111) 하루오시라네(2002 : 17-22) 참조.
112) 차혜영(2005 : 99-100) 참조.
113) 하루오시라네(2002 : 8-10, 17-19) 참조.

'비문학텍스트' 역시, 그 나라, 그 사회의 단면을 나타내는 잣대이다. 설명문, 논설문 등 실용문의 장르 선호도 및 각 장르에서 제재가 인문·사회·과학기술·언어·예술 등, 어느 분야에 속해 있느냐에 따라 분야별 관심도를 측정할 수 있기 때문이다. 초등학교 교과서의 '비문학텍스트'를 분석한 연구는 찾아보기 어려운데, 이는 그만큼 관심을 기울이지 못했다는 의미이기도 하고, 초등학교 단계에서 특정 장르로 분류하기 어려운 텍스트가 많다는 것이 그 이유 중의 하나라 할 수 있다. 이에 대하여는 '6.6 비문학텍스트의 장르별 대조'에서 자세히 다루도록 한다. 먼저, '텍스트' 관련 선행연구 및 연구 동향을 살펴본다.

6.2 선행연구 분석

이마이(今井, 1990)는 미국과 일본의 국어 교과서에 수록된 텍스트 분석을 통해 미국인은 '창조성과 개성 풍부한 개인'을 지향하고 일본인은 '따뜻한 인간관계 속의 친절한 일원'을 지향한다는 결론을 내리고 있다. 이 연구를 통해 교과서의 텍스트가 해당 국가의 사회·문화적 특징을 연구하는 자료가 될 수 있다는 사실을 확인할 수 있다.

한국과 일본 모두, 국어 교과서에 수록된 텍스트의 의의와 관련하여 활발한 연구가 이루어져 왔다. 그러나 주로 문학텍스트에 한정되어 있고 중·고등학교에 비해서도 초등학교 교과서에 대한 연구는 상대적으로 적다.[114] 임성규(2008)에서도 한국의 초등학교 문학교육을 대상으로 한 아동문학 정

---

114) 『창조된 고전』(2002) (왕숙영 옮김) 재인용. 그는 서문에서 '중요한 고전으로 간주되는 텍스트도 자연발생적으로 가치 있는 고전이 된 것은 아니다. 여기에는 텍스트의 창조와 더불어 텍스트의 가치 창조, 유통, 재생산, 재편성 등 끊임없는 담론 조직화의 과정이 작용하고 있다. 그리고 이 과정은 매우 정치적인 것'이라고 말하고 있다.

전 논의는 1980년대 후반에 대대적인 검토가 이루어진 중등 문학 교육에 비해 제대로 이루어지지 못했다고 평가하고 있다. 그 이유로 아동문학 연구 인력의 미비와 아동문학교육에 대한 관심 부족을 들고 있다. 이와 더불어, 본서의 Ⅰ장에서 언급한 바와 같이, 교육과정의 개정 및 교과서 정책을 둘러싼 문제도 주요 요인 중의 하나라 할 수 있다.

국가 이데올로기와 관련된 텍스트의 수용을 다루고 있는 연구로, 임성규(2008)를 비롯하여 강진호(2014), 김경남(2012), 김예니(2007), 강진호 외(2006), 차혜영(2005) 등을 들 수 있다. 특히, 강진호(2014), 강진호 외(2006), 차혜영(2005) 등은 국가 이데올로기가 가장 두드러지게 나타나 있는 근대 초기의 교과서에 주목한 연구이다.

1955년에 시작된 한국의 '제 1차 교육과정기(期)'에서 1981년 '제 4차'에 이르는 시기의 교과서 텍스트에서 보여주는 노골적인 시대적 정전(正典)에 비해 본고의 연구 대상인 '제 7차 개정 교육과정'(2009)에 의해 제작된 국어 교과서의 텍스트는 커다란 변화가 있는 것은 부인할 수 없다. 이와 관련해서는 6.5, 6.6을 통해 자세히 다루고자 한다.

일본은 일찍부터 이시하라(石原, 2005), 다니가와 외(谷川他, 1997), 이토 외(伊藤他, 1995), 야마즈미(山住, 1991), 일본교사회(日本教師会, 1980) 등을 통하여 국어 교과서에 나타난 국가 이데올로기에 대하여 신랄하게 비판해 왔다. 특히, 텍스트에 반전(反戰) 내용이 지나치게 많으며 약자(弱者)의 단결 및 권력에 대한 저항, 어두운 민화(民話), 편향된 전기(傳記) 등, 사상적 편향(偏向)을 지적하고 있다. 특히 일본교사회(1980 : 1-21)에서는 초등학교 국어과의 내용이 '놀랄 만큼 편향적이며 이데올로기에 윤색(潤色)되어 일종의 사상(思想)을 강요하는 교육을 목표로 하고 있다'고 지적하고, '문학작품에 처음부터 사상이 입혀져 그것을 읽음으로써 정서적으로 영향을 받게 되는 구조'라며 비판한 바 있다. 일본의 교과서 역시 현재 어떠한 변화가 나타났는지 관심을 갖지 않을 수 없다.

한국과 일본의 교과서 텍스트를 대조 분석한 金曉美(2010)에서는 텍스트가 해당 국가의 사회·문화적 가치관을 민감하게 반영한다는 것을 보여준다. 20세기 중반, 전쟁 직후에 양국의 교과서의 텍스트로서 매우 인기가 있었던 '마리 퀴리'의 전기(傳記)를 통해, 양국이 자국의 사회·문화적 가치관에 부합하는 전기 작가의 글을 채택하고, 필요한 부분을 발췌하여 가필 수정하는 의도적 작업을 함으로써, 결과적으로 어떻게 달라졌는지를 보여주고 있다.

먼저, 한국은 텍스트에서 '프랑스에서 과학자로 성공한 식민지 폴란드 출신의 총명한 소녀'에 초점을 맞춘 반면, 일본은 주인공의 학구심이나 과학적 성과에 초점을 맞추어 '남편의 죽음을 극복하고 성공한 프랑스인 여성 과학자'라는 면이 강조되고 있다는 점에서 당시의 양 국민의 대외의식의 차이의 단면을 보여주는 것이라고 해석하고 있다. 당시의 양국의 교과서가 '마리 퀴리'가 아닌 '퀴리부인'이라는 제목으로, 결혼한 여성임에도 성공하였다는 점을 강조했다는 점에서 성차(性差)가 심각하다고 보나 여기에서는 문제 삼지 않는다.[115] 참고로, 본서의 연구 대상인 한국의 5-2학기 교과서에서도 마리 퀴리의 전기를 다루고 있는데, 여전히 '식민지 지배하에 언어를 빼앗긴 안타까운 소녀'의 이야기에 초점이 맞추어져 있음을 알 수 있다.

심은정(2005) 역시 양국의 교과서에 공통적으로 수록하고 있는 한국의 전래동화 '의좋은 형제'[116]를 대조 분석하고 있다. 한국이 근면정신과 형제애를 강조하는 교훈적인 서술이라면 일본은 점점 잊혀져가는 농촌 풍경과 두 형제의 따뜻한 마음을 느낄 수 있는 구체적인 설정이 특징으로, 이 같은 특징이 양국의 교육관과 민족성을 짐작하게 한다고 평가하고 있다.[117]

---

115) 당시의 제목을 보면 한국 교과서에서는 '퀴리부인'으로, 일본 교과서에서는 'キュリー夫人伝'(퀴리부인전)이었다. 이는 당시 양국 모두 여성의 사회적 지위와 관련된 성차(性差)를 나타내는 제목이다. 참고로, 본고의 연구대상인 5-2학기 교과서에서는 '마리 퀴리'라는 제목으로 실려 있다.

116) 일본 교과서의 제목은 'へらない稲束'(줄지 않는 볏단)임.

117) 참고로 본서의 연구 대상인 한국과 일본의 교과서에서는 한국의 전래동화인 '삼년고개(일본 교과서 제목은 '三年とうげ'임)'가 공통으로 수록되어 있다.

한국의 교과서에 나타난 '문학텍스트'의 전반적 경향을 분석한 연구로 김경남(2012), 박기범(2011), 임성규(2008), 박종덕(2006), 任曉禮(2006) 등이 있다. 이중 박종덕(2006)은 초등학교 1-2학기 읽기교과서를 대상으로, 교과서 작품에 표상된 가치체계가 과연 미래의 주인공인 어린이에게 걸맞은 것인지에 의문을 나타내고 있다. 등장인물의 성별에 나타난 가치표상, 성 역할, 언어행위의 주체, 삽화를 통한 인종 분석 등, 다각적 접근을 통해 여전히 우리 교과서는 남성이 상대적 우위에 있으며 순수혈통주의가 선호되고 교훈주의적이며, 어투별 가치 표상에 있어 아동이 사회의 중심이라는 사실이 각인되고 있음을 지적하고 있다.

임성규(2008)에서는 교과서에 실린 아동문학을 이른바 '동심 천사주의'라 비평하고 있다. 즉, 아동을 무조건 순진무구한 존재로 설정해 놓고 독자적이고 주체적으로 사고할 수 없는 의존적 존재로 간주한다는 것이다. 또한, 아동문학의 개별적 미학을 인정하지 않고 교육을 위한 수단으로 격하시키며, 문학 작품이 고유의 가치를 인정받지 못하고 언어기능 신장을 위한 도구로 사용된다는 점 등을 지적하고 있다.

일본 역시 일본교사회(1980) 등에서 교과서에 지나치게 동물을 등장시켜 어린이를 바보 취급한다는 점과 교과서의 주체가 누구인가 하는 근원적인 문제, 어휘의 품격, 성차(性差)에 이르기까지 신랄한 논의가 이어져왔다. 교과서 텍스트를 둘러싼 양국의 상황은 유사한 점이 있다.

한국과 중국의 중학교 국어 교과서 텍스트를 시대·지역·제재 등 다양한 각도에서 대조한 연구로, 任曉禮(2006)[118]가 있다. 상대적으로 중국에 비해 한국의 교과서는 '현대(現代)'라는 시대성이 강하고, 학생의 일상생활 및 학습과 밀접한 관련이 있으며 특정 이데올로기나 정전에 구애받지 않고 창작 글이나 학생작품 등이 사용된 반면, 중국은 문학의 정통성이 강하여 '고

---

118) 1997년 제 7차 교육과정기의 중학교 국어 교과서와 동 시기의 중국의 『語文』 교과서, 각 3년분을 분석하고 있음.

전(古典)'이 중요시되고 생명 및 자연에 대한 관조적인 수필을 많이 사용하고 있으며 사상성이 강하다고 설명한 바 있다. 한국 교과서의 텍스트의 제작시기가 '현대'인 작품이 많다는 것은 개방적이고 유연하다는 평가를 할 수 있으나 반면, 고전 작품의 인프라가 적거나 시대적 요인으로 작품의 평가가 끝나지 않았다는 점과도 연관 지을 수 있을 것이다.

한국의 초등학교 6년분 '동시(童詩)'를 연구한 임성규(2008)에서는 수록 작품이 엄정한 문학사적 평가나 검증을 거친 작품이라 보기 어렵고 1950년 이전의 작품은 철저히 배제된 무명(無名)이거나 신진작가의 '현대'의 동시라는 점을 지적하고, 이들 작품이 문학적으로 우수하기 보다는 '역사적인 발달과정에서 발생하는 뜻하지 않은 사건들로 형성된 우발적인 산물'[119]일지 모른다고 의문을 나타내고 있다. 이와 관련해서는 앞으로도 지속적 관심이 필요하다.

李美淑(2015)에서는 한국과 일본의 중학교 국어 교과서 각 3종을 대상으로, 문학텍스트를 대조 분석하고 있다. 중학교 교과서의 텍스트에서는 한국이 일본에 비해 문학텍스트의 비율이 높은데, 주로 교훈적이거나 특정 가치덕목 및 이데올로기가 담겨 있는 텍스트가 많고 지나치게 전쟁 및 식민지시대와 관련된 사회·문화적 상황이나 인물간의 갈등에 치중되어 있고, 고전작품 역시, 신분 등 사회·문화적 상황 및 갈등에 치중되어 있다고 평가할 수 있다. 결국 상대적으로 창의성이나 철학적인 사고를 유발하는 내용이 부족하다고 결론짓고 있다. 한편, 일본은 상대적으로 가치덕목에서 벗어나 다양한 주제를 다루고 있다고 평가되나 전쟁과 관련해서 간접적으로 피해자의 입장에서 묘사하거나 국제적인 문제로 확대하여 다루고 있다는 점을 지적하였다. 중학교 국어 교과서에서 일본은 창작소설과 정전화(正典化)된 고전수필의 비율이 높은 반면, 한국은 구술성에 의존한 전래소설 및 신

---

119) 임성규(2006) 재인용. 라영균(2003) 「정전과 문학교육」 『독어교육』 26, 한국독어독문학교육학회, p.140

변잡기식 수필이 주를 이루고 있다. 시대별로 보면 18세기 전후의 '홍길동
전', '양반전'을 제외하고는 전래소설, 즉, 우화(寓話), 설화, 신화 등 작자가
불분명한 전래소설이 대부분이다. 반면, 일본은 19세기의 근대의 작품을
많이 싣고 있어 근대문학의 태동이 한국보다 한 세기 일찍 일어났음을 반
증하고 있다. '시(詩)'에서 한국은 현대시가 대부분이고 고전 시조가 거의
없는 반면, 일본은 와카(和歌) · 하이쿠(俳句) 등 고전 시가가 많아 양국이 대
조적인 경향을 나타내고 있음을 알 수 있다. 양국 모두 작가 및 주인공에서
남성의 비율이 높아 성차(性差)가 극명하게 나타났다. 마지막으로, 일본은 외
국작품을 많이 싣고 있고, 국내작가의 작품이라도 외국을 배경으로 한 경우
가 많아 타문화 수용에 적극적이라고 평가하였다.

한국의 고등학교 교과서의 '현대소설'을 연구한 박기범(2011 : 487~489)에
서는 작품의 등장인물의 성별, 직업, 시 · 공간적인 배경의 다양성 및 연대
별 배분이 필요하며, 사회적, 시대적 맥락과 관련지어 작품을 보려는 경향
이 강하므로 좀 더 학습자들이 심미적 가치를 인식할 수 있도록 학습내용
요소에 변화가 필요함을 지적하고 있다. 한국의 국어과 교육과정에서 제시
하고 있는 성취기준 자체가 지나치게 인물간의 갈등이나 사회적 상황에 집
중되어 있는 것에 원인이 있다고 보았는데, 이는 중학교 교과서를 연구한
李美淑(2015)과 통하는 바가 있다.

다음으로 '비문학텍스트'는 초등학교 교과서의 특수성 때문인지 관련 연
구를 찾기 어려웠다. 편의상, 중학교 국어 교과서를 대상으로 한 任曉禮
(2006), 고등학교 교과서를 대상으로 한 주현희 외(2014)[120]를 출발점으로 하
였다. 任曉禮(2006)에서는 한국과 중국의 중학교 국어 교과서의 비문학텍스
트를 분석하였는데, 한국은 현대사회 이슈나 학생들의 일상생활을 다룬 논
설문이 많고 설명문의 대부분은 국어지식이나 문학지식이라고 보고하고 있

---

120) 한국은 '2009 개정 교육과정' 고등학교 국어 교과서 상 · 하 16종을, 일본은 2010년 신
 학습지도요령에 의해 개정된 『国語総合』 25종을 대상으로 분석함.

다. 특히 집필진의 글이 15%에 이르고 인터넷이나 학생작품, 당대(當代)의 작품을 싣는 경향이 많다는 결론을 내렸다. 한편, 중국은 상대적으로 설명문 및 논설문의 주제가 다양한 반면, 다양한 가치를 추구하는 현대의 작품이 적다고 평가하고 있다. 주현희 외(2014 : 99-115)에서는 한국과 일본의 고등학교 국어 교과서에 나타난 '비문학텍스트'를 인문·사회·과학/기술·예술·언어 분야 등 5개 분야로 나누고 다음과 같이 세부항목으로 나누어 분석하고 있다.

- 인문   : 인간, 문화, 철학·심리, 역사, 윤리, 사상·고전
- 사회   : 사회 일반, 경제, 문화, 대중 매체, 법률
- 과학/기술 : 생물·유전공학, 지리·환경, 천문, 과학철학
- 예술   : 미술·건축, 음악, 연극·영화, 예술이론, 문학비평
- 언어   : 언어 일반, 국어문법, 국어역사, 고대·중세·근대 국어

다음은 주현희 외(2014)에서 제시한 양국의 고등학교 국어 교과서에 수록된 '비문학텍스트'의 제재의 분야별 분포이다.

<표 67> 한·일 고등학교 국어 교과서의 비문학텍스트의 제재 분포(주현희 외 2014)

	인문	사회	과학/기술	예술	언어
한국	28%	31%	6%	11%	24%
일본	39%	18%	24%	9%	10%

한국은 '사회', '인문', '언어' 순으로 비율이 높고 일본은 '인문', '과학/기술', '사회' 순으로 비율이 높음을 알 수 있다. 상대적으로 한국은 언어 및 사회 분야에서 높고 일본은 과학/기술 및 인문 분야에서 높은 것을 알 수 있다. 한국은 사회 분야에서도 '법률'이 높은 반면, 일본은 '경제'가 높았고, 언어 분야에서는 한국이 '국어문법' 및 '중세·근대 국어'가 높은데 반해 일본은 '언어 일반'이 높았다. 한편, 일본은 과학/기술 분야에서 '생물·유

전공학'및 '과학철학'이 높은데 비해, 한국은 비율도 현저히 낮지만 대부분
이 '지리 · 환경'이었다. 인문 분야에서는 일본이 '철학 · 심리' 및 '문화'가
높은 데 반해, 한국은 '인간'이 높았다.

결국, 양국의 고등학교 교과서의 비문학텍스트의 제재는 분야는 물론, 세
부항목에 있어서 극명하게 차이가 나타남을 알 수 있다. 주현희 외(2014)를
통해, 한국의 고등학교 국어 교과서의 경우, 단계에 맞는 제재의 다양성 및
가치에 대한 재고가 필요하다고 판단된다.

본고는 이를 토대로 초등학교 국어 교과서는 어떠한지 분석한다. 이에
앞서 분석 기준 및 방법을 밝힌다.

6.3 분석 기준 및 방법

본장에서는 2011년 현재 사용 중인 양국의 초등학교 국어 교과서 6년분
을 대상으로 분석하였다. 한국은 '2007 개정 교육과정'에 의해 2009
년~2011년까지 시차 발행된 6년분 읽기 교과서 12권이며, 일본은 이른바
'제 7기' 교육과정(新學習指導要領)에 의해 2011년에 발행된 미쓰무라도서(光村
圖書)의 교과서 6년분 10권을 대상으로 한다. 단, 일본은 말하기 · 듣기 · 쓰
기영역의 단원을 제외하였다. 121)

　　　<한국>
　　　교육과학기술부(2009)『국어 읽기』 1-1, 1-2, 2-1, 2-2
　　　교육과학기술부(2010)『국어 읽기』 3-1, 3-2, 4-1, 4-2
　　　교육과학기술부(2011)『국어 읽기』 5-1, 5-2, 6-1, 6-2

---

121) 한국은 별도의 『읽기』 교과서를 가지고 있는데, 이중 표지 · 속지 및 부록표를 제외한
　　　'텍스트' 및 '학습내용'을 모두 산정한 것이다. 한편, 일본은 통합본이므로, 말하기 · 듣
　　　기, 쓰기와 부록표 및 표지를 제외하였다.

<일본>
光村図書(2011)『国語』1上·1下, 2上·2下, 3上·3下, 4上·4下, 5, 6

텍스트는 '학습활동'과 구분을 짓기 위해 한 페이지 이상인 경우로 한정하되, '시(詩)'는 분량에 관계없이 모두 포함시킨다.

다음은 교육과학기술부(2011)의 교과서 집필기준에서 제시하는 분류기준이다. 이중 밑줄 친 '문예문'을 '문학텍스트'로 보고 나머지는 모두 '비문학텍스트'로 분류하여 분석한다.

1) 정보를 전달하는 글 : 설명문, 보고문, 답사기행문, 기사문, 전기문, 안내문(포스터)
2) 설득하는 글 : 논설문, 안내문, 사설 및 칼럼, 강연문, 비평문
3) 친교 및 정서를 표현하는 글 : 일기, 생활문, 문예문(소설·시·희곡·수필)

단, 일부 만화(漫畫)의 형식을 취한 경우가 있는데, 만화는 표현수단으로 간주하여 원전 및 내용에 의해 소설, 설명문, 생활문 등으로 분류한다. 예를 들어, '홍길동전'이 만화로 제시되었다면 '소설'로, '도서관 이용법'이 만화로 제시되었다면 '설명문'으로 분류하는 방식이다.

양국 모두 소설·희곡·수필 등의 산문(散文)에서는 '소설'이 대부분을 차지하고 있다. 따라서 본서에서는 이를 집중적으로 다룬다. 일반적으로 '소설'이라 하면 주제, 구성(인물·사건·배경), 문체라는 세 가지 요소를 갖춘 장르를 가리키나 초등학교 텍스트에서 이를 충족하는 예는 극히 드물다. 따라서 본고에서는 '소설'을 고소설(古小說)을 포함하여 동화, 설화(신화·전설·우화(寓話)·민담), 실화, 일본의 산문문학인 모노가타리(物語) 등을 아우르는 대범주로 사용하였다. 김경남(2012)에서는 초등학교 교과서는 교육과정기마다 차이가 크나 '동화'가 많고, 특히 저학년에서는 '우화'가 많은 반면 고학

년으로 갈수록 '희곡'이나 '소설'이 많다고 설명하고 있지만, 실제, 초등학교 텍스트에서 이들 장르를 명확히 구별하기는 어렵다고 본다.

'희곡'이란 연극·영화·드라마·전통 무대극 등을 위한 시나리오를 말하나 양국 모두 수록 작품이 극히 적다. 단, 일본보다는 한국 교과서에 수록 편수 및 페이지 할애량이 많다. '수필'은 초등학교라는 특수성을 감안하여 비평문은 물론, 생활문이나 일기, 서간문, 기행문, 독후감 등을 모두 비문학텍스트로 분류한다. 양국에서 수필문학으로 인정하고 있는 '마쿠라노 소시(枕草子)'와 '쓰레즈레구사(徒然草)', 2편에 한정한다. '시(詩)'는 시, 동시(동요)는 물론 시조, 일본의 와카(和歌), 하이쿠(俳句), 한시(漢詩) 등, 시가(詩歌)를 포함한 대범주로 본다.

한편, '비문학텍스트'에는 설명문, 논설문(주장문, 의견문), 전기문(자서전 및 일화 포함)은 물론 일기, 기행문, 서간문, 불특정 학생이나 집필진에 의한 생활문 등을 포함시킨다. 이상을 정리하면 다음과 같다.

▌문학텍스트
- 소설 : 소설, 동화, 설화, 민화, 우화, 모노가타리(物語) 등
- 희곡 : 연극·영화·드라마·전통 무대극 등을 위한 시나리오
- 수필 : 개인의 사색을 다룬 글(단, 수필문학으로 인정된 작품에 한함)
- 시　 : 시, 동시(동요), 시가(시조, 단가(短歌), 하이쿠(俳句), 한시(漢詩) 등

▌비문학텍스트
- 설명문 : 정보 전달을 목적으로 독자들이 이해하기 쉽게 풀어서 쓴 글
- 논설문(의견문, 주장문) : 자신의 생각이나 의견을 주장하는 글
- 전기문(자서전, 일화) : 특정 인물의 일생의 행적을 기록한 글
- 감상·비평문 : 예술 작품에 대한 분석 및 평가를 기록한 글
- 일기·서간문 : 일상을 기록한 글
- 안내문(기사, 광고 등) : 실용적 목적으로 전달하는 글
- 생활문 : 예시문의 형식으로 집필진에 의한 작성된 글

텍스트의 비율 및 장르별 비율은 해당 시기의 교육과정 및 성취기준과 연관이 있으므로 본론에 들어가기에 앞서 국어과 교과서에서 차지하는 텍스트와 학습활동의 비율, 문학텍스트와 비문학텍스트의 비율을 분석한다.

6.4 텍스트와 학습활동의 비율 대조

국어 교과서에서 텍스트와 학습활동의 비율 및 문학텍스트와 비문학텍스트의 비율은 국어과의 교육목표(성취기준)와 무관하지 않다. <표 68>은 전체 교과서에서 차지하는 텍스트와 학습활동의 비율이다. 이중 텍스트는 다시 '문학텍스트'와 '비문학텍스트'로 나누어 제시하되,[122] 저·중·고학년 군별 변화를 살펴보기 위해 각각 합계를 내어 나타냈다. 단, 부록표 및 표지·속지는 제외한다.

<표 68> 한·일 국어 교과서의 텍스트와 학습활동의 페이지 수 및 비율(%)

		텍스트			학습활동	총계
		문학 텍스트	비문학 텍스트	소계		
한국	저	147(28.8)	129(25.3)	276(54.1)	234(45.9)	510(100)
	중	162(24.5)	238(35.0)	400(60.5)	261(39.5)	661(100)
	고	259(33.1)	257(32.9)	516(66.0)	266(34.0)	782(100)
	계	568(28.8)	624(31.1)	1,192(61.0)	761(39.8)	1,953(100)
일본	저	204(49.8)	79(19.3)	283(69.0)	127(31.0)	410(100)
	중	215(50.0)	100(23.3)	315(73.3)	115(26.7)	430(100)
	고	148(33.8)	190(43.4)	338(77.2)	100(22.8)	438(100)
	계	567(44.5)	369(28.7)	936(73.2)	342(26.8)	1,278(100)

---

122) 단, 편의상 텍스트와 학습활동이 함께 수록된 페이지는 모두 텍스트로 산정하였으므로, 엄밀하게 따지면 실제 텍스트의 양은 제시한 수치보다 적다.

한국의 초등학교 6년분 교과서의 읽기 교재를 페이지수로 산정하면 1,953 페이지이고 일본은 1,278페이지로, 교과서 전체의 양(量)은 한국이 일본의 1.53배에 이른다. 이 중 텍스트의 양을 보면 한국은 평균 61.0%로, 73.2%인 일본보다 12.2% 정도 낮았다. 즉, 학습활동의 양은 일본보다 12.2% 높은 것으로 나타났다. 즉, 한국의 교과서는 상대적으로 '텍스트'의 내용을 확인하고 평가하는 '학습활동'의 비율이 일본에 비해 높다고 할 수 있다.

텍스트에서 차지하는 문학텍스트 및 비문학텍스트의 비율을 보면, 저·중학년에서는 일본의 교과서가 문학텍스트의 비율이 현저히 높았다. 즉, 고학년에서는 양국 간의 차이가 줄고 있는데, 이는 한국의 비율이 늘어난 탓도 있으나 일본이 고학년에서 비문학텍스트의 비율을 늘리고 있는 데에 원인이 있다고 할 수 있다.

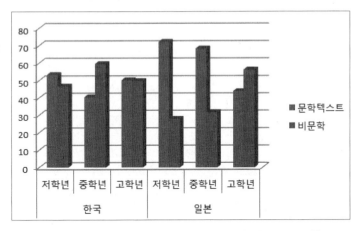

<그림 113> 저·중·고학년 군별 문학텍스트와 비문학텍스트의 비율

<그림 113>은 6년간 텍스트 전체에서 차지하는 문학테스트와 비문학텍스트의 비율을 알기 쉽게 나타낸 것이다. 일본은 일관성 있게 문학텍스트가 줄고 비문학텍스트의 비율은 증가한 반면 한국은 학년 급별 일정한 규칙이

나타나지 않았다. 즉, 한국은 중학년에서는 비문학텍스트가 높아졌다가 고
학년에서는 다시 낮아졌음을 알 수 있다. 6.5에서는 문학텍스트를 장르별로
세분하여 분석한다.

6.5 문학텍스트의 장르별 대조

<표 69>는 양국의 저·중·고학년 교과서에 수록된 문학텍스트를 크게
산문(소설·희곡·수필)과 운문(시)으로 나누고, 운문에 속하는 시는 시와
시가(시조, 和歌, 俳句)로 하위 구분한다.

<표 69> 한·일 국어 교과서 문학텍스트의 장르별 작품수 및 비율(%)

		산문				운문		
		소설	희곡	수필	소계	시	시가	소계
한국	저	33(100)	-	-	33(100)	28(100)	-	28(100)
	중	31(96.9)	1(3.1)	-	32(100)	24(96.0)	1(4.0)	25(100)
	고	26(89.7)	3(10.3)	-	29(100)	32(94.1)	2(5.9)	34(100)
	계	90(95.7)	4(4.3)	-	94(100)	84(96.6)	3(3.4)	87(100)
일본	저	17(100)	-	-	17(100)	23(100)	-	23(100)
	중	15(93.8)	1(6.2)	-	16(100)	18(26.9)	49(73.1)	67(100)
	고	12(80.0)	1(6.7)	2(13.3)	15(100)	4(9.3)	39(90.7)	43(100)
	계	44(91.7)	2(4.2)	2(4.2)	48(100)	45(33.8)	88(66.2)	133(100)

<그림 114>는 저·중·고학년에 걸쳐 소설·희곡·수필의 비율의 변화
를 그래프로 나타낸 것이다. 양국 모두 산문에서는 소설이 주를 이루고 있
고 희곡과 수필은 극히 적었다. 단, 고학년에 올라가면서 한국은 희곡이, 일
본은 수필이 늘고 있음을 알 수 있다.

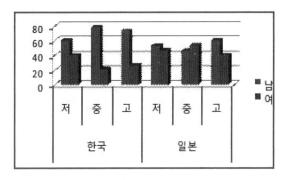

<그림 114> 소설·희곡·수필의 작품 비율

<그림 115>는 저·중·고학년 교과서에 수록된 시·시가의 편수 및 비율의 변화를 그래프로 나타낸 것이다.

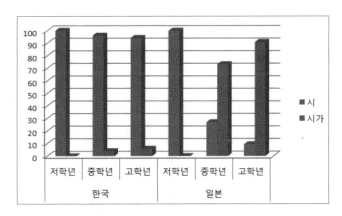

<그림 115> 시·시가의 작품 비율

한국은 시가 주를 이루고 시가(시조)는 극히 적었다. 반면, 일본은 저학년에서는 주로 시를 다루고 있고 중학년부터 단가(短歌), 하이쿠(俳句) 등의 시가의 비중이 급격히 높아지는 것을 볼 수 있다. 즉, 양국이 정반대의 경향을 나타내고 있다.

<표 70>은 <표 69>와 같은 방법으로 페이지수를 산출한 것이다.

<표 70> 한·일 국어 교과서 문학텍스트의 장르별 페이지수 및 비율(%)

		산문				운문		
		소설	희곡	수필	소계	시	시가	소계
한국	저	110(100)	-	-	110(100)	37(100)	-	37(100)
	중	125(95.4)	6(8.0)	-	131(100)	29(96.7)	1(3.3)	30(100)
	고	182(87.5)	26(22.5)	-	208(100)	51(98.1)	1(1.9)	52(100)
	계	417(92.9)	32(7.1)	-	449(100)	117(98.3)	2(1.7)	119(100)
일본	저	170(100)	-	-	170(100)	34(100)	-	34(100)
	중	163(94.2)	10(5.8)	-	173(100)	22(52.4)	20(47.6)	42(100)
	고	110(90.2)	9(7.4)	3(2.5)	122(100)	12(46.2)	14(53.8)	26(100)
	계	443(95.3)	19(4.1)	3(0.6)	465(100)	68(66.7)	34(33.3)	102(100)

<그림 116>은 위의 저·중·고학년 교과서에 수록된 소설·희곡·수필의 페이지 비율의 변화를 그래프로 나타낸 것이다. 양국 모두 페이지의 비율에서 소설이 현저히 높은 것을 알 수 있다. 희곡이나 수필의 비율은 극히 낮은데, 희곡은 한국이, 수필은 일본이 약간 양이 많았다.

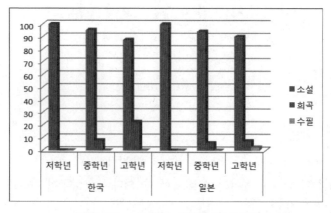

<그림 116> 소설·희곡·수필의 페이지 비율

<표 69>에서 양국 교과서에 수록된 소설의 작품수는 한국이 90편으로, 44편인 일본의 2.1배이다. 단, <표 70>의 페이지수로 계산해 보면 한국은 작품당 4.6페이지인데 비해 일본은 10.1페이지로, 일본이 작품수는 적지만 작품의 전문을 싣는 등, 작품당 많은 양의 페이지를 할애하고 있음을 알 수 있다. 예를 들어 <표 71>과 같이, 소설에서 10페이지를 넘게 할애한 작품 수를 보면, 한국은 10편에 지나지 않고 주로 고학년에 등장하는데 비해, 일본은 26편으로 1학년부터 적극적으로 싣고 있음을 알 수 있다. 초등학교 교과서에서 작품의 양이 아동의 발달단계에 적합한지 지나치게 많은 수의 작품을 제시하고 있지 않은지, 검토가 필요하다.

<표 71> 한·일 국어 교과서에서 10페이지 이상 할애한 소설 수

	저학년	중학년	고학년
한국	-	1(3.2)	8(30.8)
일본	9(52.9)	11(73.3)	6(50.0)

(숫자는 편수, ( )안은 해당 학년군의 전체소설에서 차지하는 비율)

다음은 한·일 초등학교 교과서에서 10페이지 이상 할애한 소설의 목록이다. (앞은 학년, 뒤는 페이지수)

· 한국 : 우리는 한편이야(3/10), 샬롯의 거미줄(5/19), 나를 싫어한 진돗개(5/16), 메아리(5/15), 마당을 나온 암탉(5/11), 바다 건너 불어온 향기(6/12), 방구아저씨(6/11), 송아지가 뚫어준 울타리 구멍(6/10), 꿈을 찍는 사진관(6/10)……

· 일본 : だってだってのおばさん(1/18), おおきなかぶ(1/10), くじらぐも(1/10), 黄色いバケツ(2/18), スーホの白い馬(2/16), わたしはおねえさん(2/12), お手紙(2/12), スイミー(2/10), ちいちゃんのかげおくり(3/15), 海をかっとばせ(3/13), モチモチの木(3/13), いろはにほへど(3/12), きつつきの商売(3/11), 三年とうげ(3/11), ごんぎつね(4/18), 初雪のふる日(4/15), 白いぼうし(4/13), 茂吉のねこ(4/12), かげ(4/11), 一つの花(4/11), 三つのお願い(4/10), わらぐつの中の神様(5/19), 大造じいさんとガン(5/18), 幽霊を探す(5/11), カレーライス(6/14), やまなし(6/13), 海の命(6/12)……

<그림 117>은 위의 저 · 중 · 고학년 교과서에 수록된 시 · 시가의 페이지 비율의 변화를 각각 그래프로 나타낸 것이다. 시(詩)에서 전체적인 비율을 고려해 보면 일본이 많고, 한국은 고학년으로 올라갈수록 시의 양이 많아지나 시가는 거의 다루고 있지 않고, 일본은 학년이 올라가면서 시의 페이지 비율은 줄고 시가가 늘고 있다. 한국은 전체적으로는 페이지 할애 분량이 줄었으나 학년 급별 규칙은 발견되지 않았다. 이하, 소설, 희곡, 수필, 시(시 · 시가) 순으로 분석해 간다.

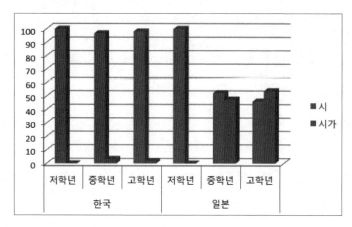

<그림 117> 시 · 시가의 페이지 비율

6.5.1 소설

'소설(小說)'은 양국 교과서에 수록된 산문의 대부분을 차지하고 있다. 소설에 나타난 시대 및 배경, 작가 · 주인공의 성차 및 작품에 나타난 타문화 수용양상 분석을 통하여 양국의 교과서에 나타난 사회 · 문화적 특징을 도출해 간다. 박종덕(2006)에서는 초등학교 교과서 텍스트의 장르 선호도 및 추구·의도하는 가치관, 작가의 성격(성별, 국적, 배경, 세대), 등장인물의 성격 (성별, 인종, 세대, 역할)을 분석하고 있는데, 이를 참고로 한다.

6.5.1.1 제작 시기 및 배경에 나타난 시대 분석

교과서에서 주로 사용되는 작품의 제작 시기 및 시대적 배경은 그 국가 사회에서 중요한 의미가 있는 시기라는 해석이 가능하다.

<표 72>는 소설을 제작시기에 의해 19세기를 기준으로 고전과 근·현대 (20세기 이후)로 나누되, 전자를 다시 작자가 명확한지에 의해 전래소설과 창 작소설로 나눈 것이다. 단, 고전소설 중에서도 일본의 '다케토리이야기(竹取 物語)', '헤이케이야기(平家物語)'와 같이 작자는 미상이나 20세기 이전의 원문 이 남아있는 경우는 창작소설로 분류한다. 전래소설을 새롭게 엮거나 각색 한 경우는 편집자의 출처가 명시되었다 할지라도 전래소설로 간주한다.[123]

<표 72> 한·일 국어 교과서 소설의 제작시기에 따른 분류

(숫자는 작품수, ( )안은 %)

		고전소설			근·현대소설	총계
		전래	창작	소계	창작	
한국	저학년	18(54.5)	-	18(54.5)	15(45.5)	33(100)
	중학년	16(51.6)	-	16(51.6)	15(48.4)	31(100)
	고학년	7(26.9)	-	7(26.9)	19(73.1)	26(100)
	계	41(45.6)	-	41(45.6)	49(54.4)	90(100)
일본	저학년	2(11.8)	-	2(11.8)	15(88.2)	17(100)
	중학년	-	-	-	15(100)	15(100)
	고학년	-	2(16.7)	2(16.7)	10(83.3)	12(100)
	계	2(3.9)	2(5.6)	4(9.5)	40(90.5)	44(100)

---

123) 한국 교과서의 '금강산도라지'(1-1), '어부와 멸치'(1-2), '백두산 장생초'(2-2), '심술보 터진 놀부'(6-2) 등.

<표 72>와 같이 한국은 시기적으로 고전작품이 45.6%, 근 · 현대작품이 54.4%이고 고학년이 되면서 근 · 현대소설의 비중이 늘고 있다. 한편, 일본은 고전작품이 9.5%, 저자가 명확한 근 · 현대기의 창작소설의 비율이 90.5%인 것과 비교하면 대비를 이룬다. 한국은 작자 미상의 전래소설의 비율이 45.6%으로, 문제점으로 지적될 수 있다. 즉, 필요에 따라 내용을 각색한, 출처가 불분명한 글이 지나치게 많은데 이같이 작품의 작자가 명확하지 않다는 것은 종전의 일본 교과서에서도 지적된 문제점의 하나로, 이른바 교재의 안정성(安定性)이 떨어진다고 볼 수 있다.124) 특히, 전래소설이 고전을 배경으로 한 전통적이고 특정 가치덕목을 나타내는 내용이거나 동물이 등장하는 교훈적인 내용을 담고 있다는 점도 문제점으로 지적될 수 있다. 뒤에서 다루겠지만, 전래소설의 제재가 주로 '협력(배려) · 가족애', '용기' 및 '지혜' 등 교훈적이거나 특정 가치덕목과 관련된 내용이 대부분이라는 점은 일본과 구별되는 한국 교과서의 특징이라고 할 수 있다.

반면, 일본은 작자 미상이 4.5%로, 극히 적었다. 앞서 지적했듯이 한국의 경우 근대문학의 태동이 일본보다 늦어지면서 작품의 인프라가 적은 것도 커다란 요인이지만, 국가 이데올로기 및 사회 · 문화적 환경으로 인해 작가에 대한 평가가 끝나지 않은 점도 작품 선정의 어려움으로 작용한다고 할 수 있다.

일본은 교과서용 텍스트가 하나의 장르를 형성하고 있다고 할 수 있다. 즉, 전래소설이 2편에 지나지 않고, 저자가 명확한 창작소설이 대부분이며, 이중에는 기성작가가 교과서용으로 새롭게 창작한 글이 다수 포함되어 있다.

다음은 작품의 내용에 나타난 시대적 배경을 통해 양국의 시대에 대한 선호도를 살펴보고자 한다. <표 73>은 작품에 나타난 시대적 배경을 조사하기 위해, 근 · 현대기에 제작된 소설을 작품의 내용에 나타난 시대적 배경

---

124) 이토 외(佐藤他, 1996 : 37).

이 고전인지 근·현대인지에 의해 구분한 것이다. <그림 118>은 이를 그래프로 나타낸 것이다.

<표73> 한·일 국어 교과서 소설의 내용에 나타난 시대 배경에 의한 분류

(숫자는 작품수, (   )안은 비율)

		고전소설	근현대소설			합계
		고전 배경	고전 배경	근·현대 배경	소계	
한	저	18(54.5)	2(6.1)	13(39.4)	15(45.5)	33(100)
	중	16(51.6)	6(19.4)	9(29.0)	15(48.4)	31(100)
	고	7(26.9)	4(15.4)	15(57.7)	19(73.1)	26(100)
	계	41(45.6)	12(13.3)	37(41.1)	49(54.4)	90(100)
일	저	-	11(64.7)	6(35.3)	17(100)	17(100)
	중	-	8(53.3)	7(46.7)	15(100)	15(100)
	고	2(16.7)	6(50.0)	4(33.3)	10(83.3)	12(100)
	계	2(4.5)	25(56.8)	17(38.6)	42(95.5)	44(100)

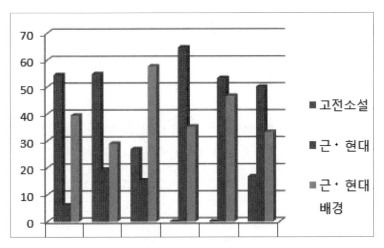

<그림 118> 국어 교과서 소설의 내용에 나타난 시대 배경에 의한 분류

한국은 전체 54.4%에 해당하는 49편의 근·현대에 쓰인 창작소설 중, 작품의 배경이 근·현대인 경우는 75.5%이고 고전은 24.5%이었다. 반편, 일

본은 95.5%에 해당하는 42편의 창작소설 중, 작품의 배경이 근·현대인 경우는 51.1%이고 고전은 48.9%로, 근·현대소설 중에서 고전을 배경으로 하는 작품의 비율은 일본이 현저히 높았다. 일본은 근·현대기에 의해 고전을 배경으로 창작하는 비율이 높은데 반해, 한국은 이를 전래소설에 의존하고 있음을 알 수 있다.

결과적으로 작품의 제작시기가 고전 이전이거나 작품의 시대적 배경이 고전인 경우는 한국 58.9%, 일본 47.7%로, 한국이 현저하게 비율이 높은 것으로 나타났다.

6.5.1.2 작가의 성차

<표 74>는 작가의 성차(性差)를 나타낸 것이다. 앞서 밝혔듯이 한국은 작자 미상의 전래소설이 많아 성별 역시 알 수 없는 경우가 많다. 작가의 성별이 명확한 경우로 한정하되, '이솝 우화'와 같이 원본이 명확하지 않은 경우나, 전래소설을 엮거나 각색한 경우는 제외한다. 이를 그래프로 나타낸 것이 <그림 119>이다.

<표 74> 한·일 국어 교과서 소설의 작가의 성차

(숫자는 작품수, ( )안은 %)

		남	여	계
한국	저	9(60.0)	6(40.0)	15(100)
	중	11(78.6)	3(21.4)	14(100)
	고	14(73.7)	5(26.3)	19(100)
	계	34(70.8)	14(29.2)	48(100)
일본	저	9(52.9)	8(47.1)	17(100)
	중	7(46.7)	8(53.3)	15(100)
	고	6(60.0)	4(40.0)	10(100)
	계	22(53.2)	20(46.8)	42(100)

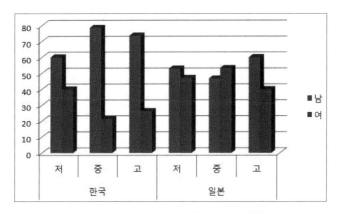

<그림 119> 국어 교과서 소설의 작가의 성차

텍스트 중 작가의 성별이 확인 가능한 경우에 한해 남녀의 비율을 조사한 결과, 한국은 남성이 평균 70.8%이고 여성은 29.2%로, 남자의 비율이 우 높았다. 한편, 일본은 남성이 53.2%, 여성 46.8%로 상대적으로 남녀의 비율이 유사함을 알 수 있다.

6.5.1.3 소설의 주인공의 선호도 및 성차

먼저, <표 75>는 소설의 주인공을 조사한 것이다. 이를 그래프로 나타낸 것이 <그림 120>이다.

<표 75> 한·일 국어 교과서 소설의 주인공 분포

(숫자는 작품수, ( )안은 %)

		인간	동·식물 등	기타	계
한국	저	22(66.7)	6(18.2)	5(15.2)	33(100)
	중	24(77.4)	6(19.4)	1(3.2)	31(100)
	고	20(76.9)	5(19.2)	1(3.8)	26(100)
	계	66(73.3)	17(18.9)	7(7.8)	90(100)

일본	저	8(44.4)	9(50.0)	1(5.6)	18(100)
	중	11(73.3)	4(26.7)	0	15(100)
	고	11(84.6)	2(15.4)	0	13(100)
	계	30(66.6)	15(32.6)	1(2.2)	46.0(100)*

*인간과 동물이 주인공인 경우 중복 산정함

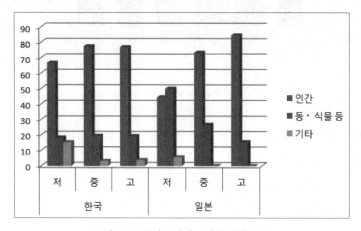

<그림 120> 국어 교과서 소설의 주인공 분포

소설의 주인공의 비율을 보면 한국은 인간인 경우가 73.3%이고 일본은 66.6%로 한국이 높았다. 한편, 동·식물인 경우는 한국은 18.9%이고 일본은 32.6%로, 일본이 높았다. 상대적으로 한국은 주로 '인간'의 비율이 높고, 일본은 '동물'의 비율이 현저히 높다고 할 수 있다. 李美淑(2013)에서는 한국이 국어 교과서 삽화에서 인간의 등장 비율이 높고, 어휘에서도 '분류어휘표'(1964)의 5개 부문 대분류에서도 특히 '인간 활동의 주체'를 나타내는 어휘 범주에서 한국의 비율이 높은 것을 밝힌 바 있다. 문학텍스트의 대표적인 장르인 소설에 등장하는 주인공에서 나타나는 이 같은 특징이 그대로 반영된 것이라 할 수 있다. 저·중·고학년의 변화를 보면, 한국은 학년군 간 변화가 뚜렷하지 않은 반면, 일본은 주인공이 '인간'인 경우는 늘어나고 반대로 주인공이

'동물'인 경우는 현저하게 낮아져, 학년군 간 변화가 큰 것으로 나타났다.

　다음은 작품의 주인공의 성차(性差)를 살펴본다. <표 76>은 앞의 <표 75>에서 주인공이 '인간'인 경우에 한해 성차를 나타낸 것이다. 단, 주인공이 2인 이상 복수인 경우는 각각 산정하였다. 이를 그래프로 나타낸 것이 <그림 121>이다.

<표 76> 한·일 국어 교과서 소설의 주인공의 성차

(숫자는 작품수, ( )안은 %)

		남	여	계
한국	저	16(61.5)	6(38.5)	22(100)
	중	24(82.8)	5(17.2)	29(100)
	고	16(76.2)	5(23.8)	21(100)
	계	56(73.5)	16(26.5)	72(100)
일본	저	6(66.7)	3(33.3)	9(100)
	중	7(63.6)	4(36.4)	11(100)
	고	9(64.3)	5(35.7)	14(100)
	계	22(64.7)	12(35.3)	34(100)

*주인공이 복수인 경우 중복 산정함

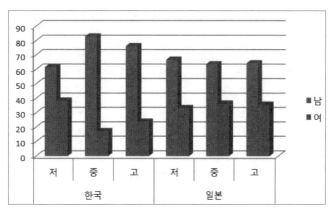

<그림 121> 국어 교과서 소설의 주인공의 성차

한국은 남성이 주인공인 경우가 73.5%, 여성이 26.5%로 성차가 높게 나타 났다. 일본 역시 남성 64.7%, 여성 35.3%로 남성의 비율이 높으나 한국에 비 해서는 낮은 편이다. 저 · 중 · 고학년군 간의 특징은 보이지 않았으나 양국 모 두 주인공이 남성의 비율이 현저히 높았고, 특히 한국의 경우가 격차가 큼을 알 수 있다. 이는 일반적으로 양국의 소설 전반에서 주인공이 남성인 경우가 높을 거라는 유추 또한 가능하다. 그렇다고 할지라도 교과서의 텍스트에 등장 하는 소설의 주인공의 성차에 대하여는 특별히 고려가 필요하다고 판단된다.

6.5.1.4. 소설의 주인공의 세대 선호도

<표 77>은 소설의 주인공의 세대(연배)를 조사한 것이다. 이를 통해, 교과서 에서 선호하는, 혹은 사회적으로 중요시되는 세대를 파악하는 하나의 잣대가 될 수 있을 것이다. 초등학교 교과서라는 점을 감안하여, 편의상 초등학생과 동년배인 경우는 '소년 · 소녀'로 하되, 그 이후부터 20대까지는 '청년'으로, 그 이후는 '장년'으로 처리하였다.[125] 단, 주인공이 2인 이상 복수인 경우는 각각 산정하였다. 이를 알기 쉽게 그래프로 나타낸 것이 <그림 122>이다.

<표 77> 한 · 일 국어 교과서 소설의 주인공의 세대

(숫자는 작품수, ( )안은 %)

			소년 · 소녀	청년	장년	계
한 국	저	남	9(40.9)	1(4.5)	6(27.3)	22(100)
		여	4(18.2)	1(4.5)	1(4.5)	
	중	남	13(44.8)	3(10.3)	8(27.6)	29(100)
		여	3(10.3)	-	2(6.9)	
	고	남	7(24.1)	4(13.8)	5(17.2)	21(100)
		여	4(13.8)	-	1(3.4)	

---

125) 자의적 해석의 여지가 있어 단순하게 구분함. 편의상 기혼이거나 어머니, 아저씨, 할머 니, 노인으로 등장한 경우 모두 '장년'으로 분류하였음.

계	남	29(40.3)	8(11.1)	19(26.4)	72(100)	
	여	11(15.3)	1(1.4)	4(5.6)		
일본	저	남	3(33.3)	-	3(33.3)	9(100)
		여	1(11.1)	-	2(22.2)	
	중	남	3(27.3)	-	4(36.4)	11(100)
		여	4(36.4)	-	-	
	고	남	4(28.6)	-	5(35.7)	14(100)
		여	3(21.4)	1(7.1)	1(7.1)	
	계	남	10(29.4)	-	12(35.3)	34(100)
		여	8(23.5)	1(2.9)	3(8.8)	

*주인공이 복수인 경우 중복 산정함

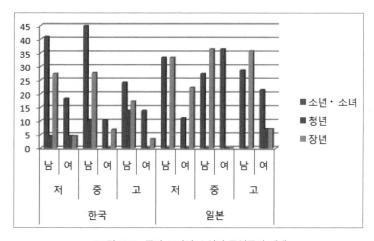

<그림 122> 국어 교과서 소설의 주인공의 세대

　양국 모두 동년배인 소년·소녀를 주인공으로 한 작품의 비율이 높다는 점에서는 공통적이다. 소년·소녀만으로 보면 한국은 각각 61.5%, 38.5%이고, 일본은 각각 55.6%, 44.4%로, 한국 쪽이 소년을 주인공으로 한 비율이 높음을 알 수 있다. 교과서 전체로 확대해 보면 한국 교과서는 소년을 주인공으로 한 작품이 29편으로, 교과서 전체의 40.3%를 차지하고 있고 그 다

음은 남·장년(26.4%, 19편), 소녀(15.3%, 11편)이었다. 한편, 일본은 남·장년
이 12편으로 전체의 35.3%를 차지했으며, 그 다음으로 소년(29.4%, 10편), 소
녀(23.5%, 8편)로 이어지고 있다.

한국의 경우, 교과서를 사용하는 학생들의 동년배가 등장하는 작품에서
주인공이 소년인 작품의 수 및 비율이 소녀에 비해 현저하게 높은 것은 문
제점으로 지적할 수 있다. 또한, 양국 모두 여성의 경우, 청년이나 장년의
비율이 극히 낮아, 이들이 사회에서 주목받지 못하고 있음을 보여준다. 이
에 대하여는 앞으로 심각하게 고려가 필요하다고 할 수 있다.

6.5.1.5 타문화 수용양상

전체 소설 중에서 외국작품의 비율을 분석함으로서 타문화 수용양상을
살펴보고자 한다. <표 78>은 외국작가의 작품수와 그에 할애된 페이지수,
그리고 작품당 페이지수를 나타낸 것이다. 단, 한국 교과서는 이른바 '이솝
우화'나 '아라비안나이트' 등에 등장하는 일화가 각색되어 등장하고 있는
데, 이는 제외하였다.126)

〈표 78〉 한·일 국어 교과서 소설 중 외국 작품수 및 페이지수

(( )안은 전체 소설에서의 %)

	작품수	페이지수	작품당 페이지수
한	6편(6.0)	37(8.9)	6.2
일	8편(22.7)	92(20.8)	11.5

---

126) 목록은 다음과 같다.
　　· 이솝우화 : 소 세 마리(3-1), 염소 두 마리(3-1), 황금알을 낳는 거위(3-1), 새들의 왕
　　　뽑기(3-2)
　　· 아라비안나이트 : 공주를 구한 삼 형제(3-1)
　　· 중국 전래 : 조개와 황새(6-1)

외국작품의 편수 및 비율, 페이지수 및 비율 모두 일본이 높은 것을 알 수 있다. <표 79>는 외국소설의 목록이다.

<표 79> 한·일 국어 교과서에 등장하는 외국소설 목록

한국			일본		
작품명(학년)	작가	나라	작품명(학년)	작가	나라
똘똘이의 친구 찾기(3-1)	필리파 피어스	영국	ずっと、ずっと、大好きだよ(1-2)	한스 빌헬름	독일
눈사람(3-2)	조지 섀넌	미국	スイミー(2-1)	레오 레오니	네덜란드
바보 이반(4-2)	톨스토이	러시아	お手紙(2-2)	아놀드 로벨	미국
사라, 버스를 타다(5-1)	윌리엄 밀러	미국	三年峠(3-2)	李錦玉	한국
샬롯의 거미줄(5-2)	엘윈브룩스 화이트	미국	かげ(4-1)	니콜라이	러시아
삐삐는 언제나 제맘대로야(6-1)	아스트리드 린드그랜	스웨덴	三つのお願い(4-2)	루실 클링턴	미국
			のどがかわいた(5)	빌리 오르레브	폴란드
			幽霊をさがす(5)	마가렛 마히	뉴질랜드

한국 교과서에 등장하는 외국 소설은 '바보 이반'(러시아), '사라, 버스를 타다'(미국), '샬롯의 거미줄'(미국) 등, 6편에 불과한데, 이중 3편이 미국작가이다. 반면, 일본은 'ずうっと、ずっと、大好きだよ'(독일), 'スイミー'(네덜란드), 'お手紙'(미국), '三年とうげ'(한국), 'かげ'(러시아), 'のどがかわいた'(폴란드), '幽霊をさがす'(뉴질랜드) 등과 같이 상대적으로 다양한 나라에 걸쳐 근·현대 작가의 작품을 8편 채택하고 있다. 작품당 페이지수를 보아도 한국은 편당 6.2페이지에 불과하나 일본은 편당 11.5페이지를 할애하고 있어 2배에 이르는 것으로 나타났다. 이를 통해 일본이 타문화 관련 작품을 적극 수용하고 있음을 보여준다고 평가할 수 있다.

6.5.1.6 소설의 제재 및 가치덕목

<표 80>은 소설의 제재와 관련하여 가치덕목을 조사한 것이다. 제재에 나타난 분포를 통해 양국의 사회·문화적 특징을 엿볼 수 있을 것이다. 단, 한 작품에서 다양한 제재를 다루고 있는 경우가 많은데, 편의상 대표적인 제재로 처리하였다.

<표 80> 한·일 국어 교과서 소설의 제재[127]

제재	한국 (90편)		일본 (44편)	
	제목	편수(%)	제목	편수(%)
지혜 (꾀)	꾀를 내어서, 냄새 맡은 값, 삼년고개, 나무그늘을 산 총각 등	21편 (23.3)	お手紙, ばけくらべ, 三年とうげ 등	5편 (11.4)
협력 (배려/우애)	소세마리, 황소아저씨, 만년샤쓰, 우정에 대하여 등	17편 (18.9)	おおきなかぶ, くじらぐも, スイミー, のどかわいた, 黄色いバケツ, のどかわいた 등	9편 (20.5)
가족애	금강산도라지, 백두산장생초, 우리는 한편이야, 메아리 등	10편 (11.1)	ちいちゃんのかげおくり, 一つの花, カレーライス 등	5편 (11.4)
욕심	소금을 만드는 맷돌, 송아지와 바꾼 무, 황금알을 낳는 거위, 심술보 터진 놀부 등	9편 (10.0)	-	-
용기	불개이야기, 주먹이의 모험, 마당을 나온 암탉 등	7편 (7.8)	海をかっとばせ, モチモチの木 등	2편 (4.5)
다양성 (타문화)	괜찮아, 이모의 결혼식, 똘똘이의 친구 찾기, 바다 건너온 향기, 삐삐는 언제나 마음대로야 등	6편 (6.7)	-	-
동물	고양이는 나만 따라해, 나를 싫어한 진돗개, 송아지가 뚫어준 구멍 등	4편 (4.4)	おむすびころりん, たぬきの糸, かげ, 大造じいさんとガン, ごんぎつね 등	11편 (25.0)

127) 순서는 편의상 한국 교과서의 빈도에 준함.

자연	만복이는 풀잎이다, 나무야 누워서 자라 등	4편 (4.4)	ふきのとう, 白いぼう し 등	3편 (6.8)
판타지 (해학)	거꾸로 나라 임금님, 꿈을 찍는 사진관, 오가리살 이야기 등	4편 (4.4)	やまなし, 初雪の降る 日, 額に柿の木, 竹取物 語, 河鹿の屏風 등	7편 (15.9)
충	선문대할망, 김덕령이야기, 방구아저씨 등	3편 (3.3)	いろはにほへど 등	1편 (2.3)
자존 (정직)	괜찮아, 자기자랑, 사라 버스 를 타다 등	3편 (3.3)	海の命	1편 (2.3)

양국 모두 텍스트의 많은 부분이 지혜(꾀), 협력(배려/우애), 가족애, 용기, 욕심(을 부려서는 안된다는 교훈), 동물 및 자연과의 교감 등과 관련이 있다. 특히 한국은 상대적으로 '지혜(꾀), 욕심, 용기'라는 가치덕목을 강조하고 있음을 알 수 있다.

타문화 수용과 관련이 있는 '다양성(타문화)'과 관련하여 한국은 다양한 제재를 다루고 있었다. 즉, 한국은 소설의 내용에서 타문화 수용을 적극적으로 다루고 있고 일본은 6.5.1.5에서 분석한 바와 같이 타문화의 작품을 통하여 이를 수용하고 있다고 볼 수 있다.

한편, 일본은 '동물 및 자연과의 교감'을 다룬 작품 비율이 높고 특정 가치덕목으로 분류하기 어려운 '판타지(해학)'를 다룬 소설의 비율이 높다는 특징이 있다. 또 하나의 특징은 '가족애'를 다룬 소설의 비율은 거의 같으나 한국이 주로 '효(孝)'를 다루고 있는데 비해, 일본은 전쟁과 관련지어 가족애를 다루거나 아버지와의 갈등 등을 다루고 있다는 점에 차이가 있다.

마지막으로, 양국 모두 소설에서 '충(忠)'과 관련된 제재가 적은 것으로 나타났는데, 이는 이전의 교과서와 두드러지는 차이라 할 수 있다. 또한, 본서의 원칙상 '충'이라는 덕목이 가장 많이 나타난 '전기문'을 비문학텍스트로 분류한 것도 그 이유의 하나이다. 특히 한국에서는 많은 전기문을 다루고 있고 주인공의 상당수가 특정 가치덕목과 관련이 있는 인물로, 이를 포함하면 한국의 교과서의 경우, '충'과 관련된 제재가 적다고 볼 수 없다. 이와 관련해서는 '6.6.3 전기문'에서 자세히 다루기로 한다.

이상, 한국과 일본의 초·중학교 국어 교과서에 수록된 소설에 주목하여 작품의 시대 및 배경, 작가 및 주인공의 성차, 세대, 타문화 수용양상 및 제재에 나타난 가치덕목, 서술 시점 등을 살펴보았다. 양국이 소설의 비중이나 작가·주인공의 성차 및 세대에 대한 선호도, 타문화 수용양상, 가치덕목 등에 있어서 유사한 점이 발견되었으나 세부적으로 차이가 현저하게 나타났다.

특히, 작품의 시대 및 배경, 제재에 나타난 가치덕목, 교과서 소설의 선정과 관련된 사회·문화적 인프라에 대하여는 짚고 넘어가야할 문제가 산적해 있다. 한국은 전래소설을 사용하여 특정 가치덕목을 제재로 한 작품이 많으며, 일본에 비해 다양성(타문화)과 관련된 제재가 많았지만 작자가 불분명하고 작품수는 지나치게 많으나 편당 페이지수(양)가 적다는 특징이 있다.

일본은 저학년부터 소설의 전문을 싣는 방식을 취해 편당 페이지수가 많으며, 교과서를 위한 소설을 개발하여, 생각할 여지를 남기는 상상력을 도모하는 예가 많았다. 초등학교에서 동물과의 교감을 나타내는 작품이 많으나 특정 가치를 나타내지 않는 판타지(해학)를 그린 작품의 비율이 높았다. 타문화 관련 제재가 적은 대신, 다양한 외국작가의 작품을 비중 있게 다루고 있다는 특징을 보였다.

이하, <표 81>, <표 82>에 제시한 초등학교 6년분 양국 교과서에 수록된 소설의 전체 목록을 참조 바란다.

<표 81> 한국의 초등학교 6년분 국어 교과서의 소설 목록

(( )안은 교과서에 제목이 명시되지 않은 경우임)

학년	제목	작가	성	페이지	주인공	제작 시기	제재
1-1	소세마리	미상 (이솝)[128]	-	48-49	동물 (소,호랑이)	고전 (전래)[129]	협력
	만복이는 풀잎이다	안도현	남	52-55	남(소년)	근현대	기타
	괜찮아	최숙희	여	66-67, 69-71	여(소녀)	근현대	다양성
	소금을 만드는 맷돌	미상	-	90-91	남(청년)	고전 (전래)	욕심
	금강산 도라지	미상 (최성수)	-	92-94	여(소녀)	고전 (전래)	효
	꾀를 내어서	미상	-	96-97	남(소년)	고전 (전래)	지혜
	떡시루잡기	미상	-	99-101	동물(두꺼비, 호랑이)	고전 (전래)	지혜
1-2	고양이는 나만 따라해	권윤덕	여	11-12, 14-19	소녀	근현대	동물 친화
	바람과 해님	미상	-	38-39	기타 (바람, 해)	고전 (전래)	지혜
	자기 자랑	조성자	여	42-43	기타(손발)	근현대	다양성
	슬퍼하는 나무	이태준	남	46-47	동물(새)	근현대	욕심
	냄새 맡은 값	미상	-	48-51	남(장년)	고전 (전래)	지혜
	송아지와 바꾼 무	미상	-	58-60	남(장년)	고전 (전래)	욕심
	이모의 결혼식	선현경	여	64-67	여(소녀)	근현대	다양성
	나무야, 누워서 자라	강소천	남	107-108	여(소녀)	근현대	판타지
	황소 아저씨	권정생	남	110-113	동물 (소, 쥐)	근현대	배려
2-1	설문대 할망	미상	-	17-19	여(장년)	고전 (전래)	충
	어부와 멸치	미상 (이준연)	-	40-42	남(장년)	고전 (전래)	다양성
	호수의 주인	미상	-	47-49	동물	고전 (전래)	협력
	호랑이를 잡은 반쪽이	미상	-	60-61, 63-65	남(소년)	고전 (전래)	용기

	해와 달이 본 세상	미상	-	88-90	기타 (해, 달)	고전 (전래)	다양성
	소금 장수와 기름 장수	미상	-	110-111	남(장년)	고전 (전래)	배려
	불개 이야기	정승각	남	120-121, 122-127	동물(개)	근현대	용기
	(노마)	현덕	남	139	남(소년)	근현대	기타
2-2	야들야들 다 익었을까?	미상	-	12-14	남 (청년/장년)	고전 (전래)	지혜
	퐁퐁이와 툴툴이	조성자	여	16-19	샘(기타)	근현대	욕심
	세모, 네모, 동그라미	이규경	남	40-41	기타	근현대	배려
	지혜로운 아들	미상	-	43-46	남(소년)	고전 (전래)	효
	(옛날)	미상	-	56	남(소년)	고전 (전래)	지혜
	백두산 장생초	미상 (최인학)	-	67-71	남(소년)	고전 (전래)	효
	아씨방 일곱 동무	이영경	여	98-101	여(청년)	근현대	협력
	거꾸로 나라 임금님	이준연	남	112-113	남(소년)	근현대	판타지
	세 발 달린 황소	정수민	?	115-119	남(소년)	근현대	배려
3-1	재미네골	미상	-	12-15	남(소년)	고전 (전래)	배려
	짜장 짬뽕 탕수육	김영주	남	17-22	남(소년)	근현대	우애
	(우리가)	미상	-	26	기타	고전 (전래)	지혜
	공주를 구한 삼 형제	미상	-	52-56	남(청년)	고전 (전래)	지혜
	염소 두 마리	미상 (이솝)	남	111-112	동물(염소)	고전 (전래)	배려
	짧아진 바지	미상	-	114-116	여(소녀) 남(장년)	고전 (전래)	효
	황금알을 낳는 거위	미상 (이솝)	남	118-121	남/여(장년)	고전 (전래)	욕심
	주먹이의 모험	미상	-	128-129	남(소년)	고전 (전래)	용기
	똘똘이의 친구 찾기	필리파 피어스	여	134-137	동물(말)	근현대	다양성
	오늘이	신순재	여	139-145	남(소년)	근현대	가족애

3-2	바위나리와 아기별	마해송	남	12-15, 17-20	식물	근현대	자연
	(토끼와)	미상	-	44	동물(토끼)	고전 (전래)	기타 (근면)
	병태와 콩 이야기	송언	남	47-53	남(소년)	근현대	우정
	우리는 한편이야	정영애	여	83-96(10)	남(소년)	근현대	가족애
	자린고비영감	미상	-	102	남(장년)	고전 (전래)	욕심
	새들의 왕 뽑기	미상 (이솝)	-	109-111	동물(새)	고전 (전래)	욕심
	배낭 속 우산 : 만화	임웅순	남	123-126	여(소녀)	근현대	용기
	세뱃돈 소동 : 만화	신문수	남	128-130	남(소년)	근현대	욕심
	삼 년 고개 : 만화	미상	-	132-136	남(장년)	고전 (전래)	지혜
	눈사람	조지 섀넌	남	140	남(소년)	근현대	지혜
4-1	독 안에 든 빵 작전	조은수	?	12-16	남(소년)	근현대	협력
	행복한 비밀 하나	박성배	남	18-25	남(소년)	근현대	협력
	백일홍이야기	미상	-	50	여(소녀)	고전 (전래)	효
	목화값은 누가 물어야 하나?	미상	-	52-53	남(장년)	고전 (전래)	지혜
	박바우와 박 서방	미상	-	80-81	남(장년)	고전 (전래)	배려
	당나귀를 팔러 간 아버지와 아들	미상	-	112-113	남 (소년/장년)	고전 (전래)	지혜
	(연분홍)	미상	-	162	동물	고전 (전래)	지혜
4-2	바보이반	톨스토이	남	77-81	남(청년)	고전	배려
	만년 샤쓰	방정환	남	120-124	남(소년)	근현대	배려
	김덕령 이야기	신동훈	남	130-132 134-139	남(청년)	근현대	충
	꽁지 닷 발, 주둥이 닷 발	서정오	남	141-144	남(소년) 여(장년)	근현대	효
5-1	나를 싫어한 진돗개	김남중	남	14-18, 20-30	남(소년)	근현대	동물 친화
	사라, 버스를 타다	윌리엄 밀러	남	47-53	여(소녀)	근현대	자존

	우정에 대하여	이순원	남	70-77	남(소년)	근현대	우애
	원숭이 꽃신	정휘창	남	108-112	동물 (원숭이)	근현대	지혜
	마당을 나온 암탉	황선미	여	150-152, 154-161	동물(닭)	근현대	용기
5-2	메아리	이주홍	남	13-27	남(소년)	근현대	가족애
	샬롯의 거미줄	브룩스 화이트	남	104-122	여(소녀)	근현대	배려 동물
	사랑의 손가락	이청준	남	169-175	남/녀(장년)	근현대	가족애
	오가리살 이야기	미상	-	176-183	남(청년)	고전 (전래)	판타지
6-1	꿈을 찍는 사진관	강소천	남	10-19	남(소년)	근현대	판타지
	삐삐는 언제나 마음대로야	린드 그랜	여	30	여(소녀)	근현대	다양성
	지혜롭게 해결하자	미상	-	52	남(청년)	고전 (전래)	지혜
	한치못	미상	-	118-120	남(장년)	고전 (전래)	협력
	조개와 황새(중국)	미상	-	153-154	동물(새)	고전 (전래)	지혜
	해바라기 마을의 거대바위	김종렬	남	156-163	남(소년)	근현대	자연
	생선과의 대화	송길원	남	168	남(장년)	근현대	지혜
	심술보 터진 놀부	미상 (이청준)	-	172-177	남(장년)	고전 (전래)	욕심
6-2	방구 아저씨	손연자	여	9-19	남(장년)	근현대	충
	바다 건너 불어온 향기	한아	여	21-32	여(소녀)	근현대	다양성
	막대기	이규경	남	77	기타	근현대	협력
	(앗,맛있는 : 만화)	남석기	남	87	동물	근현대	지혜
	오시오, 자시오, 가시오	김향이	여	88-89	남(청년)	근현대	지혜
	나무 그늘을 산 총각	미상	-	92-98	남(청년)	고전 (전래)	지혜
	먹으면 죽는 감 : 만화	미상	-	100-101	남(소년)	고전 (전래)	지혜
	왕치와 소새와 개미와	채만식	남	104-111	동물(개미)	근현대	우애
	송아지가 뚫어 준 울타리 구멍	손춘익	남	166-175	남(소년)	근현대	동물 친화

<표 82> 일본의 초등학교 6年분 국어 교과서의 소설 목록

	작품명	작자	성	쪽	주인공	제작 시기	제재
1-1	はなのみち	岡信子	여	26-29	동물(곰)	근현대	협력
	おむすびころりん	羽曾部忠	남	58-65	남(장년)	고전	동물 친화
	おおきなかぶ	さいごうたけひこ	남	70-79	식물	고전	협력
	ゆうだち	森山京	여	92-96	동물 (토끼, 너구리)	근현대	배려
1-2	くじらぐも	中川李枝子	여	4-13	기타(름)	근현대	협력
	ずうっと、ずっと、大すきだよ	ハンス	남	46-55	남(소년)	근현대	동물 친화
	たぬきの 糸車	岸なみ	남	70-79	남녀(장년)	고전	동물 친화
	だってだってのおばあさん	佐野洋子	여	98-115	여(장년)/ 동물(猫)	근현대	기타
	まのいいりょうし	いなだかずこ	여	126-129	남(장년)	고전	동물 친화
2-1	ふきのとう	工藤直子	여	5-12	식물 (대나무)	근현대	자연
	スイミー	レオ	남	46-55	동물 (물고기)	근현대	협력
	黄色いバケツ	森山京	여	68-85	동물(여우)	근현대	배려
2-2	お手紙	アーノルド	남	4-15	동물(두꺼비)	근현대	지혜
	わたしはおねえさん	石井睦美	여	48-59	여(소녀)	근현대	가족애
	スーホの白い馬	大塚勇三	남	92-107	남(소년)	고전	동물 친화
	十二支のはじまり	谷真介	남	126-133	동물	고전	동물 친화
	三まいのおふだ	せたていじ	남	134-140	남(소년)	고전	지혜
3-1	きつつきの商売	林原玉枝	여	8-18	동물 (딱따구리)	근현대	지혜
	海をかっとばせ	山下明生	남	64-76	남(소년)	근현대	자존
	いろはにほへと	今江祥智	남	92-102	남(소년)	고전	충
	ばけくらべ	松谷みよ子	여	130-133	동물 (너구리)	고전	지혜
3-2	ちいちゃんのかげおくり	あまんきみこ	여	4-18	여(소녀)	근현대	가족애/ 전쟁
	三年とうげ	李錦玉	여	42-52	남(장년)	고전	지혜
	モチモチの木	斎藤隆介	남	98-110	남(소년)	고전	용기

128) 원작은 외국작품이나 편집 및 각색으로 인해 외국작품이라 볼 수 없는 경우임.
129) 고전 작품 중 작자 미상인 경우임.

4-1	白いぼうし	あまんきみこ	여	8-16	남(장년)	근현대	자연 친화
	一つの花	今西祐行	남	62-72	여(소녀)	근현대	가족애/ 전쟁
	かげ	ニコライ	남	90-95	동물(곰)	근현대	동물 친화
	茂吉のねこ	松谷みよ子	여	121-131	남(장년)	고전	동물 친화
4-2	ごんぎつね	新美南吉	남	4-21	동물 (너구리)	고전	동물 친화
	三つのお願い	ルシール	여	44-53	여(소녀)	근현대	우애
	初雪のふる日	安房直子	여	100-114	여(소녀)	근현대	판타지
	額に柿の木	瀬川拓男	남	126-130	남(장년)	고전	해학
5	あめ玉	新美南吉	남	10-14	남/여(장년)	고전	배려
	のどがかわいた	ウーリーオルル ブ	남	16-23	남녀 (소년소녀)	근현대	배려
	竹取物語	미상	미	50-51	여(청년)	고전	판타지
	平家物語	미상	미	53	남(장년)	고전	충
	大造じいさんとガン	椋鳩十	남	102-119	남(장년), 동물(기러기)	고전	동물친화
	わらぐつの中の神様	杉みき子	여	190-208	여(소녀)	고전	가족애
	幽霊をさがす	マーガレット	여	225-235	여(소녀)	근현대	용기
	雪女	松谷みよ子	여	252-256	남 (장년/소년)	고전	판타지
6	カレーライス	重松清	남	12-25	남(소년)	근현대	가족애
	やまなし	宮沢賢治	남	102-112	동물(게)	근현대	판타지
	海の命	立松和平	남	190-201	남(소년)	근현대	자연
	河鹿の屏風	岸なみ	여	249-252	남(장년)	고전	해학

6.5.2 희곡

'희곡'은 한국 4편, 일본 2편으로, 전체 문학텍스트에서 차지하는 비율은 미미하다. 양국 모두 국내와 외국, 고전과 근·현대로 고루 배치하고 있다. 참고로, <표 83>, <표 84>에 제시한 초등학교 6년분 양국 교과서에 수록된 희곡의 전체 목록을 참조 바란다.

<표 83> 한국의 초등학교 6년분 국어 교과서의 희곡 목록

학년	제목	작가	성	페이지	주인공	제작시기	제재
3-1	호랑이와 나그네	방정환	남	62-67	동물/남(장년)	고전	지혜
5-1	별주부전	미상	-	114-124	동물	고전	지혜
6-1	삐삐는 언제나 마음대로야	아스트리드	여	21-27	여(소녀)	근현대	우애
6-2	크리스마스 캐럴	찰스 디킨스	남	179-186	남(장년)	근현대	배려

<표 84> 일본의 초등학교 6년분 국어 교과서의 희곡 목록

학년	제목	작가	성	페이지	주인공	제작시기	제재
3-2	とらおじいさん	앨빈	남	120-129	남(장년)	근현대	다양성
6	柿山伏	미상	-	61-69	남(청년)	고전	기타

6.5.3 수필

'수필'로 인정한 작품은 일본의 고전수필 '쓰레즈레구사(徒然草)', '마쿠라노소시(枕草子)' 등 2작품에 불과하다. 그 이유는 문학텍스트의 정의 및 범위와 관련이 깊은데, 본서에서 특히, 한국 교과서에 많은 집필자의 예시문 형식의 생활문을 비문학텍스트로 처리한 것과 관련이 있다. 이들 생활문은 계몽적인 글이 대부분으로 수필이라 보기에는 문학성을 인정하기 어렵기 때문이다.

<표 85> 일본의 초등학교 6년분 국어 교과서의 수필 목록

학년	제목	작가	성	페이지	제작 시기
5	古典の世界 (徒然草)	兼行法師	남	248-249	고전
5	枕草子	清少納言	여	52	고전

6.5.4 시

6.5.4.1 장르별 분류

<표 86>은 시(詩)를 시와 시가로 나누어 편수 및 페이지수를 제시한 것이다. 숫자는 편수를 ( )안은 페이지수를 나타낸다.

<표 86> 한 · 일 국어 교과서의 시의 편수 및 페이지수

(숫자는 편수, ( )안은 페이지수)

		시	시가	계
한국	저	24(37)	-	24(37)
	중	24(31)	-	24(31)
	고	27(48)	6(3)	33(51)
	계	75(117)	6(3)	81(120)
일본	저	20(34)	-	20(34)
	중	21(22)	42(19)	63(41)
	고	15(13)	38(13)	53(26)
	계	56(69)	80(32)	136(101)

한국은 '시'가 92.6%(75편), '시가(시조)'가 7.4%(6편)인데 반해, 일본은 '시'가 43.0%(56편), 단가(短歌 · 俳句)가 57.0%(80편)으로, 한국과 차이가 있음을 알수 있다. 특히 한국은 전 학년에 걸쳐 시를 고루 싣고 있으며 117페이지를 할애하고 있는데, 이는 시 한 편당 1.6페이지에 해당하는 양이다. 일본 역시 전학년에 걸쳐 시를 싣고 있으나 69페이지를 할애하고 있다. 한국이 고학년에올라가면서 페이지수의 할애가 많아지는데 반해 일본의 저학년에서는 편당 2.1페이지를 할애할 정도로 시에 비중을 두고 있으나 점점 줄어들고 있다. 전체적으로 시 한 편당 0.8페이지로 한국의 1/2 정도의 양임을 알 수 있다.

시가(시조)는 한국은 고학년에서 6편을 싣고 있는데 반해, 일본은 80편을 다루고 있다. 한국에 비해 작품수는 13.3배, 페이지수는 10.7배에 이른다. 제작시기를 보면, 시는 한국 85.3%에 이르는 64편이 근·현대 작품이고 고전은 14.7%(11편)에 불과하다.

임성규(2008)[130]에서는 '한국의 초등학교 국어 교과서에 수록된 동시(童詩)는 철저하게 동시대의 '현대' 동시 작품들로 채워져 있다'고 지적한 바 있고 중학교 국어 교과서를 연구한 任曉禮(2006)에서도 이와 같은 결과를 낸 바 있다. 본고에서의 조사 역시 이를 뒷받침하고 있다. 시가는 한국은 근·현대 4편, 고전 2편으로 근·현대작품이 많았으나 워낙 양이 적어 경향을 파악하기에는 무리가 있다. 반면 일본은 고전 시가는 68.8%에 해당하는 55편이고 근·현대 시가는 25편 31.2%에 이르고 있어, 근·현대에 이르러서도 변함없이 시가 장르가 선호되고 있음을 알 수 있다.

6.5.4.2 제작시기별 분류

<표 87>은 시(詩)를 시와 시가로 나누고 작품의 제작 시기에 의해 고전 및 근·현대기로 나누어 편수를 제시한 것이다. 시는 근·현대기에 제작된 것이 많고 시가 및 시조는 고전이 많은 편이다.

---

130) 임성규(2008)에서는 동요와 동시를 근대와 현대로 구분했을 때 1950년대 이전에 창작된 근대동요와 동시들은 철저하게 배제되어 있고 무명이거나 검증되지 않은 신진작가의 작품이 많다는 점도 지적하고 있다. 더불어 이는 대부분의 문학작품을 근대 문학사에서 공인된 작품을 주축으로 하되 학습자들의 흥미와 실제 삶을 고려하여 동시대의 작품들을 첨가하는 방식으로 문학정전이 구성되어 있는 중등 문학교육과 대비된다고 평가하고 있다.

<표 87> 한·일 국어 교과서의 시의 시대별 분류

(장르별 편수 및 제작시기별 분류, (   )안은 페이지수)

		시			시가(시조)		
		근·현대	고전	계	근·현대	고전	계
한국	저	19(79.2)	5(20.8)	24(100)	0	0	0
	중	19(79.2)	5(20.8)	24(100)	0	0	0
	고	26(96.3)	1(3.7)	27(100)	4(66.7)	2(33.3)	6(100)
	계	64(85.3)	11(14.7)	75(100)	4(66.7)	2(33.3)	6(100)
일본	저	0	20(100)	20(100)	0	0	0
	중	19(90.5)	2(9.5)	21(100)	9(21.4)	33(78.6)	42(100)
	고	12(80.0)	3(20.0)	15(100)	16(42.1)	22(67.9)	38(100)
	계	31(88.6)	25(11.4)	56(100)	25(45.5)	55(54.5)	80(100)

6.5.4.3 작품의 작가

<표 88>은 작가의 성차(性差)를 조사한 것이다.

<표 88> 한·일 국어 교과서 시의 작가 및 작가의 성차

		시					시가(시조)				
		남	여	미상	집필자	계	남	여	미상	집필자	계
한국	저	15	1	7	1	24	-	-	-	-	-
	중	13	1	5	5	24	-	-	-	-	-
	고	17	9	1	0	27	6	-	-	-	6
	계	45	11	13	6	75	6	-	-	-	6
일본	저	14	3	1	1	19	-	-	-	-	-
	중	11	8	1	1	21	38	3	1	-	42
	고	14	-	-	1	15	37	1	-	-	38
	계	39	11	2	3	55	75	4	1	-	80

한국은 저자가 명확하지 않는 전래 시의 비율이 상대적으로 높다. 작자가 명확한 작품은 74.7%(56편)인데, 일본은 90.9%(50편)에 달한다. 단, 시조는 양국 모두 대부분 저자가 명확한 작품을 사용하고 있다.

작가가 명확한 시에 한정하여 남녀의 비율을 살펴보면, 한국은 남성 80.4%, 여성 19.6%이고 일본은 남성 78.0%, 여성 22.0%로, 양국 모두 공통적으로 성차가 크게 나타났다. 한편, 시조에서, 한국은 남성이 100%로 여성의 작품은 없었고, 일본은 남성 93.7%, 여성 6.3%로 양국 모두 남성의 비율이 지나치게 높은데, 고전 장르라는 점에서 해당 시기의 인프라에 차이가 있다는 점은 인정한다고 할지라도 지나치다고 판단된다.

외국 작가의 작품은 한국이 시 1편에 지나지 않는데 비해, 일본은 시 5편, 시조 2편으로 상대적으로 많았다. 결과적으로 시에서도 작자의 명확성, 성차, 외국 작품의 수용 등의 면에서 앞의 소설과 같은 경향을 나타내고 있음을 알 수 있다.

다음 6.6에서는 '비문학텍스트'를 장르별로 세분하여, 인문·사회(문화)·과학기술·예술·언어지식 등, 6개의 분야로 나누어 그 특징을 분석한다.

6.6 비문학텍스트의 장르별 대조

한국교육과정평가원의 '대학수학능력 언어영역 출제 매뉴얼'(2004)[131]에서는 읽기 영역의 비문학 파트의 제재를 '인문, 사회, 과학, 기술, 생활, 언어, 예술'로 분류하고 있다. 6.2에서 제시한 바와 같이 주현희 외(2014)에서는 이를 바탕으로 한국과 일본의 고등학교 국어 교과서의 제재를 다음과 같이 인문·사회·과학/기술·예술·언어로 나누고 있다.

- 인문 : 인간, 문화, 철학/심리, 역사, 윤리, 사상·고전
- 사회 : 사회 일반, 경제, 문화, 대중 매체, 법률
- 과학/기술 : 생물·유전공학, 지리·환경, 천문, 과학철학

---

131) 주현희(2004b : 104)의 재인용.

· 예술 : 미술·건축, 음악, 연극·영화, 예술이론, 문학비평
· 언어 : 언어 일반, 국어문법, 국어역사, 고대/중세/근대 국어

앞서 6.2에서 설명한 바와 같이 고등학교 국어 교과서의 비문학텍스트에서 한국은 사회, 인문, 언어 분야 순으로 높았고 각각 법률 및 문화, 인간, 국어문법이라는 세부항목이 높은 반면, 일본은 인문, 과학/기술, 사회 분야 순으로 높고 각각 철학·심리, 생물·유전공학 및 과학철학, 경제 및 정보의 비율이 높았다. 즉, 양국의 비문학텍스트는 제재에 있어서 전혀 다른 양상을 보였다. 특히, 한국은 과학/기술 분야의 비율도 극히 낮을뿐더러 일본이 생물·유전공학 및 '과학철학'과 관련된 제재가 많은데 비해 지리·환경 관련 항목이 대부분으로 나타났다는 점은 시사 하는 바가 있다.

초등학교 교과서는 중·고등학교와 달리 상대적으로 특정 제재를 심도 있게 다루기 어려워, 명확히 분야 및 세부항목을 변별하기 어렵다. 본장에서는 한국교육과정평가원(2004) 및 주현희 외(2014)의 분류를 기초로 하되, 역으로 초등학교 비문학텍스트를 분석한 후, 세부영역을 다음과 같이 재설정하여 대조한다.

<표 89> 한·일 비문학텍스트의 제재의 분야별 세부 항목

분야	세부 항목
인문	인간, 독서, 역사, 윤리, 철학·사상
사회	전통문화, 타문화, 경제, 대중매체, 법률
과학/기술	생물, 신체·유전공학, 지리·환경, 천문, 기계/기술
생활	생활
언어	국어가치 언어지식, 표현
예술	미술, 건축, 극, 문학비평

먼저, <표 90>은 비문학텍스트를 장르별로 나누어 작품수를 산출한 것이다. 특정 제재에 대한 설명문이나 논설문은 물론, 전기문, 감상·평론, 생

활문, 국어지식에 이르기까지 다양하나 앞서 언급한대로 초등학교 교과서
의 특성상 명확히 장르를 구별하기 어려운 경우가 많다.

<표 90> 한·일 국어 교과서의 비문학텍스트의 장르별 작품수 (%)

		설명문	논설문	전기문	감상 평론	생활문	국어 지식	일기/ 서간 등	계
한 국	저	23 (35.4)	6 (9.2)	-	-	18 (28.0)	2 (3.1)	16 (24.6)	65 (100)
	중	30 (30.3)	11 (11.1)	6 (6.1)	13 (13.1)	22 (22.2)	3 (3.0)	14 (14.1)	99 (100)
	고	14 (15.5)	25 (27.8)	17 (18.9)	11 (12.2)	4 (4.4)	2 (2.2)	17 (18.9)	90 (100)
	계	67 (26.4)	42 (16.5)	23 (9.1)	24 (9.4)	44 (17.3)	7 (2.8)	47 (18.5)	254 (100)
일 본	저	11 (37.9)	-	-	4 (13.8)	3 (10.3)	8 (27.6)	3 (10.3)	29 (100)
	중	10 (34.5)	1 (3.4)	-	-	4 (13.8)	14 (48.3)	-	29 (100)
	고	12 (26.1)	5 (10.9)	5 (10.9)	3 (6.5)	2 (4.3)	18 (39.1)	1 (2.2)	46 (100)
	계	33 (31.7)	6 (5.8)	5 (4.8)	7 (6.7)	9 (9.4)	40 (38.5)	4 (3.8)	104 (100)

이를 그래프로 나타낸 것이 <그림 123>이다.

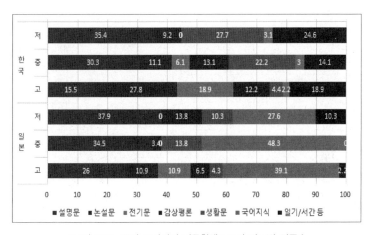

<그림 123> 국어 교과서의 비문학텍스트의 장르별 작품수

　<표 90>의 작품별 통계를 보면 한국 교과서는 비문학텍스트가 254편으로, 104편인 일본 교과서의 2.4배에 이를 정도로 많다. 장르별 선호 순위를 보면 한국은 설명문이 67편으로 26.4%로 가장 많고 일기/서간문 18.5%, 집필자에 의한 예시문 형식의 생활문, 논설문 순이었다. 전 학년에 걸쳐 다양한 장르의 문을 다루고 있다.

　반면, 일본은 국어지식을 나타내는 문이 38.5% 및 설명문 31.7%로, 비문학텍스트의 대부분을 차지하였고, 그 밖의 장르에서는, 적은 수의 작품이 고루 배분되고 있다. 국어지식 역시, 설명문의 일부로 간주한다면 일본 교과서에서 설명문의 비중은 더욱 높아질 것으로 본다. 반면, 집필자에 의한 글, 특히 생활문, 논설문, 일기, 서간 등은 상대적으로 극히 적었다. <표 91>은 비문학텍스트를 장르별로 나누어 페이지수를 산출한 것이다. <그림 124>는 이를 그래프로 나타낸 것이다.

<표 91> 한·일 국어 교과서의 비문학텍스트의 장르별 페이지수(%)

		설명문	논설문	전기문	감상/평론	생활문	국어지식	일기/서간 등	계
한국	저	53 (41.1)	10 (7.8)	-	-	39 (30.2)	2 (1.6)	25 (19.4)	129 (100)
	중	71 (32.0)	18 (8.1)	18 (8.1)	25 (11.3)	56 (25.2)	3 (1.4)	31 (14.0)	222 (100)
	고	48 (18.7)	83 (32.3)	65 (25.3)	25 (9.7)	9 (3.5)	3 (1.2)	24 (9.3)	257 (100)
	계	172 (28.3)	111 (18.3)	83 (13.7)	50 (8.2)	104 (17.1)	8 (1.3)	80 (13.2)	608 (100)
일본	저	52 (65.8)	-	-	3 (3.8)	2 (2.5)	19 (24.1)	3 (3.8)	79 (100)
	중	36 (35.3)	5 (4.9)	-	-	17 (16.7)	44 (43.1)	-	102 (100)
	고	53 (27.9)	22 (11.6)	24 (12.6)	21 (11.1)	10 (5.3)	48 (25.3)	12 (6.3)	190 (100)
	계	141 (38.0)	27 (7.3)	24 (6.5)	24 (6.5)	29 (7.8)	111 (29.9)	15 (4.0)	371 (100)

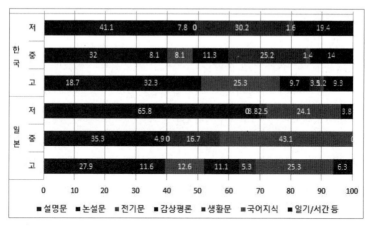

<그림 124> 국어 교과서의 비문학텍스트의 장르별 페이지수

  비문학텍스트의 페이지수로 보면 한국은 608페이지로, 371페이지인 1.64 배에 해당될 정도로 많았다. 단, <표 90>에서 제시한 비문학텍스트 작품수 와 <표 91>의 페이지수를 통해 편당 페이지수를 산출하면 한국은 2.38페 이지로, 3.57페이지인 일본에 비해 상대적으로 글의 길이가 짧은 것을 알 수 있다.

  한국은 페이지수의 비율로 보면, 설명문, 생활문, 논설문, 안내문, 감상ㆍ 평론문, 전기문 순으로 다양한 글을 싣고 있다. 국어지식을 설명한 글이 가 장 적었다. 반면, 일본은 국어지식, 설명문이 주를 이루고 생활문, 평론문, 논설문이 약간 포함되어 있었다.

  고학년으로 올라갈수록 한국은 생활문, 설명문의 작품수는 줄고 논설문, 안내문, 전기문, 감상/평론문 등이 늘고, 일본은 고학년으로 올라가면서 논 설문, 전기문, 일기/기행이 늘고 설명문 및 지식설명이 줄었다.

  다음 장에서는 앞의 <표 89>에 근거하여 제재별 분야가 명확한 설명문 및 논설문, 전기문에 한정하여 양국의 특징을 비교한다.

6.6.1 설명문

'설명문(說明文)'이란 정보 전달을 목적으로 독자들이 이해하기 쉽게 풀어서 쓴 글을 말한다. 본 절에서는 비문학텍스트의 여러 장르 중, 제재별 분야가 명확한 설명문에 한정하여 제재별로 분야 및 세부항목으로 분류한다.

앞서 한국의 6년분 교과서에서 67편을 설명문으로 분류했다. 단, 장르로 분류하기에는 애매한 경우라도 무언가를 설명한 것을 모두 포함시켰다. 일본은 33편을 설명문으로 분류하여, 결과적으로 한국은 설명문의 편수에서 일본의 2배에 달하는 것을 알 수 있다.

한편 <표 91>에서 제시한 교과서의 페이지수를 보면 한국은 172페이지로, 한 편당 2.6페이지를 할애하였고 일본은 141페이지로, 편당 페이지수는 4.3페이지에 달하는 것을 알 수 있다. 뒤에서 제시할 <표 94>, <표 95>에서 설명문의 저자를 보면, 한국은 67작품 중 저자가 명확한 것은 33편으로 34.3%를 차지하고[132], 집필자의 글이 44작품으로 65.7%에 달하였다. 한편 일본은 33작품 중 저자가 명시된 작품이 22작품으로 66.7%에 달하였고, 집필자의 글은 33.3%로, 한국과 차이가 많았다.

문학텍스트뿐만 아니라 비문학텍스트에서도 한국 교과서는 집필자의 글의 비율이 현저히 높은 것을 알 수 있다. 한마디로 평가하기는 어렵지만, 설명문의 편수 자체가 일본의 2배에 달하는 반면, 페이지수는 1/2에 해당되는 양을 할애하고 있는 한국 교과서의 특징과 관련이 있다고 보고, 지나치게 교육과정의 목표(성취기준)에 의거하여 텍스트를 선정한 결과라 평가된다.

6.6.1.1 분야별 분석

각 작품의 제재를 앞의 <표 89>에 근거하여 6개 분야로 나누면 다음과 같다.

---

132) 출판사명으로 제시된 5작품을 포함함.

<표 92> 한·일 국어 교과서 설명문의 분야별 작품수(%)

		인문	사회	과학/기술	생활	언어	예술	계
한국	저	1(4.3)	9(39.1)	9(39.1)	2(8.7)	2(8.7)	-	23(100)
	중	3(10.0)	10(33.3)	10(33.3)	4(13.3)	3(10.0)	-	30(100)
	고	3(21.4)	1(7.1)	6(42.9)	-	4(28.6)	-	14(100)
	계	7(10.4)	20(29.9)	25(37.3)	6(9.0)	9(13.4)	-	67(100)
일본	저	-	3(27.3)	6(54.5)	2(18.2)	-	-	11(100)
	중	-	1(10.0)	6(60.0)	-	3(30.0)	-	10(100)
	고	3(25.0)	4((33.3)	2(16.7)	-	1(8.3)	2(16.7)	12(100)
	계	3(9.1)	8(24.2)	14(42.4)	2(6.1)	4(12.1)	2(6.1)	33(100)

<그림 125> 국어 교과서 설명문의 분야별 작품수

이를 그래프로 나타낸 것이 <그림 125>이다.

설명문을 보면 한국과 일본 모두, 수치에 약간의 차이가 있지만, 과학/기술, 사회, 언어, 인문, 생활 순으로 높게 나타났다. 단, 일본은 예술 분야에서 9.1%의 비율을 나타냈다. 주현희 외(2004)의 고등학교 국어 교과서의 분석으로 분야별 차이가 크게 나타났으나 초등학교 교과서에서 분야별 분포는 상대적으로 유사함을 알 수 있다.

6.6.1.2 세부항목별 분석

<표 93>은 세부항목의 분포를 나타낸 것이다.

<표 93> 한·일 국어 교과서 설명문의 세부항목별 작품수

		인문				사회				과학/기술					생활	언어			예술				계
		독서	역사	윤리	철학/사상	전통문화	타문화	정치	대중매체	생물/생명	신체/건강한환경	지리/환경	천문	기계/기술	생활	국어가치	언어지식	표현	미술	건축	음악	문학비평	
한국	초	-	1	-	-	7	1	-	1	6	-	2	1	-	2	1	-	1	-	-	-	-	23
	중	1	1	1	-	8	-	1	1	4	1	2	-	3	4	-	2	1	-	-	-	-	30
	고	-	1	1	1	-	-	-	1	-	-	5	1	-	-	2	-	2	-	-	-	-	14
	계	1	3	2	1	15	1	1	3	10	1	9	2	3	6	3	2	4	-	-	-	-	67
일본	초	-	-	-	-	1	-	-	-	5	-	-	-	-	-	-	-	3	-	-	2	-	11
	중	-	-	-	-	2	-	1	-	5	1	-	-	-	-	-	-	-	-	-	-	1	10
	고	1	1	-	1	1	-	-	2	1	-	1	-	1	2	-	-	1	-	-	-	-	12
	계	1	1	-	1	4	-	1	2	11	1	1	-	1	2	-	-	4	-	-	2	1	33

먼저, 과학/기술 분야에서는 양국 모두 '생물'이 높다는 점에서 유사하지만, 비율상으로 보면 한국은 41.7%인데, 일본은 78.6%에 이르는 것으로 나타났다. 이는 앞의 어휘 및 삽화 연구에서 동·식물이 많이 등장한 것과 통하는 바가 있다. 상대적으로 한국은 '지리환경' 및 '기계기술' 등의 항목을 다루고 있다. 참고로, 다음은 양국의 교과서에서 과학/기술 분야에 해당하는 설명문의 예이다.

　　　　<한국>
　　　　-생물 : 들꽃, 꿀벌, 개미, 어름치 등
　　　　-지리·환경 : 자연, 수목원, 갯벌, 세종과학기지, 천연자원, 백두대간 등
　　　　-천문 : 라이카, 인공위성 등
　　　　-기계·기술 : 말하는 종이컵, 인형 만들기, 마술, 멋진 분수 만들기 등
　　　　<일본>
　　　　-생물 : 새의 부리, 곤충, 캥거루, 민들레, 고래, 개미, 장어, 매미 등
　　　　-신체·유전공학 : 호흡 등
　　　　-지리·환경 : 날씨 등

　다음으로 사회 분야에서는 양국 모두 '전통문화'에서 비율이 높았다. 한국은 78.9%(15편)이고 일본은 78.6%(11편)을 차지하고 있다. Ⅳ장의 어휘 연구나 Ⅴ장의 삽화 연구에서 한국이 전통과 관련된 어휘 및 삽화 비율이 높다는 것을 지적한 바 있는데, 전통문화를 소중히 하는 이데올로기가 비문학텍스트의 설명문에서도 나타나고 있다고 볼 수 있다. 참고로, 다음은 양국의 교과서에서 사회 분야에 해당하는 설명문의 예이다.

　　　　<한국>
　　　　-전통문화 : 송편, 전통놀이, 옹기, 전통염료, 장승, 딱지치기, 옛날 과자, 된
　　　　　　　　장, 한과, 궁궐, 씨름 등
　　　　-타문화 : 세계 여러 나라의 인사 등
　　　　-경제 : 풍년이 들어도 걱정 등
　　　　-법률 : 교통표지판, 여성 참정권 등

<일본>
　-전통문화 : 옛날이야기, 도깨비놀이(おにごっこ), 카드(かるた), 전통건축
　　등
　-경제 : 수의사 등
　-대중매체 : 신문, 방송국 등

　예술 분야에서는 한국은 해당 단원이 없고 일본은 3편을 다루고 있는데 교겐(狂言)·라쿠고(落語), 가키야마부시(柿山伏)[133)를 다룬 '극·영화' 관련 2편 및 하이쿠(俳句)를 다룬 '문학평론' 항목 1편이었다. 양쪽 모두, 일본의 전통 예술로, 초등학교 교과서에서부터 비중 있게 다루고 있음을 알 수 있다.

　그밖에 한국은 인문 분야 중, 독도·고인돌·마라톤의 유래를 다룬 '역사' 및 '윤리' 항목[134)에서 높았다. 기타, 언어 분야의 '국어가치'[135), 생활 분야가 상대적으로 높았다. 자세한 것은 <표 94>, <표 95>의 설명문의 전체 목록을 참조 바란다.

<표 94> 한국 초등학교 6년분 국어 교과서의 설명문 목록

(( )안은 교과서에 제목이 명시되지 않은 경우임)

	제목	작가	페이지	제재	분야	세부항목
1-2	송편	집필자	24-25	송편	사회	인간
	재미있는 들꽃 이름	집필자	27	들꽃	과학기술	생물
	꿀벌	한영식	29	꿀벌	과학기술	생물
	누가 가장 먼저 우주에 갔을까요?	양대승	32-33	라이카(천문)	과학기술	천문

---

133) 일본은 6학년 교과서에 전통극인 교겐(狂言) 및 전통 만담인 라쿠고(落語)에 대한 설명문, 가키야마부시(柿山伏)라고 하는 교겐에 대한 설명문, 전통 시가인 하이쿠(俳句)에 대한 설명문을 싣고 있다.

134) 국기(國技)인 태권도에 대한 설명문 및 엄마 손에 대한 설명문을 싣고 있는데 전자는 '충(忠)', 후자는 '효(孝)'와 관련이 있다고 볼 수 있다.

135) 한국은 6학년 교과서에서 '한글을 배우는 인도네시아 찌아찌아족', '한글이 위대한 이유' 등 한글의 가치와 관련된 설명문을 싣고 있다.

	표지판이 말을 해요	장석봉	72-83	교통 표지판	사회	법률
	자연은 발명왕	집필자	74-76	자연	과학기술	지리환경
	이런 인사, 저런 인사	집필자	78-79	인사법	사회	타문화
	재미있는 놀이	집필자	81-83	전통놀이	사회	전통문화
2-1	동물들은 어떻게 잘까요?	집필자	24-25	동물	과학기술	생물
	독도의 여러 이름	집필자	26-28	독도의 유래	인문	역사
	개미 이야기	집필자	30-31	개미	과학기술	생물
	어름치	김익수	32-33	어름치	과학기술	생물
	진흙으로 만든 그릇	집필자	72-74	옹기	사회	전통문화
	전통 공예 체험 행사	집필자	76	공예	사회	전통문화
	푸른꿈도서관	집필자	80	도서관이용법	언어	국어가치
	책 만들기	집필자	141	책 만들기	생활	생활
2-2	고래가 물을 뿜어요	집필자	27-29	고래	과학기술	생물
	속담	집필자	31	속담	언어	표현
	장승	집필자	33-35	장승	사회	전통문화
	딱지치기	집필자	76	딱지치기	사회	전통문화
	푸른숲수목원	집필자	82	수목원	과학기술	지리환경
	천연 염색 이야기	집필자	84-85	전통 염료	사회	전통문화
	책 만들기	집필자	130	책 만들기	생활	생활
3-1	(씨앗)	김동광	30	씨앗설명	과학기술	생물
	이가 없는 동물들	집필자	32-34	동물	과학기술	생물
	세계인의 태권도	집필자	36-38	태권도 역사	인문	윤리
	옛날에는 어떤 과자를 먹었을까요?	집필자	41-43	한과	사회	전통문화
	(바다)	안의정	88	꽃	과학기술	생물
	말하는 종이컵 인형 만들기	김충원	92-94	만들기 순서	과학기술	기계기술
	고무줄 마술	해바라기	96-98	마술	과학기술	기계기술
	산가지 놀이를 어떻게 할까?	집필자	100-103	놀이	사회	전통문화
	(산가지)	집필자	105	산가지 설명	사회	전통문화
3-2	국어사전 찾기	집필자	28-29	사전 사용법	언어	언어지식
	(국어사전 찾는 법)	집필자	33	낱말	언어	언어지식
	콩이 된장으로 변했어요	해오름	37-39	된장 만들기	사회	전통문화

	멋진 분수 만들기	집필자	65	만들기	과학기술	기계기술
	즐거운 체조 따라 하기	집필자	66-68	체조 순서	생활	생활
	선물 상자 포장하기	종이나라	70-72	만들기	생활	생활
	나도 청소박사	집필자	74-77	기계 설명	과학기술	기계기술
	끈으로 묶기	종이나라	79	설명서	생활	생활
4-1	(가장 큰 책)	집필자	28	책	인문	독서
	시치미 떼다	이어령	31	단어의 유래	언어	표현
	천연자원	집필자	34-37	천연자원	과학기술	지리환경
	백일홍	전의식	39-40	꽃	과학기술	생물
	놀이 방법	집필자	47	놀이 방법	생활	생활
	비사치기	이상호	98-100	전통 놀이	사회	전통문화
	서울의 궁궐	집필자	102-106	전통 건축	사회	전통문화
4-2	씨름	서찬석	28-29	씨름	사회	전통문화
	한옥	전지은	37-39	한옥	사회	전통문화
	고인돌을 왜 만들었을까요?	북티비티	69-71	고인돌	인문	역사
	노력만큼 크는 키	박미정	87	키	과학기술	신체유전공학
	떠나자, 갯벌 체험	집필자	89-91	갯벌	과학기술	지리환경
	풍년이 들어도 걱정	고수산나	95-96	경제	사회	경제
5-1	우리말의 시간표현	집필자	36-37	표현	언어	표현
	수목원에서	집필자	39-41	자연 환경	과학기술	지리환경
	마라톤 경기의 유래	집필자	43-45	마라톤	인문	역사
	어떤 뜻으로 쓰였을까?	집필자	58-59	언어	언어	표현
	엄마 손은 약손	전용훈	65-68	엄마 손	인문	윤리
5-2	원시 자연 우포늪을 지키기까지	하동철	32-34	우포늪	과학기술	지리환경
	남극을 향하여	집필자	36-40	세종과학기지	과학기술	지리환경
	불심과 용기로 완성한 팔만대장경	집필자	94-96	팔만대장경	인문	철학사상
	여성들이 찾은 참정권	집필자	99-102	여성 참정권	사회	법률
6-1	백두대간	집필자	100-101	백두대간	과학기술	지리환경
6-2	수명을 다한 인공위성	집필자	38-40	인공위성	과학기술	천문

혈액형과 성격	오기현	53-57	혈액형	과학기술	지리환경
한글을 배우는 인도네시아 찌아찌아족	집필자	116-119	한글	언어	국어가치
한글이 위대한 이유	박영순	129-133	한글	언어	국어가치

<표 95> 일본 초등학교 6년분 국어 교과서의 설명문 목록

	제목	지은이	페이지	제재	분야	세부항목
1-1	くちばし	村田浩一	43-49	새 부리	과학기술	생물
	みつけた	大野正男	107-110	곤충	과학기술	생물
1-2	じどう車くらべ	집필자	22-25,27	차	4	생활
	きゅうきゅうしゃ	집필자	28	구급차	4	생활
	昔話	집필자	32,38-39	이야기	2	전통문화
	どうぶつの赤ちゃん	増井光子	86-91	동물	과학기술	생물
	カンガルー	増井光子	94-95	캥거루	과학기술	생물
2-1	たんぽぽのちえ	植村利夫	20-25	민들레	과학기술	생물
	どうぶつ園のじゅい	植田美弥	108-115	수의사	사회	경제
2-2	しかけカードの作り方	古内光	34-37	요술카드 만들기	과학기술	기계기술
	おにごっこ	森下はるみ	76-81	도깨비놀이	사회	전통문화
3-1	イルカのねむり方	幸島司郎	38-39	고래	과학기술	생물
	ありの行列	大滝哲也	40-44	개미	과학기술	생물
3-2	すがたをかえる大豆	国分牧衛	26-30	콩	과학기술	생물
	かるた	江橋崇	74-79	가루타	사회	전통문화
4-1	大きな力を出す	西嶋尚彦	36-37	호흡	과학기술	신체유전공학
	いろいろな意味をもつ言葉	집필자	48	동음어	예술	표현
	漢字しりとり	집필자	100	표현	예술	표현
4-2	アップとルーズで伝える	中谷日出	30-34	표현	예술	표현
	ウナギのなぞを追って	塚本勝巳	74-81	장어	과학기술	생물
	ウナギ-	학생	83	장어	과학기술	생물
5	新聞を読もう	집필자	30-35	대중매체	사회	대중매체
	天気を予想する	武田康男	128-134	날씨	과학기술	지리환경
	ニュース番組作りの現場から	清水建宇	240-245	대중매체	사회	대중매체
6	伝えられてきたもの	집필자	58-60	문화	사회	전통문화
	柿山伏について	山本東次郎	70-71	전통극	예술	극
	「とんぼ」の俳句-	집필자	81-82	전통시가	예술	문학비평
	平和のとりでを築く	大牟田稔	85-90	역사	인문	역사
	天地の文	福沢諭吉	150-151	사상	인문	철학사상

本は友だち	집필자	152-157	독서	인문	독서
言葉は働く	渡辺実	174-179	언어	언어	표현
変身したミンミンゼミ	河合雅雄	230-235	곤충	과학기술	생물
古人のおくり物·狂言·落語	집필자	236-237	전통극	예술	극

6.6.2 논설문

논설문(論說文)이란 자신의 생각이나 의견을 주장하는 글을 말한다. 본 절에서는 비문학텍스트의 여러 장르 중, 제재별 분야가 명확한 설명문에 이어 논설문에 한정하여 제재별로 분야 및 세부항목으로 분류한다.

앞서 <표 90>과 같이, 한국의 6년분 교과서에서는 42편이 논설문으로 분류되었고 일본은 6편에 불과했다. 이는 일본의 7.0배에 해당하는 양으로, 한국의 국어교육에서는 기성세대가 자신의 생각을 제시하거나 학생들로 하여금 자신의 의견을 주장하는 활동을 중요시하고 있다는 것을 유추할 수 있다. 참고로 대부분 계몽적인 내용이다.

한편 <표 91>에서 제시한 논설문에 할애된 페이지수를 보면 한국은 111페이지로 편당 2.6페이지를 할애하였고 일본은 27페이지로 편당 4.5페이지를 할애하고 있음을 알 수 있다. 즉, 일본이 논설문의 편수는 현저하게 적지만, 편당 페이지수는 많음을 알 수 있다. 이는 앞서 분석한 설명문과 통하는 바가 있다.

뒤에서 제시한 <표 98> <표 99>의 논설문의 전체 목록에서 저자를 보면, 한국은 42작품 중 저자가 명확한 것은 27편으로 31.8%를 차지하고, 집필자의 글이 29편으로 69.0% 정도였다. 설명문에 비해서도 집필자의 명확도가 낮은 편이었다. 한편, 일본은 6작품 모두 저자가 명확하였다.

6.6.2.1 분야별 분석

앞의 <표 89>에 의거하여 논설문을 분야별로 나누면 다음과 같다. 이를 그래프로 나타낸 것이 <그림 126>이다.

<표 96> 한·일 국어 교과서 논설문의 분야별 작품수(%)

		인문	사회	과학/기술	생활	언어	예술	계
한 국	저	1(16.7)	2(33.3)	2(33.3)	1(16.7)	-	-	6(100)
	중	6(54.5)	2(18.2)	1(9.1)	1(9.1)	-	1(9.1)	11(100)
	고	6(24.0)	9(36.0)	6(24.0)	1(4.0)	-	3(12.0)	25(100)
	계	13(31.0)	13(31.0)	9(21.4)	3(7.1)	-	4(9.5)	42(100)
일 본	저	-	-	-	-	-	-	-
	중	-	1(100)	-	-	-	-	1(100)
	고	4(80.0)	-	1(20.0)	-	-	-	5(100)
	계	4(66.7)	1(16.7)	1(16.7)	-	-	-	6(100)

<그림 126> 국어 교과서 논설문의 분야별 작품 비율

한국은 인문(31.0%) 및 사회(31.0%)에서 높았고, 과학/기술(21.4%), 생활 (7.1%) 순으로 높게 나타났고 일본은 인문(66.7%)이 대다수를 차지하고 사 회 및 과학기술에 각 1편을 싣고 있을 뿐이다. 수치에 차이가 많지만 전체 적인 경향은 유사하다고 볼 수 있다. 논설문에서 한국은 다양한 분야에 걸쳐 나타난 것과 달리 일본은 작품수도 적고, 모두 인문 분야에 집중되 어 있었다.

6.6.2.2 세부항목별 분석

세부항목의 분포를 제시하면 다음과 같다.

<표 97> 한·일 국어 교과서 논설문의 세부항목별 지문수

		인문						사회				과학/기술					생활	언어			예술				계
		인간	독서	역사	윤리	철학 사상	전통 문화	타 문화	정치	대중 매체	법률	생물	신체와 전공학	지리 환경	전문 기술	기계 기술	생활	국어 가치	언어 지식	표현	미술	건축	음악	문학 비평	
한국	초	1	-	-	1	-	-	1	1	-	-	-	-	1	-	-	1	-	-	-	-	-	-	-	6
	중	-	1	-	5	-	-	-	1	-	1	-	-	1	-	-	1	-	-	-	1	-	-	-	11
	고	-	-	1	1	4	2	3	1	2	1	-	1	5	-	-	1	-	-	-	3	-	-	-	25
	계	1	1	1	7	4	2	4	3	2	2	-	1	7	-	-	3	-	-	-	4	-	-	-	42
일본	초	-	-	-	-	-	-	-	-	-	-	-	-	-	-	-	-	-	-	-	-	-	-	-	-
	중	-	-	-	-	-	-	-	-	1	-	-	-	-	-	-	-	-	-	-	-	-	-	-	1
	고	-	-	-	-	4	-	1	-	-	-	-	-	-	-	-	-	-	-	-	-	-	-	-	5
	계	-	-	-	-	4	-	1	-	1	-	-	-	-	-	-	-	-	-	-	-	-	-	-	6

　　인문 분야에서, 한국은 '윤리'가 가장 많고, '철학·사상' 항목이 높았는데, 전자에는 정직을 강조하는 내용의 논설문이 다수 포함되어 있다. 일본은 6편 중 4편이 '철학·사상' 항목에 집중되어 있다. 다음은 양국의 교과서에서 인문에 해당하는 논설문의 예이다.

　　　　＜한국＞
　　　　-윤리 : 공공예절, 정직, 배려, 희생
　　　　-철학·사상 : 배움, 인생의 목적, 정체불명의 기념일
　　　　＜일본＞
　　　　-철학·사상 : 인간의 감정, 생물의 연관

한국은 과학/기술 분야에서 지구·환경에 집중되어 있다. 다음은 그 예이다.

　　　　＜한국＞
　　　　-신체/유전공학 : 치아
　　　　-지구/환경 : 물, 식물보호, 벼농사, 지구환경, 채식, 자연보호

　　자세한 것은 ＜표 98＞, ＜표 99＞의 논설문의 전체 목록을 참조 바란다.

＜표 98＞ 한국 초등학교 6년분 국어 교과서의 논설문 목록
(제목을 명시하지 않은 텍스트는 ( )안에 앞부분을 제시함)

	제목	작가	페이지	제재	분야	세부항목
2-1	물 없이 살 수 없어요	집필자 (학생)	86	물, 환경	과학기술	지리환경
	작은 것도 소중해	집필자 (학생)	92-93	돈	사회	경제
2-2	어떤 집을 만들면 좋을까요?	집필자	51-53	토의, 협동	생활	생활
	소중한 이	신순재	78-79	치아	과학기술	신체유전공학
	(서로 다른 색)	노은경	90-91	타문화, 경로	사회	타문화

	쓰레기통을 놓아야 할까요?	집필자	92-93	공공예절	인문	윤리
3-1	(놀 때)	집필자	51	안전	생활	생활
3-2	들꽃을 지키는 방법	크리스티나	31-32	식물 보호	과학기술	지리환경
	(자린고비)	집필자 (학생)	103	절약	사회	경제
	(저는)	집필자 (학생)	104	정직, 배려	인문	윤리
	(생각이 자라는 나무)	집필자 (학생)	112-113	정직, 겉모습	인문	윤리
	(저는)	집필자 (학생)	115	정직	인문	윤리
	(저는)	집필자 (학생)		정직	인문	윤리
4-1	아름다운 우리말을 사용하여 주세요	집필자	120-121	우리말사랑	예술	미술
4-2	독서의 힘	손기원	47-49	독서의 힘	인문	독서
	자전거를 타고 싶어요	집필자	111-114	법규	사회	법률
	반장은 힘들어	집필자	116-117	희생	인문	윤리
6-1	종이책의 미래	집필자	46-48	매체	사회	대중매체
	(종이책은 죽었다)	집필자	50	매체	사회	대중매체
	많이 웃자	이송미	54-57	웃음	과학기술	신체유전공학
	벼농사를 지키자	집필자	59-61	벼농사	과학기술	지리환경
	청소를 언제 하면 좋을까요?	집필자	63-64	청소	생활	생활
	내 인생의 목적지	전옥표	67-71	인생의 목적	인문	철학사상
	지구를 위하여 한 시간 불을 끕시다	집필자	76-78	지구, 환경	과학기술	지리환경
	노래로 깨끗한 세상 만들기	집필자	80-83	노래	언어	국어가치
	식탁 위의 작은 변화	집필자	89-94	채식	과학기술	지리환경
	우리 숭례문	우리누리	103-106	전통	사회	전통문화
	우리말과 외국어	집필자	108-109	한글	언어	국어가치

	제목	작가	페이지	제재	분야	세부항목
	어린이 보행 안전	집필자	127-129	안전	사회	
	꽉 막힌 생각, 뻥 뚫린 생각	이어령	131-136	고정관념	인문	철학사상
6-2	콜럼버스 항해의 진실	정범진	43-47	침략	인문	역사
	공정 무역 초콜릿	EBS	49-50	인권, 타문화	사회	타문화
	(공정무역)	집필자	51	자립, 타문화	사회	타문화
	생명의 물을 나누어요	집필자	74-76	환경, 배려, 타문화	사회	타문화
	사랑하는 젊은이들에게	안창호	78-83	배움, 민족	인문	철학사상
	'세종대왕 문해상'을 아시나요?	시정곤	120-123	한글의 가치, (충)	언어	국어가치
	정체불명의 기념일	집필자	138-139	사상(충)	인문	철학사상
	돈을 만들어 씁시다	의천	141-144	화폐의 의의, 애민, 충	사회	경제
	전통 음식을 사랑하자	집필자	146-148	전통, 충, 조상문화	사회	전통문화
	자연 보호는 우리의 과업	집필자	151-154	자연보호, 환경	과학기술	지리환경
	자연 개발로 펼치는 새로운 꿈	집필자	156-157	자연보호, 환경	과학기술	지리환경
	(우리는)	집필자	159	정직	인문	윤리

<표 99> 일본 초등학교 6년분 국어 교과서의 논설문 목록

	제목	작가	페이지	제재	분야	세부항목
4-1	動いて、考えて、また動く	高野進	38-43	신체	과학기술	신체유전공학
5	見立てる	野口広	38-39	철학	인문	철학사상
	生き物は円柱形	本川達雄	40-45	철학	인문	철학사상
	ゆるやかにつながるインターネット	池田謙一	166-171	인터넷	사회	대중매체
6	感情	茂木健一郎	32-33	철학	인문	철학사상
	生き物はつながりの中に	中村桂子	34-39	철학	인문	철학사상

6.6.3 전기문

'전기문(傳記文)'이란 특정 인물의 일생의 행적을 기록한 글을 말한다. 자서전도 이에 포함시킨다. 비문학텍스트의 여러 장르 중, 해당 국가가 중요시하는 가치덕목이 가장 잘 나타나는 것이 전기문이라 할 수 있다.

한국 교과서에서는 23편을 싣고 있는데 비해 일본은 5편에 지나지 않는다. 한국이 4.6배라 할 수 있다. 전기문에 할애된 페이지수로 보면 한국 84페이지, 일본 24페이지로, 한국이 3.5배 많다고 볼 수 있다. 먼저, <표 100>은 양국의 전기문에서 나타내는 가치덕목을 다섯 가지로 분류하여 정리한 것이다. 이를 그래프로 나타낸 것이 <그림 127>이다.

<표 100> 한·일 국어 교과서 전기문의 가치덕목 분류

(숫자는 편수, ( )안은 비율)

	충(忠)	박애/봉사	정직/겸손	극복/용기	학식 등	계
한국	9(39.1)	6(26.1)	1(4.3)	3(13.0)	4(17.4)	23(100)
일본	1(20.0)	1(20.0)	0	3(60.0)	0	5(100)

<그림 127> 국어 교과서 전기문의 가치덕목 분류

한국은 23편 중 '충(忠)'과 관련된 인물이 9편으로, 39.1%를 차지하였다. 136) 이는 앞서 어휘 및 삽화연구에서 인간중심이며 가족 및 민족, 상대적 관계를 나타내는 직업 등이 많이 등장한 이유이기도 하다. 다음으로 박애 6편(26.1%), 학식 4편(17.4%), 극복/용기 3편(13.0%) 등, 다양한 가치를 내포하는 인물을 다루고 있다.

한편, 일본은 전기문의 수가 5편에 지나지 않으나 현존하는 스포츠선수 및 장인(匠人)을 통해 '극복/용기'가 2편이고 충(忠)과 박애라는 가치를 나타낸 글이 각 1편이다. 한국은 23편 중, '슈바이처·헬렌 켈러·마리퀴리·리마·사마광' 등 6명에 이르는 외국인을 다루고 있는데 반해 일본은 '테레사 수녀'를 수록하고 있다. 앞서 V장의 삽화 연구에서 밝힌 바와 같이 일본 쪽이 특정인물을 소개하는 예가 적음과 동시에 외국인의 소개에 있어서도 보수적임을 알 수 있다.137)

한국은 23편, 즉 23명의 주인공 중 남성이 20명, 여성이 3명으로 전기문에 등장한 인물 중 남성의 비율이 현저히 높아 성차가 크게 나타났다. 한편, 일본은 5편 중 남성이 4명, 여성이 1명으로, 일본 역시 성차가 심각한 것으로 나타났다.

양국 교과서의 전기문 목록은 다음과 같다.

<표 101> 한국 초등학교 6년분 국어 교과서의 전기문 목록

(제목을 명시하지 않은 텍스트는 (   )안에 앞부분을 제시함)

	제목	작가	페이지	주인공(국적)	성	가치
3-1	소를 탄 노인	집필자	122-125	맹사성	남	충
	방정환의 어린이사랑	어효신	130-132	방정환	남	박애

---

136) 6-2학기 국어교과서에서 안창호의 글을 싣고 있으나 이러한 경우는 논설문으로 처리함.
137) 특정 인물의 경우에도 텍스트에서 얼마나 다루고 있느냐와 삽화에 얼마나 등장하는가는 별개이다.

4-2	오성과 한음	집필자	115-118	오성·한음	남	학식
	풍속화의 대가 김홍도	김용란	32-34	김홍도	남	극복
	장보고	김소천	98-99	장보고	남	충
	해상왕 장보고	우봉규	100-102	장보고	남	충
5-1	미국에 세워진 한국인 이름의 중학교	집필자	98-100	김영욱	남	박애
	윤봉길의 의로운 외침	김구	102-106	윤봉길	남	충
	광개토대왕	장문식	166-168	광개토대왕	남	충
	유관순	집필자	170-173	유관순	여	충
	(사마광)	집필자	176	사마광	남	학식
5-2	검정 풍선	집필자	42-44	위그든(외국)	남	박애
	세계를 뒤흔든 총소리	집필자	46-51	안중근	남	충
	마리 퀴리	김영자	128-132	마리 퀴리(외국)	여	극복
	주시경	김원우	134-140	주시경	남	충
	김만덕	신현배	142-146	김만덕	여	박애
	슈바이처	김미라	148-155	슈바이처(외국)	남	박애
6-1	사회 운동가 헬렌 켈러	집필자	38-40	헬렌 켈러(외국)	여	극복
	진정한 금메달	집필자	42-44	리마(외국)	남	정직
	사랑으로 거둔 열매	강무홍	110-113	한상기	남	박애
	돼지와 부처	이창호	169	이성계	남	학식
6-2	(두 분은)	집필자	103	무학대사	남	학식
	새로운 글, 훈민정음	집필자	125-127	세종	남	충

<표 102> 일본 초등학교 6년분 국어 교과서의 전기문 목록

	제목	작가	페이지	인물	성	가치
5	百年後のふるさとを守る	河田恵昭	60-70	浜口儀兵衛	남	충
	マザーテレサ	집필자	75	マザーテレサ(외국)	여	박애
	イチロー選手	집필자		イチロー選手	남	극복

	千年の釘にいどむ	内藤誠吾	152-158	건축 장인	남	극복
6	宇宙飛行士	野口聡一	224-228	우주비행사	남	극복

그밖에 예술 작품에 대한 분석 및 평가를 다룬 '감상·비평문'이 있다. 한국은 24편을 감상·비평문으로 분류했으나 '사람은 놀이를 하면서 배우고 자란다'(이승하, 5-2)나 '어흥 호랑이를 만나볼래?'(윤정주, 3-1)와 같은 극히 일부를 제외하고는 학생들의 작품이 대부분이다.

한편 일본에서도 7편 중, 4편은 학생작품이었으나 6학년에서 제시한 3편, 즉 '이하도브의 꿈(イーハトブの夢)'(畑山博), '오수극화를 읽다(鳥獣劇画を読む)' (高畑勲), '언어의 가교(言葉の橋)'(宮地裕) 등은 문학 및 예술평론으로 본격적인 평론 장르에 포함된다. 편당 페이지수도 한국 2.1페이지, 일본 3.4페이지였다. 페이지 할애량이나 내용으로 보아, 일본이 초등학교 고학년 학생들을 대상으로 상당히 수준 높은 평론을 싣고 있는 것으로 평가된다.

다음으로 이른바 '생활문'은 집필자의 글로, 학생들의 입장에서 서술한 내용이 대부분으로 신변잡기식의 짧은 내용이다. 한국 교과서에서 44편 (17.3%), 104페이지를 할애하고 있고 일본 교과서에서는 9편(9.4%), 29페이지(7.8%)로 한국 교과서에서 지나치게 많이 사용하고 있다. 이는 상대적으로 짧은 시간 내에 교육과정의 목표에 맞추어 작성할 수 있는 방법 중의 하나일 것이나 지양할 필요가 있다.

한편, '국어지식'에는 이른바 한자 및 문법 등을 다룬 것으로 일본 교과서에서 현저히 많은 것으로 나타났다. 이는 일본어의 특성상 한문교육에 많은 부분을 할애했기 때문이다. 문법도 한국 교과서에 비해 높은 수준까지 다루고 있다. 마지막으로, 일기/기행문, 서간문, 안내문 등은 일본 교과서에서는 거의 다루고 있지 않았다.

VII. 국어 교과서 어휘와
학생들의 어휘와의 관련

7.1 들어가는 글

국어 교과서의 어휘에 나타난 가치관과 학생들의 언어생활과의 연관 관계를 분석하는 일은 중요한 작업이다. 하지만, 단기간에 나타나기는 어려우며 다양한 요소가 영향을 미칠 것으로 보인다. 본 장에서는 한·일간에 가장 유의차가 높게 나타난 범주를 표본대상으로 하여, 해당 교과서로 학습한 초등학생의 어휘를 통해 이를 검증하고자 한다. 이를 위해 양국의 초등학교 3학년 학생들을 대상으로 이들의 언어생활을 설문조사를 통하여 살펴보기로 한다. 비교 대상교과서는 1~2학년 국어 교과서로 이에 대한 어휘연구는 본서의 4장에서 다룬바 있다.

7.2 설문조사 개요

유의차가 높게 나타난 <1.2 인간활동의 주체>중에서도 <1.20인간> 및 <1.21가족>, <1.23인종·민족> 범주의 어휘가 사용될 가능성이 있는 상황을 그림으로 제시하고 이를 자신의 모어인 한국어 또는 일본어로 설명하도록 하였다.

2학년 학습이 끝난 학생들을 대상으로, 관련 그림(컷)을 제시하여 자신의 모어를 사용하여 '그림에 등장한 사람들의 모습에 대하여 써 달라'는 설문 조사를 실시하였다. 실시기간은 2013년 2월~2013년 5월까지 한국과 일본 각 3곳의 초등학교를 대상으로 하였다.

<한국> 서울, 경기도 수원, 강원도 영주 소재 초등학교 3곳
      (남 50명, 여 50명, 총 100명)
<일본> 도쿄, 나고야, 고치현 소재 초등학교 3곳
      (남 65명, 여 70명, 총 135명)

설문조사에 사용된 그림은 마이크로소프트사에서 '공원을 산책하고 있는 가족'이라는 제목으로 제공하고 있는 것으로, 체형도 서양인에 가깝고 등장 인물의 머리색 또한 여성은 검정, 남성은 밤색, 두 어린이는 오렌지색에 가깝다. 이같이 설정한 이유는 특정 인종 및 국적으로 제한하지 않고 객관화 시키려는 의도에서이다. 참고로, 옷이나 주변 배경 모두 밝은 느낌을 준다.

<그림 128> 설문조사에 사용한 그림

7.3 결과 분석

먼저, 양국의 초등학생의 설문조사 결과를 원문대로 일부 제시하면 다음과 같다. 전체 목록은 부록을 참고 바란다. ('남1'이란, 남학생으로 편의상 설문조사 순번이 1번이라는 의미임)

한국	(a) 아버지, 어머니, 동생, 형이 날씨가 좋아 나들이를 나왔다. (남1)[138]
	(b) 가족 나들이, 엄마, 아빠, 아이들이 모인 가족이 재밌게 나들이를 갔다. (남25)
	(c) 소풍을 하고 있다. (남50)
	(d) 가족들과 소풍가면서 즐거워 보여요. 가족과 여행가는 깃이에요. (여1)
	(e) 가족, 나들이, 엄마, 아빠, 아이들이 모여 즐겁게 나들이를 한다. (여 25)
	(f) 가족이랑 화목해 보인다. (여50)
일본	(a) 男がはんそで、女そでなし、女の子がだっこされている。(남1)
	(b) 人が、はなしていると思う。手をつないであるいている。(남25)
	(c) この人たちははなしてる。(남50)
	(d) 家族だと思う。樂しそう。なかよしそう。(여1)
	(e) 家族なかよし。(여25)
	(f) みんな夏でたのしそうだなあと思います(여50)

7.3.1 5개 대분류에서 나타난 의미 분포의 차이

<표 103>은 설문조사에 사용된 양국이 초등학생(피실험자)의 표현에서 명사만을 추출한 후, 일본 국립국어연구소의 '분류어휘표'(1964)에 근거하여 5개 항목으로 대분류한 것이다. 단, 어휘의 추출 기준은 다음과 같다.

---

138) 번호는 무작위로 작성한 목록의 일련번호임.

한국 (a) : 아버지 / 어머니 / 동생 / 형 / 날씨 / 나들이　　(6개)

일본 (a) : 男 / はんそで / 女 / そでなし / 女の子 / だっこ　(6개)

<표 103> 한·일 3학년 학생들의 사용 어휘 대분류(%)

코드	의미 분야	개별어수		전체어수	
		한국	일본	한국	일본
1.1	추상적 관계	8(9.0)	7(11.1)	17(4.0)	17(8.0)
1.2	인간활동의 주체	33(37.1)	27(42.9)	255(59.3)	122(57.3)
1.3	인간활동-정신 및 행위	14(15.7)	13(20.6)	90(20.9)	45(21.1)
1.4	생산물 및 도구	13(14.6)	8(12.7)	25(5.8)	13(6.1)
1.5	자연물 및 자연현상	21(23.6)	8(12.7)	43(10.0)	16(7.5)
	총 계	89(100)	63(100)	430(100)	213(100)

양국의 초등학교 1~2학년 어휘(명사)의 전체어수에서 한국12.0%(562회), 일본 6.6%(207회)로 가장 유의차가 높았던 <1.20인간>(카이자승값 62.724)을 검증하고자 제시한 설문조사로, '그림에 등장한 사람들의 모습에 대하여 써 달라'는 제한된 설명을 요구되는 설문조사이므로, 전체적으로 유의차가 나타나지 않았다. <표 104>는 <1.2 인간 활동의 주체>를 중항목으로 세분하여 나타낸 것이다.

<표 104> 한·일 3학년 학생들의 사용 어휘 중분류(%)

코드	의미 분야	개별어수		전체어수	
		한국	일본	한국	일본
1.20	인간	12(13.5)	11(17.5)	77(17.9)	32(15.0)
1.21	가족	16(18.0)	11(17.5)	163(37.9)	71(33.3)
1.22	상대·동료	3(3.4)	2(3.2)	13(3.0)	14(6.6)
1.23	인종·민족	-	2(3.2)	-	4(1.9)
1.24	구성원·직위	-	-	-	-
1.25	지역·국가	2(2.2)	1(1.6)	2(0.5)	1(0.5)
1.26	사회	-	-	-	-
1.27	기관	-	-	-	-
1.28	동맹·단체	-	-	-	-

양국 모두 <1.2 인간 활동의 주체>중에서도 <1.20인간> 및 <1.21가족> 항목에 어휘사용이 집중되었음을 알 수 있는데, 특히 전체어수에서 양쪽 모두 한국의 비율이 높았다. 수치상으로도 한국이 높은데 한국은 100명, 일본은 135명이었다는 점을 감안하면 차이가 확실히 드러난다고 할 수 있다. 이하, 두 항목에 사용된 어휘를 살펴보면 다음과 같다.

1) <1.20인간>

《( )안은 등장 횟수임)

한국(개별어수 12, 전체어수 77)	일본(개별어수 11, 전체어수 32)
사람(20), 사람들(13), 아이(11), 아기(9), 우리(7), 아이들(5), 나(3), 남자아이(3), 어린이(2), 천사(?), 여자아이(1), 누기(1)	人(사람10), 女の子(여아5), 女の人(여자4), 男の人(남자3), 赤ちゃん(아기2), 男(2), 女(2), 人たち(사람들1), 男子(1), 男の子(남아1)), 女性(1)

한국 학생들의 사용 어휘는 '사람·사람들·아이·아기·우리·아이들·나'가 고빈도어이고, 일본학생들의 사용 어휘는 '人(사람)·女の人(여자)·男の人(남자)'가 3회 이상 고빈도어로 조사되었다. 상대적으로 빈도가 낮은 것을 알 수 있다. 특히, 한국 학생들은 '우리·나'와 같이, 집단 및 1인칭으로 표현하여 자신의 일로 표현하는 특징이 보이는데 반면 일본 학생들은 이에 해당하는 어휘가 없고 객관화하여 표현하고 있다. 반면 한국은 어른들을 '남자·여자'로 묘사한 예가 없는데, 이는 한국의 경어의식과도 관련이 있다고 할 수 있다.

2) <1.21가족>

《( )안은 등장 횟수임》

한국(개별어수 16, 전체어수 179)	일본(개별어수 11, 전체어수 71)
가족(68), 엄마(31), 아빠(27), 동생(9), 어머니(4), 아버지(4), 형(4), 아들(4), 가정(3), 오빠(2), 형제(2), 4인 가족(1), 부모님(1), 언니(1), 다문화 가정(1), 다문화 가족(1)	家族(54), 兄弟(3), 子供(아이3), 4人家族(3), おとうさん(아버지2), おかあさん(어머니1), ママ(엄마1), パパ(아빠1), おにいちゃん(형1), いもうと(여동생1), 親子(부모 자식1)

　한국 학생들은 어머니와 관련된 어휘를 35회, 아버지와 관련된 어휘를 31회 사용된 반면, 일본 학생들은 이에 해당하는 어휘가 각각 2어, 3어에 지나지 않았다. 한국 학생들은 '가족' 및 '가정'이라는 어휘 사용이 현저히 많은데, 이는 한국이 가족이라는 테두리 안에 이해하려는 경향이 강하다는 것을 보여주는 것으로, Ⅳ장에서 분석한 초등학교 저학년 교과서의 어휘에서 보이는 '가족 중심'이라는 특징과 일치함을 알 수 있다. 다음 7.3.2에서 자세히 살펴보기로 한다.

7.3.2 가족으로 표현하는가? 제 3자로 표현하는가?

　먼저, 위의 <그림 128>의 등장인물을 가족으로 묘사한 경우와 그렇지 않은 경우로 나눌 수 있다. 예를 들어, 한국의 '(a)아버지, 어머니, 동생, 형이 날씨가 좋아 나들이를 나왔다.'나 일본의 '(d)家族だと思う。樂しそう。なかよしそう(가족이라 생각다. 즐거워 보인다. 사이좋은 것 같다).'는 가족을 나타내는 어휘를 사용한 경우이다.

　반면, 한국의 '(c)소풍을 하고 있다.'나 일본의 '(a)男がはんそで、女そでなし、女の子がだっこされている(남자는 반소매이고, 여자는 민소매, 여자아이를

안고 있다)。'와 같이, 가족을 가리키는 어휘를 사용하지 않은 경우이다.

한국의 초등학생은 <그림 128>의 등장인물을 '가족'으로 묘사한 경우가 100명중 68명으로, 68%에 이르는데 반해, 일본의 초등학생은 135명중 63명으로, 46.7%에 그쳤다. 즉, 한국 학생들은 '가족', '우리'라는 것을 전제로 설명하는 경우가 70%에 육박하는 반면, 일본 학생들은 상대적으로 '가족', '우리'라는 인식보다는 '사람', '남자', '여자'라는 객관화된 시각을 가지고 제 3자로 묘사하고 있다고 평가할 수 있다. 이는 교과서의 삽화 및 어휘의 분석 결과와 깊은 연관이 있다.

실제 <그림 128>과 같이 주인공의 체형이 키가 크고, 서양인을 연상시키는 다양한 머리색을 취한 이유는 '우리' 또는 '가족'을 떠나 객관화시키려는 의도였으나, 그럼에도 불구하고 한국 학생들은 '우리'나 '가족'이라는 울타리 안에서 묘사하는 비율이 일본 학생에 비해 높은 것을 알 수 있다. 더구나 이를 설명하는데 있어 한국은 1인당 3.2개의 어휘를 사용하였고 일본은 2.1개의 어휘를 사용하여, 양적으로도 차이가 있다.

그밖에 일본 학생 중 3명은 '외국인'이라고 표현한 예가 있는데 반해 한국 학생 중에서는 해당 어휘가 사용되지 않았다. 단, 한국 학생 중 2명은 '다문화 가정', '다문화 가족'으로 표현하여 현재 한국사회의 단면을 보여주었다. 참고로, 설문조사 결과는 뒷부분의 <부록1>을 참조 바란다.

참고문헌

(1) 교육과정, 국어교과서 부분

강연실(2002)『한일 초등학교 국어과 교육과정에서의 국어지식 관련 요소 비교 연구』
　　　　서울교육대학교대학원 석사학위논문
교육과학기술부(2009)『2009 개정 교육과정』(교육과학기술부 고시 제 2009-41호)
　　　　(2011)『중학교 교육과정 해설(총론)』(교육과학기술부 고시 제 2009-41호),
　　　　pp.49-52
　　　　(2011)『2009 개정 교육과정에 따른 교과 교육과정 적용을 위한 국어과 교과
　　　　서 집필 기준』, pp.25-26
교육부(2015)『초등학교 교육과정』(교육부 고시 제 2015-74호 [별책 2]), pp.3-9
교육인적자원부(2007)『국어과 교육과정-제 2012-14호 [별책5]』
　　　　(2007)「초·중등학교 교육과정 」교육인적자원부 고시 제 2007-79호 [별책1]
　　　　(2009)『초·중등학교 교육과정 개정 고시』교육과학기술부 고시 제 2009-41
　　　　호
　　　　(2012)『국어과 교육과정』교육과학기술부 고시 제 2012-14호. pp.59-62
김승익(2010)「2009 개정 교육과정! 무엇이 달라지나?」교육과학기술부 HP, pp.1-8
김억조(2012)「2009 개정 교육과정 중학교 국어교과서 편찬 방안 연구」『국어교육연
　　　　구』50, 국어교육학회
김예니(2007)「국어과 교육과정의 변천과 교과서 구현 양상-중·고등 교과서를 중심으
　　　　로-」『국어교과서와 국가 이데올로기』글누림, pp53-82
김형철(2012)「좋은 국어교과서의 방향」『교과서연구』66, pp.13-19
두산동아(1997)『동아새국어사전』
　　　　(2016)『두산 백과』
선혜영·이승희(2012)「2007 개정 교육과정에 의거한 중학교 국어교과서의 장애관련
　　　　내용 분석」『특수교육저널』13, 한국특수교육문제연구소, pp.209-242
소강춘(2004)「한국, 조선, 중국 국어교과서에 나타난 어휘 특징에 대한 국어정보학적
　　　　연구」『한국언어문학』53 한국언어문학회, pp.186-206
소진형(2010)「2009 개정 교육과정의 올바른 이해」교육과학기술부 홈피, pp.1-5
이성영(2012)「국어교과서 정책의 과제」『국어교육연구』28, pp219-247
李美淑(2013)「한·일 초등학교 국어교과서의 삽화에 나타난 사회·문화적 가치관 연구-
　　　　저·중·고학년의 변화에 주목하여-」『日本學報』95, 한국일본학회, pp.31-45
李美淑·宋正植(2012)「한·일 초등학교 1-2학년 국어교과서를 통해 본 양국의 사회·
　　　　문화적 가치관 연구-교과서 정책 및 삽화를 중심으로-」『日本學報』92, 한국일본
　　　　학회, pp.65-77

이주섭(2009)「개정 초등 국어교과서의 주요 특징 고찰-1, 2학년을 중심으로-」『한국
　　　언어문학』69, 한국언어문학회, pp.117-137
박만용(2010)「뻔한 거짓말. 2009 개정 교육과정」2009 개정 교육과정공청회 발제문
　　　(미간)
박정수(1998)「한국과 일본의 초등 학교 국어과 교육 과정 비교 연구」『語文學』65, 韓
　　　國語文學會
진선희(2010)「다문화 사회의 국어과 교육 방향」『학습자중심교과교육연구』10-1,학습
　　　자중심교과교육연구회
차혜영(2005)「국어교과서와 지배 이데올로기」『상허학보』15, 상허학회, pp.99-100
한국교육과정평가원(2007)「일본의 교과서 검정·채택 정책」연구자료ORM 2007-17
한국교원대학교(2009)『국어과교사용-지도서』1-1·1-2, 2-1·2-2
한국정신문화연구원(1991)『한국민족문화 대백과사전』
한명희 외(1993),『국민학교 교육과정 해설』, 교육과학사
石原千秋(2005)『国語教科書の思想』ちくま新書, pp.33-57
　　　　　(2009a)『国語教科書の中の「日本」』ちくま新書, pp.1-203
　　　　　(2009b)『読者はどこにいるのか-書物のなかのわたしたち-』河出ブック, pp.11
　　　-28
今井康夫(1990)『アメリカ人と日本人　教科書が語る「強い個人」と「やさしい一員」』
　　　創流出版
岩波書店(1998)『広辞苑』
小学館(1989)『日本大百科全書』
鈴木重幸(1972)『日本語形態論』むぎ書房
文部科学省(2008)『小学校学習指導要領解説国語編』
文部科学省 HP(2010)「新学習指導要領・生きる力」
羽山健一(2015)「学習指導要領の変遷」大阪教 (http：//kohokens5.pf-x.net/cgi-bin/alist.cg
　　　i?index＝nen&year＝2006, (2016년 1월 20일 검색))
二宮皓編(2010)『こんなに違う！世界の国語教科書』メディアファクトリー新書, pp.7-1
　　　2, pp.31-46, pp.49-50
日本教師会(1981)『小学校国語教科書の問題点』教師会叢書12, 日本教師会国語教育研究
　　　委員会, pp.1-57

(2) 어휘 연구

김광해(2003)『등급별 국어교육용 어휘』박이정
김경선·방인태(1998)「초등학교 2학년 국어 읽기 교과서의 어휘 조사」서울교육대학
　　　교 국어교육과 초등교육연구소
김한샘(2010)『초등학교 교과서 어휘 조사 연구』국립국어연구소
국립국어연구소(1984)『국민학교 교과서 어휘 조사』

＿＿＿＿＿＿＿(1987)『초등학교 교육용 어휘(1 · 2 · 3학년용)』

＿＿＿＿＿＿＿(1989)『초등학교 교육용 어휘(4 · 5 · 6학년용)』

국립국어원(1999)『표준국어대사전』두산동아

두산동아(1997)『동아새국어사전』

서종학 · 김주필(1999)「교과서의 어휘 분석 연구-초등학교 교과서를 대상으로-」, 문화
관광부 학술용역 과제보고서

변은주(2005)「초등학교 국어교과서 어휘 분석」『우리말연구』8, 우리말글학회, pp.1
19-149

서상규(2009)『교육용 기본 어휘 선정을 위한 기초 연구』국립국어연구원

소강춘(2004)「한국, 조선, 중국 국어교과서에 나타난 어휘 특징에 대한 국어정보학적
연구」『한국언어문학』53 한국언어문학회, pp.186-206

宋正植(2009)「「中学校教科書」語彙比較-意味分類別構造分析を通じて-」『日本語教育研
究』16, 한국일어교육학회, pp.39-45

宋正植(2013)「외국인을 위한 일본어교육의 교육기본어휘-『日本語教育のための基本語
彙調査』자료 분석을 통하여-」『日本研究』56, 한국외국어대학교 일본연구소, pp.
385-410

宋正植 · 李美淑(2012)「한 · 일 초등학교 1학년 국어교과서 어휘 고찰-품사별 고빈도어
비교를 중심으로-」『日本語學研究』34, 한국일본어학회, pp.89-105

＿＿＿＿＿＿(2013)「한 · 일 초등학교 2학년 국어교과서 어휘 고찰-품사별 고빈도어 비교
를 중심으로」『日本語學研究』36, 한국일본어학회, pp.147-166

연세대학교 언어정보연구원(2000)『연세초등국어사전』두산동아

양정실 외『초등학교 교과서의 어휘 실태 분석연구』한국교육과정평가원

윤재숙(2009)「일본 국정교과서의 어휘교육에 관한 고찰」『日本語教育研究』16, 한국일
어교육학회, pp.57-71

이강민(2003)「한국에 있어서의 일본어연구(2001-2002)-전문학술지의 연구동향」『
日本學報』55-1, 한국일본학회

李美淑(2011)「일본어의 新語에 나타난 社會 · 文化的, 言語學的 특징연구-2005년~200
8년을 대상으로-」『일본연구』48, 한국외국어대학교 일본연구소, pp.223-242

＿＿＿＿＿＿(2014)「한 · 일 초등학교 6학년 국어교과서의 어휘 분포 대조」『日本學報』99,
한국일본학회, pp.93-107

＿＿＿＿＿＿(2015)「한 · 일 중학교 국어교과서의 어휘 분포 대조」『日本學報』102, 한국일
본학회, pp.13-33.

李美淑 · 宋正植(2012)「한 · 일 초등학교 1-2학년 국어교과서를 통해 본 양국의 사회 ·
문화적 가치관 연구-교과서 정책 및 삽화를 중심으로-」『日本學報』90, 한국일본
학회, pp.65-77

＿＿＿＿＿＿(2014)「한 · 일 초등학교 1-2학년 국어교과서의 어휘 분포 연구-한 · 일 초등학
생의 어휘 비교를 통하여-」『日本語學研究』39, 한국일본어학회, pp.139-155

이용백(2004)「초등학교 국어교과서 어휘의 특징」-『窓際のトットちゃん』의 語彙와

비교를 통해서-」『日語日文學』51-1, 한국일어일문학회, pp.431-445

이응백(1972) 「국민학교 학습용 기본 어휘」『국어교육』18·19·20, 한국국어교육연구회

_____(1978) 「국민학교 입문기 학습용 기본어휘 조사 연구」『국어교육』32, 한국국어교육연구회

_____(1989) 『국민학교 학습용 기본어휘 연구』 대한교과서주식회사

이원희(2009) 『2007년 개정 교육과정에 따른 초등학교 1, 2학년 국정 도서 분석』 교육과학기술부, pp.143-150

이주섭(2009) 「개정 초등 국어교과서 의 주요 특징 고찰-1, 2학년을 중심으로-」『한국언어문학』69, 한국언어문학회, pp.117-139

장원재(2005) 「한국에서의 일본어 어휘교육연구의 현황과 과제」『日語日文學研究』52-1, 한국일어일문학회, pp.25-41

장경희 외(2012) 『초·중·고등학생의 구어 어휘 조사』 지식과 교양, pp.17-47, pp.308-309

정우상(1987) 『국민학교 교과서 어휘 연구』, 국립국어연구소 연구보고서 1집, pp.651-872

조남호(2003) 『한국어 학습용 어휘 선정 결과 보고서』 국립국어연구원

趙喆鎬(1997) 『韓·日初等學校 國語教科書의 對照研究-1·2學年을 中心으로-』 한국외국어대학교 교육대학원 석사학위논문

최상재(1993) 「고등학교 국어교과서 어휘 연구」, 경남대학교 교육대학원 석사학위논문

한국사전연구사(1994) 『국어국문학자료사전』

李庸伯(2004) 「語彙の比較研究-小学校国語教科書を用いて-」『比較語彙研究の試み12』(田島毓堂編)語彙研究会 pp.1-124

金直洙(2004) 「日韓「基本語彙」の比較研究-その選定及び意味分野別構造分析を中心に-」『語彙研究叢書1　比較語彙研究の試み11』語彙研究会, pp.1-115

金田一京助他(2002) 『新選国語辞典』第8版, 小学館

工藤真由美(1999) 『児童生徒に対する日本語教育のための基本語彙調査』ひつじ書房

国立国語研究所(1952) 『語彙調査』国立国語研究所資料集2

_____(1962) 『現代雑誌九十種の用語用字』国立国語研究所報告21

_____(1964) 『分類語彙表』国立国語研究所資料集6

_____(1982) 『日本語教育基本語彙七種比較対照表』日本語教育指導参考書9

_____(1984) 『日本語教育のための基本語彙調査 』国立国語研究所報告78

_____(1985) 『語彙の研究と教育(下)』日本語教育指導参考書13

_____(2001) 『教育基本語彙の基本的研究(教育基本語彙データベースの作成)』 国立国語研究所報告117

阪本一郎(1958) 『教育基本語彙』牧書店

島村直己(1983) 「小学校低学年用国語教科書の用語」『研究報告集4』国立国語研究所報告74

小学館(2002) 『新選国語辞典』

申玟澈(2001)「日韓語彙の対照研究-「小学校基本語彙」を対照として-」『開発・文化叢書37 比較語彙研究の試み7』名古屋大学大学院国際開発研究科目, pp.13-159

鈴木重幸(1972)『日本語形態論』むぎ書房

田島毓堂(1999)『比較語彙研究序説』笠間書院

田島毓堂編(2003)『比較語彙研究の試み10』開発・文化叢書38, 名古屋大学大学院国際開発研究科, pp.1-221

田中章夫(1988)『国語語彙論』明治書院

中野洋(1981)「『分類語彙表』の語数」『計量国語学』12-8, pp.376-383

日本教師会(1980)『小学校国語教科書の問題点』教師会叢書12, 日本教師会国語教育研究委員会, pp.1-57

二宮皓編(2010)『こんなに違う!世界の国語教科書』メディアファクトリー新書, pp.7-12, pp.31-46

(3) 삽화 연구

권오윤(2006)「우리나라 교과서 디자인 문제에 관한 연구-국정(1종도서)교과서 중심으로-」홍익대학교 산업미술대학원 석사학위논문

김병수(2015)「초등학교 읽기 교과서의 삽화 개발 과정 연구-2007년 개정 국어과 교육과정의 초등학교 교과서 개발 백서를 중심으로-」『독서연구』31, 한국독서학회

김성연(2002)『초등학교 1・2학년 삽화분석』상명대학교 교육대학원 석사학위논문

김정은(2011)「문화 반응 교수 관점에서 초등학교 교과서 분석」『이중언어학』44, 이중언어학회, pp.114-116

박종희(2012)「교과서 편집 디자인이 학업몰입도 및 학업성취도에 미치는 영향에 관한 연구-중학교 국어교과서를 중심으로-」『교과서연구』68, pp.88-99

박준용(2014)「검정 국어교과서 삽화에 대한 비판적 고찰 : 글과의 관계에 따른 삽화의 의미 구성적 기능을 중심으로」『국어교육』144, 한국어교육학회, pp.401-430

이윤정(2010)「초등 국어교과서에 나타난 다문화 교육적 요소 분석과 방향 연구」『새국어교육』85, 한국국어교육학회

이원희(2009)『2007년 개정 교육과정에 따른 초등학교 1,2학년 국정 도서 분석』교육과학기술부, pp.143-150

李美淑(2013)「한・일 초등학교 국어교과서의 삽화에 나타난 사회・문화적 가치관 연구-저・중・고학년의 변화에 주목하여-」『日本學報』95, 한국일본학회, pp.31-45

_____(2015)「한・일 중학교 국어교과서의 삽화에 나타난 사회상 연구」『日本研究』63, 한국외국어대학교 일본연구소, pp.417-438.

李美淑・宋正植(2012a)「한・일 초등학교 1-2학년 국어교과서를 통해 본 양국의 사회・문화적 가치관연구」『日本學報』92, 한국일본학회, pp.65-77

_____(2012b) 한・일 초등학교 3-4학년 국어교과서를 통해 본 양국의 사회・문화적 가치관 연구」『日本言語文化』23, 한국일본언어문화학회, pp.467-488

정광순 외(2010) 「초등학교 1, 2학년 교과서 분석」 『초등교육연구』23, 한국초등교육학
　　회, pp.23-43

조영복(2007) 『초등사회과 교과서 삽화 오류의 대안적 고찰』 한국학술정보, pp.1-18,
　　pp.41-47

진선희(2010) 「다문화 사회의 국어과 교육 방향」 『학습자중심교과교육연구』10-1, 학습
　　자중심교과교육연구회

최성희(1988) 『국민학교 교과서 삽화의 기능에 관한 조사연구』 이화여자대학교대학원
　　석사학위논문, pp.10-17

최수진(1997) 『한·일 교과서 삽화 비교 연구-초등학교 4학년 국어교과서를 중심으로-
　　』 부산대학교 교육대학원 석사학위논문, pp.49-51

하신자(2004) 「초등 국어교과서 삽화 실태 연구」 『국어교육연구』16, 광주교육대학교
　　국어교육학회, pp.139-162

한국교원대학교(2009) 『국어과교사용지도서』 1-1, 1-2, 2-1, 2-2

한국정신문화연구원(1991) 『한국민족문화 대백과사전』

李美淑(2012)韓·中·日小学校低学年国語教科書の挿絵から見た三国の社会·文化的な価
　　値観観研究」 『日本研究』51, 韓国外人日本研究所, pp.324-346

岩波書店(1998) 『広辞苑』

牛山恵(2005a) 「小学校国語教材とゼンダー」 『都留文科大学研究紀要』 61, 都留文科大学,
　　pp.23-44

　　　　(2005b) 「小学校国語教材とゼンダーⅡ」 『都留文科大学研究紀要』 62, 都留文科大
　　学, pp.41-63

酒井千尋(2004) 「絵本の挿絵の役割に関する研究-絵本が物語理解に及ぼす影響」 『愛媛大学
　　教育学部紀要』1, pp.53-59

三省堂(1998) 『大辞林』

谷川俊太郎他(1997) 『こんな教科書あり?』岩波書店 pp.3-81

中川一史他(2007) 「第一学年 『読むこと』 の学習指導における一研究」 全国大学国語教育
　　学会発表要旨集112

平岡雅美(2006) 「物語文教材における挿絵の機能と問題」全国大学国語教育学会発表要旨, p
　　p.215-218

日本教師会(1980) 『小学校国語教科書の問題点』 教師会叢書第 12集, 日本教師会国語教育
　　研究委員会, pp.1-57

(4) 텍스트 연구

강진호(2014) 「한·일 근대국어교과서와 '서사'의 수용」 『일본학』39, 동국대일본학연
　　구소, pp.1-35

강진호 외(2006) 『국어교과서와 국가 이데올로기』 글누림, pp.5-14

김경남(2012) 「초등 국어교과서의 서사 본문 분포와 변화 연구」 『語文學』117, pp129-149

김병수(2015)「초등학교 읽기 교과서의 삽화 개발 과정 연구-2007년 개정 국어과 교육과정의 초등학교 교과서 개발 백서를 중심으로-」『독서연구』31, 한국독서학회

김예니(2007)「국어과 교육과정의 변천과 교과서 구현 양상-중·고등 교과서를 중심으로-」『국어교과서와 국가이데올로기』글누림, pp53-82

김정은(2011)「문화 반응 교수 관점에서 초등학교 교과서 분석」『이중언어학』44, 이중언어학회, pp.114-116

박기범(2011)「고등학교 국어교과서의 현대소설 수용 양상에 대한 비판적 검토」『청람어문교육』44, pp.455-490

박종덕(2006)「아동문학 작품의 가치 표상에 대한 사회언어학적 연구-초등 교과서「국어(읽기)1-2」를 대상으로-」『동화와 번역』11, pp.101-132

빈미영(2007)「고등학교 국어교과서의 시와 소설에 나타난 문학적 상상력 분석」『교육경남』169, 통권 186, p.15

이윤정(2010)「초등 국어교과서에 나타난 다문화 교육적 요소 분석과 방향 연구」『새국어교육』85, 한국국어교육학회, pp.227-233

任曉禮(2006)「한·중 중학교 국어교과서 바탕글 비교 연구」『배달말』38, 『배달말학회』, pp.115-149

임성규(2008)「초등 국어교과서 아동문학 정전에 대한 비판적 一考」『語文學』100, 韓國語文學會, pp.411-432.

심은정(1998)「韓日 國語敎科書의 전래동화 교재연구」『동일어문연구』13, 동일어문학회, pp.97-113

_____(2005)「한·일전래동화 비교연구-일본 소학교 국어교과서에 실린 줄지않는 볏단[へらない稻束]을 중심으로-」『日語日文學硏究』56, 한국일어일문학회, pp.83-99

李美淑(2015)「한·일 중학교 국어교과서의 텍스트에 나타난 사회·문화적 가치관 연구-삽화 및 어휘연구를 바탕으로-」『日本學報』105, 한국일본학회, pp.109-124

_____(2016)「한국과 일본의 초·중학교 국어교과서의 소설에 나타난 사회·문화적 특징 연구」『人文科學硏究論叢』37-3, 명지대학교 인문과학연구소, pp.36-71

주현희(2014)『한·일 국어교과서 제재 비교분석』부경대학교 교육대학원 석사학위논문

주현희 외(2014)「문·이과 통합형 국어교육을 위한 한·일 국어교과서 제재 비교 연구」『동북아문화연구』39, 동북아시아문화학회, pp.99-121

진선희(2010)「다문화 사회의 국어과 교육 방향」『학습자중심교과교육연구』10-1, 학습자중심교과교육연구회

차혜영(2005)「국어교과서와 지배 이데올로기」『상허학보』15, 상허학회, pp.99-100

_____(2007)「한국현대소설의 정전화과정 연구-중·고등학교 '국어' 교과서와 이데올로기의 관련성-」『국어교과서와 국가 이데올로기』글누림, pp.277-297

하루오시라네 외 엮음(2002)『창조된 고전』소명출판(왕숙영 옮김) pp.8-10, pp.17-52.

하신자(2004)「초등 국어교과서 삽화 실태 연구」『국어교육연구』16, 광주교육대학교 국어교육학회, pp.139-162

石原千秋(2005)『国語教科書の思想』ちくま新書 pp.33-57

_____(2009a)『国語教科書の中の「日本」』ちくま新書 pp.79-138

_____(2009b)『読者はどこにいるのか-書物のなかのわたしたち-』河出ブック pp.11-28

伊藤良徳他(1995)『教科書の中の男女差別』明石書店 pp.13-43

今井康夫(1990)『アメリカ人と日本人教科書が語る「強い個人」と「やさしい一員」』創流
　　　　出版

金暁美(2010)「韓・日「国語」教科書におけるキュリー夫人伝の比較研究」『日語日文学研
　　　　究』72, 韓国日語日文学会 pp.85-102

谷川俊太郎他(1997)『こんな教科書あり?』岩波書店 pp.3-81

平岡雅美(2006)「物語文教材における挿絵の機能と問題」全国大学 国語教育学会 発表要旨
　　　　pp.215-218

日本教師会(1980)『小学校国語教科書の問題点』教師会叢書第 12集, pp.1-57

二宮皓編(2010)『こんなに違う！世界の国語教科書』メディアファクトリー新書. pp.7-1
　　　　2, pp.31-46

福嶋隆史(2012)『国語が子どもをダメにする』中公新書ラクレ, pp.7-12

山住正己他(1991)『小学校教科書を読む』岩波ブックレック, pp.2-28

(5) 연구 분석 자료

교육과학기술부(2009)『국어 읽기』1-1·1-2, 2-1·2-2

교육과학기술부(2010)『국어 읽기』3-1·3-2, 4-1·4-2

교육과학기술부(2011)『국어 읽기』5-1·5-2, 6-1·6-2

光村図書(2011)『国語』1上·1下, 2上·2下, 3上·下3, 4上·4下, 5, 6

<부록 1>

한 · 일 초등학교 학생 설문조사 결과[139]

(1) 한국초등학교 3학년 남학생 설문조사 결과

남1 아버지, 어머니, 동생, 형이 날씨가 좋아 나들이를 나왔다.

남2 굉장히 화목하고 즐겁고 사이가 좋아 보이는 가족 같다. 우리 가족도 저랬으면

남3 아빠는 친근감이 많이 있다. 엄마도 친근감이 있다. 형제는 친근감이 별로 없다.

남4 아버지, 어머니가 아이들과 나무가 있는 공원으로 간다.

남5 사람들이 웃고 일하고 서로서로 도우는 것이 정말 멋져 보인다.

남6 사진을 찍고 있는 것 같다. 그리고 사랑하는 것 같다. 모두 남자아이를 쳐다보는 것 같다.

남7 키도 크고 머리카락도 있다. 형과 동생이 있고 동생은 키가 작다.

남8 사람들이 즐거워 보이고 아이들 또한 행복해 보인다. 마치 천사 같은 가족이다.

남9 사람들이 가족이랑 나들이를 나온 것 같다. 아기는 별로 기분이 안 좋은 것 같다.

남10 가족들의 행복 여행

---

139) Ⅶ장의 설문조사 관련 자료로, <그림 128>을 보고 양국의 3학년 학생들이 모어로 각각 설명한 것임. (그림 출처는 마이크로소프트사임) 일부 문이 자연스럽지 않거나 오용이 있으나 피실험자(3학년 학생)가 작성한 대로 수록함.

남11 다문화 가족, 사이좋은 사람들 엄마, 아빠. 서로 배려해주는 마음

남12 옷을 입고 신발을 신고 다닌다.

남13 가족 나들이, 엄마, 아빠, 아이들이 모인 가족이 재밌게 나들이를 갔다.

남14 가족, 친함, 친절, 아이, 엄마, 아빠, 나들이. 가족(엄마, 아빠, 아이들)가
    친절하게 대하며 친하게 나들이를 한다.

남15 아빠, 가족, 엄마. 나들이, 소풍, 친구 엄마, 아빠랑 가족끼리 나들이를
    갔다 오고 소풍을 가다 친구를 만나다.

남16 가족이 생명을 소중히 여긴다.

남17 사람들은 정말 좋다. 가족이 있는 사람들은 정말 다정한 것 같다.

남18 가족이 사이가 좋은 것 같다. 산책하는 모습이 좋은 것 같다.

남19 가족의 모습이 정말 보기 좋다. 그리고 즐거워 보인다.

남20 가족이 사이 좋아 보인다. 그리고 식물원에 간 것 같다. 엄마는 아기를
    안아주고 있고 아빠는 동생 손을 잡고 있다. 그리고 가족들이 입은 옷
    이 너무 멋있다.

남21 사이좋게 다정하게 지내는 가족이다. 그리고 엄마는 아기를 웃으며 안
    고 있다.

남22 기분이 좋은 것 같다. 그리고 기분 좋게 웃고 있는 것 같다. 행복해 보
    인다.

남23 가족이랑 소풍을 가서 사진을 찍고 있는 것 같다.

남24 가족들이 서로 다정하게 푸른 숲에서 산책한다. 그림을 보고 동생과 친
    하게 지내야 되겠다고 생각했다.

남25 가족, 나들이, 즐겁다. 가족들이 즐겁게 나들이를 한다. 가족이 나들이
    하는 것이 즐거워 보인다.

남26 좀 친근하고 서로 아끼고 사랑하고 좋아한다는 생각이 많이 들기도 한
    다. 서로 기분 좋은 느낌이 든다. 아빠와 아이는 손잡고, 엄마가 딸을 업
    고 있다.

남27 아빠는 아들 손을 잡고 엄마는 애기를 안고 있어요.

남28 사람들이 아주 행복한 것 같고 사람들이 즐거운 것 같다.

남29 사람들이 녹색나무가 있는 곳에서 맑은 공기를 마시며 산책을 하고 있다.

남30 한 가족이 평화롭고 고요한 자연에 서 있다. 왜냐하면 자연을 느끼려고
   한 가족이 서 있다.

남31 눈이 없고 애기가 있고 반팔을 입었고 화려하고 멋지고 샌들을 신었다.

남32 사람들이 다정하게 있는 모습이 행복해 보인다. 화목한 가정인 것 같다.

남33 친근하고 사이 좋아 보이고 어울리고 서로 사랑하는 것 같다.

남34 사람들은 좋다. 사람들은 우리에게 도움을 주기도 하고 우리를 친절하
   게 해주기 때문이다.

남35 무응답

남36 사람들은 뭐든 만질 수 있고 동물처럼 움직일 수 있다. 팔과 다리도 있다.

남37 가족이 모여 있으니 오붓하다.

남38 가족끼리 애기를 하는 것 같다.

남39 즐거워 보인다.

남40 소풍에 놀러 왔다.

남41 소풍에 놀러 왔다.

남42 평범하게 산다.

남43 사람들이 무게가 있다.

남44 가족이 행복하고 화목해 보인다. 아기가 귀엽다.

남45 사람이 이상하다.

남46 부모님과 산에 놀러가는 장면

남47 다정하고 행복한 사람으로 보인다.

남48 사이가 좋고 소풍을 나온 것 같다. 그리고 즐거운 것 같다.

남49 가족들이 화목해 보인다. 어디 놀러 가는 것 같다.

남50 소풍을 하고 있다.

(2) 한국초등학교 3학년 여학생 설문조사 결과

여1 가족들과 소풍가면서 즐거워 보여요. 가족과 여행가는 것이에요.

여2 사람들이 행복해 보인다. 가족끼리 산책을 하고 있다. 꼭 우리 가족 같다.

여3 사람들은 서로서로 도우며 잘 사는 것 같다. 어린이들은 놀며 다치긴 하
　지만 잘 크는 것 같다.(나도)

여4 한 사람이 가족들과 같이 공원에 나들이를 하는 모습 같아요. 그래서 사
　람들은 가족, 생명이 소중한 것 같아요. 가족들이 환하게 웃으면서 나들
　이를 하는 모습이 좋아요.

여5 행복해 보이고, 서로 친하다. 아빠와 아들이 다정하다.

여6 사람이 행복하게 길을 걷고 있다. 그리고 아이와 엄마는 다정해 보인다.
　엄마는 등에 아이를 업고 있다.

여7 사람들은 아주 친해 보이고 가족 같다. 그리고 연약한 모습도 있는 것 같다.

여8 사람, 나무, 소풍, 가족끼리 공원으로 소풍간다. 가족이 나들이 나왔다.

여9 소풍, 가족, 풀밭, 하늘, 가족, 바다, 우리 가족들이 돗자리를 피고 맛있게
　먹으면서 즐겁게 웃고, 놀고 있다. 우리 가족들이 풀밭에 누워서 하늘을
　보는데 바다 같다고 이야기한다.

여10 가족끼리 사이좋고 싸우지도 않고 질서 있게 행복한 것 같다. 엄마, 아
　빠, 아이들인 가족이 즐겁게 나들이를 간다.

여11 가족, 엄마, 아빠, 동생, 오빠, 나들이. 가족은 엄마, 아빠, 동생, 오빠이
　다. 가족끼리 나들이를 갔다

여12 사람, 가족, 생명체, 엄마. 아빠, 아이들, 가족, 어린이, 나무

여13 사람들이 있는데 누가 있느냐면 동생, 아빠, 엄마, 언니가 있었다. 무엇을
　하고 있었냐면 산책을 하고 있었다. 그리고 사람들이 평화롭게 있었다.

여14 가족이 놀러간 공원에는 나무가 많다. 그 사람들 옆에 있는 나무가 싱그
　러워 보인다.

여15 가족, 친근한, 엄마, 아빠, 아이들이 함께 있으니 친근함이 느껴진다. 나

들이를 가족과 가서 보는 나도 행복해진 느낌이 든다.

여16 가족, 소풍, 알록달록, 가족끼리 알록달록한 색의 옷을 입었다. 가족끼리 소풍을 간다.

여17 나무에 하얀색과 노란색 꽃이 있다. 가족들이 웃으며 이야기 하고 있다.

여18 가족들이 식물원에 간 느낌이 든다. 엄마는 애기를 안고 있고 아빠는 아들 손을 잡고 있다. 이 가족은 왠지 화목한 느낌이 난다.

여19 엄마는 아기를 안고 있고 아빠는 아들을 잡고 있어 행복한 것 같다.

여20 가족이 이야기하면서 같이 산책을 같이 하는 것 같다. 재미있을 것 같다.

여21 가족들끼리 해외로 여행을 가서 재미있게 행복하게 여행을 하는 모습이다. 또 엄마는 아기를 안고 있다.

여22 친근하고 가족 같은 느낌이 나고 행복한 가족 같은 느낌이 난다. 그리고 가족 다 같이 정원을 산책하는 것 같다.

여23 느낌이 가족 같고 웃고 있는 것이 행복해서 지금 이 집인 것 같다. 지금 이 여행 간 것 같다.

여24 반바지를 모두 입었고 아기가 있다. 반팔을 모두 입었다. 시원해 보인다.

여25 가족, 나들이, 엄마, 아빠, 아이들이 모여 즐겁게 나들이를 한다.

여26 엄마는 아가를 안고 있다. 엄마와 아들과 아빠는 손을 잡고 있다. 그리고 다정하다.

여27 사랑하는 사람들이 모여서 함께 웃으며 대화하는 가족들의 모습이다.

여28 친구처럼 친해서 색깔도 화려하며 멋지다. 숲도 있어서 더 화려하다. 나도 거기로 가고 싶다. 웃고 있어서 행복해 보인다.

여29 사람들은 숲이나 산책로를 산책하는 것 같고, 가족들인 것 같아서 화목하여 보이고 가족들이 숲 같은 데를 산책하고 있어서 즐거워 보입니다.

여30 가족끼리 친근해 보인다. 사이가 좋아 보인다. 식물원에 간 것 같다. 총 4인 가족이다. 다정하다. 우리 가족도 이 그림처럼 다정하면 좋겠다.

여31 사람들이 산책을 하고 있으며 가족들이 행복해 한다.

여32 친하고 행복해 보이는 가족이고 기분 좋게 이야기를 나누는 가족이다.

여33 가족들이 다함께 걸어가는 게 보기 좋았다. 그리고 사람들이 즐겁고 친
      근해 보였다.

여34 화목한 가정이 느껴지고 산책한다는 것을 알 수 있다.

여35 저 사람들은 행복해 보이고, 사이 좋아 보이고, 나들이를 가는 모습 같다.

여36 행복해 보인다. 그리고 엄마, 아빠, 남자아이, 여자아이가 잘 어울린다.

여37 사람들이 즐거워 보이고, 모습이 가벼운 것 같다.

여38 정다운 것 같아요

여39 행복하다.

여40 비난하는 것이 아닌 남을 배려하고 도와주는 것

여41 생명이 남아 있는 것 같다. 행복해 보인다. 가족끼리 사랑해 보인다. 파
      이팅 넘쳐 보인다.

여42 숲에서 산책하고 있다.

여43 행복해 보인다.

여44 다정해 보이고 사이가 좋아 보인다. 친근하다.

여45 지금 한 가족이 소풍을 나온 것 같기도 하고 산책을 나온 것 같기도 하다.

여46 다정하고 마음씨 곱고 친절한 사람들 같다.

여47 다문화 가정인 것 같다. 행복한 가족인 것 같다.

여48 아주 다정한 가정이 여름에 산 속을 즐겁게 이야기하며 걸어가고 있다
      고 생각한다.

여49 여러 나라 사람들이 모여서 산다.

여50 가족이랑 화목해 보인다.

(3) 일본초등학교 3학년 남학생 설문조사 결과 (번역은 필자)

남1 やさしいママ、パパだと思う。 (상냥한 엄마, 아빠라 생각된다.)

남2 なかよく、くらして、楽しそうで、どこかへおでかけをしている。(사이

좋게 살고, 즐거운 것 같고 어딘가 외출하고 있다.)

남3 よくかぞくでこうえんにいる。 (가족과 자주 공원에 간다.)

남4 たのしく、かぞくとでかけてる。 (즐겁게 가족과 외출한다.)

남5 たのしそう！ うれしそう！ (즐거워 보인다. 기쁜 것 같다.)

남6 家ぞく、なかよし。 (가족, 사이좋다.)

남7 すごくたのしくくらしているかぞくにみえる。 (굉장히 즐겁게 사는 가족으로 보인다.)

남8 すごく仲よしで、楽しそう。 (굉장히 사이좋고, 즐거워 보인다.)

남9 なかよし。 (사이가 좋다.)

남10 いいかぞく　そうね　そうだね。 (행복한 가족 진짜 진짜야.)

남11 すごくたのしそうでなかよしっぽいです。 (굉장히 즐거워 보이고 사이좋아 보인다.)

남12 なかよしだとおもう。 すごくわらってる。 (사이가 좋아 보인다. 엄청 웃고 있다.)

남13 무응답

남14 話しをしているところ。 (이야기를 하는 중)

남15 家ぞく(가족)

남16 にぎやか (활발함)

남17 人のことを考えている人がたくさんいてよかったなと思いました。 (타인을 생각하는 사람이 많이 있어 다행이라 생각합니다.)

남18 やさ(?) (상냥해)

남19 家ぞくでみんなせが高い！ (가족이고 모두 키가 크네!)

남20 お話しをしている。 (이야기를 하고 있다.)

남21 みんなでさんぽ (다 같이 산책)

남22 おさんぽをしている。 (산책하고 있다.)

남23 なかよく歩いている。 (사이좋게 걷는다.)

남24 なかよく歩いている。 (사이좋게 걷는다.)

남25 人が、はなしてると思う。 人が、手をつないであるいてる。 (사이좋게 이

야기하고 있는 것 같다. 사람들이 손을 잡고 걷고 있다.)

남26 たのしそうにしている。家ぞく。(즐거워 보인다. 가족이다.)

남27 こどもがねている。(아이가 자고 있다.)

남28 男がはんそで、おんなそでなし、女の子がだっこされている。(남자는 반소매, 여자아이를 안고 있다.)

남29 なんか、話してる。(뭔가 이야기하고 있다.)

남30 この人たちは、外国人で、公園にいっているんだと思います。(이 사람들은 외국인으로 공원에 갔다고 생각한다.)

남31 さんぽをしています。(산책하고 있어요.)

남32 さんぽをしています。(산책하고 있어요.)

남33 幸せ。なかがよさそう。えがお。(행복하다. 사이좋아 보인다. 웃는 얼굴..)

남34 무응답

남35 かぞくぜんいんでどこかにあそびにいっているようす。(온 가족 모두 어딘가 놀러가는 모습.)

남36 さんぽをしているみたい。(산책하고 있는 것 같다.)

남37 4人家ぞく。夫婦、男の子一人、女の子一人 (4인 가족. 부부, 남자아이 한명, 여자아이 한명.)

남38 무응답

남39 무응답

남40 楽しいと思う。(즐거워 보인다.)

남41 すきな所に行っている。(좋아하는 곳에 가 있다.)

남42 なかよし (사이가 좋다)

남43 なかよくしている。(사이가 좋다.)

남44 家族。(가족.)

남45 歩いていて、お母さんが女の子をもっています。お父さんと男の子が手をつないでいます。(산책하고 있고 엄마가 여자아이를 안고 있어요 아빠와 남자애는 손잡고 있어요.)

남46 この家族は、とてもなかがよく、とてもいいかぞくだと思う。国もこの

ように なかがよかったらいいと思う。(이 가족은 매우 사이좋고 매우 행복한 가족이라 생각된다. 우리나라도 이처럼 사이가 좋았으면 한다.)

남47 おやこ、かぞく、兄弟 (부모와 아이, 가족, 형제)

남48 女の人と男の人が話している。女の人が女の人をだき上げている。(여자와 남자가 이야기하고 있다. 여자가 여자아이를 안고 있다.)

남49 ピクニックしに行ってる。(소풍을 갔다.)

남50 この人たちは、はなしてる。(이 사람들은 이야기하고 있다.)

남51 男の人がわらっている。おんなの人が女の子をもっている。(남자가 웃고 있다. 여자가 여자아이를 안고 있다.)

남52 4人家ぞくで子ども二人 (4인 가족이고 아이가 두 명)

남53 家ぞく4人　どこかのかえりかいき (가족 네 명, 어딘가 돌아가거나 가는 중)

남54 家族で、わらいあっている。さんぽをしている。(가족이고 웃고 있다. 산책하고 있다.)

남55 このひとたちは、けんかをしないでなかよくたのしくくらしてると思います。(이 사람들은 싸우지 않고 즐겁게 살고 있는 것 같다.)

남56 おさんぽにつれていってもらっている。(산책을 시켜주고 있다.)

남57 元気にくらしてほしいです。(건강하게 살았으면 좋겠다.)

남58 赤ちゃんが生まれてきてしあわせそうです。しゃべりながらさんぽしてると思います。(아기가 태어나 행복한 것 같아요. 이야기하며 산책하고 있는 것 같아요.)

남59 かぞくはいっしょ。(가족은 함께 해야)

남60 家ぞくみんなでたのしそうにくらしてる。(온 가족이 즐겁게 살고 있다.)

남61 かぞくなかよし。(사이좋은 가족)

남62 はんそで (반소매 입고)

남63 外国人 (외국인)

남64 やっと来たと言うかんじ。公園、林森にきたかんじ。(겨우 도착했다고 말하고 있는 느낌. 공원, 숲에 온 느낌)

남65 しあわせ (행복함)

⑷ 일본초등학교 3학년 여학생 설문조사 결과

여1 家ぞくだと思う。楽しそう。なかよしそう。(가족이라 생각한다. 즐거워 보
   인다. 사이좋아 보인다.)

여2 わたしをしんせつにしてくれる人が大さん入る。(내게 친절한 사람이 많이
   있다.)

여3 しんせつな人がたくさんいる。やさしくてたすけてくれる人がいる。(친
   절한 사람이 많이 있다. 상냥하게 도와주는 사람이 있다.)

여4 なかよしのかぞく。(사이좋은 가족)

여5 家族にみえる。なかよしそうにみえる。(가족인 것 같다. 사이좋은 것 같다.)

여6 なかよしのきょうだい。(사이좋은 형제)

여7 手をつないでいる。だっこしている。ドレスをきている。オレンジのか
   みのけ。(손을 잡고 있다. 안고 있다. 드레스를 입었다. 머리가 노랗다.)

여8 なかよしそう、かぞく。(사이가 좋은 듯한, 가족)

여9 人が手をつないで そあわせに。(손을 잡고, 행복하게)

여10 やさしい。手をつないでる。かぞくみたい。(상냥하다. 손을 잡고 있다. 가
   족 같다.)

여11 なかよくぽくて楽しそうと思う。(사이좋은 것 같고 즐거워 보인다.)

여12 なかのいいかぞく。(사이좋은 가족)

여13 家ぞくでさんぽに行っているようす。(가족 모두 산책 가는 모습)

여14 すごく楽しそう。(매우 즐거워 보인다.)

여15 やさしいかぞく。おさんぽしてる。なかのよさそう。(상냥한 가족, 산책
   하고 있다. 사이좋은 것 같다.)

여16 話しをしている。(이야기를 하고 있다.)

여17 なかよし。いっしょ。(사이가 좋다. 다함께)

여18 海に行くかんじに楽しくあるいている。さんぽをたのしそうに歩いている。
   (바다에 가는 것 같고 즐겁게 걷고 있다. 즐겁게 산책하고 있다.)

여19 よい生活をしていてよいと思う。しあわせな人が生きのびてすごいと思う。

(행복한 생활을 하고 있어 좋아보인다. 행복한 사람이 살고 있어 좋다.)

여20 家ぞく、おかあさん、おとうさん (가족, 엄마, 아빠)

여21 とてもしあわせな家族だなと思います。 (매우 행복한 가족이라 생각해요.)

여22 なかよくくらしてそう。 (사이좋게 살고 있는 느낌)

여23 家ぞく (가족)

여24 家ぞくであるいてる。 (가족이 걷고 있다.)

여25 かぞくなかよし。 (사이좋은 가족)

여26 家ぞくでおさん歩している。赤ちゃんもいる。 (온 가족이 걷고 있다. 아기도 있다.)

여27 楽しそうにおさんぽを家族でしている。にこにこしている。 (즐거운 듯이 산책을 온가족이 하고 있다. 미소 짓고 있다.)

여28 さんぽしてる。(家族で) (산책하고 있다. (온 가족이))

여29 家ぞくぜんいんでさんぽをしているようす。 (온 가족이 산책하고 있는 모습)

여30 家ぞくでおさんぽをしている。 (온 가족이 산책하고 있다.)

여31 かぞくでおさんぽしている。 (온 가족이 산책하고 있다.)

여32 きれいな女性が女の子をかかえている。お父さんと男の子が手をつないでいる。 (아름다운 여성이 여자아이를 안고 있다. 아버지와 남자아이가 손을 잡고 있다.)

여33 子ども、赤いふく、家ぞく。 (아이, 빨간 옷, 가족)

여34 무응답

여35 なかよし。なにかの話をしている。どこかに行っている。 (사이가 좋다. 무언가 이야기하고 있다. 어딘가 가고 있다.)

여36 おさんぽをしていて夏のイメージがあります。それはなぜかというとみんな半そでだし、あるいているからです。 (산책하고 있는 여름 이미지가 느껴집니다. 왜 그런가 하면 반소매이고 걷고 있기 때문입니다.)

여37 仲がいいかぞくだなと思いました。 (사이좋은 가족이라 생각합니다.)

여38 家ぞく (가족)

여39 晴の日はみんな元ににこにこしていてはれの日をみんなねがう。(맑은 날은 모두 기분 좋게 웃으니 맑게 갠 날이 좋다.)

여40 家ぞくがなかよく出かけていて楽しそう。(가족이 사이좋게 외출하고 있고 즐거워 보인다.)

여41 かぞくでさんぽをしている。(온 가족이 산책하고 있다.)

여42 なかよくしている。(사이가 좋다.)

여43 家ぞくみんなでいていいと思う。絵のように家ぞくでどこかへいきたい。(가족이 모두 함께 있어 좋아 보인다. 그림처럼 온가족이 어딘가 가고 싶다.)

여44 家ぞくで楽しくおはなしをしている。(온 가족이 즐겁게 이야기를 하고 있다.)

여45 なかよく歩いている。(사이좋게 걷고 있다.)

여46 4人かく、男2人、女2人いる。(4인 가족, 남자 2명, 여자 2명이다.)

여47 きょうだいがいる。(형제가 있다.)

여48 おにいちゃんはいもうとがいて、うれしいね♡。(오빠는 여동생이 있어서, 기쁘겠네♡)

여49 女の人は女の子をだっこして、男子は男の人とてをつないでます。(여자는 여자아이를 안고 남자는 남자아이 손을 잡고 있어요.)

여50 みんな夏で、たのしそうだなあと思います。(모두 여름이라 즐거운 것 같다.)

여51 かぞくみんなであるいている。(온 가족이 걷고 있다.)

여52 おはなしをしている。なかのいいかぞくみたい。(모두 이야기하고 있다. 사이좋은 가족 같다.)

여53 外国人 (외국인)

여54 かぞくでなかよくおでかけをしている。(온 가족이 사이좋게 외출하고 있다.)

여55 やさしい人たち (상냥한 사람들)

여56 たのしそう。なつのみちあるいてさんぽ、4人かぞく、ずぼんスカート。(즐거워 보인다. 여름에 길을 걸으며 산책, 4인 가족, 바지, 스커트.)

여57 とてもしあわせそうなかんじ。(매우 행복한 듯한 느낌)

여58 みんながけんこうに見える。(모두 건강해 보인다.)

여59 あんまりけんかをしないで、しあわせに、くらしていると思う。なかよく
　　 してそう。(거의 싸우지 않고, 행복하게 살고 있는 것 같다. 사이좋아 보인다.)

여60 なかよしのよう。わらっている。(사이좋은 듯, 웃고 있다.)

여61 みんななかよしで、いいと思います。(모두 사이가 좋아 행복해 보인다.)

여62 あたたかなかぞく。(따뜻한 가족)

여63 とてもえがおなかぞく。(매우 많이 웃는 가족)

여64 しあわせそうなすてきな家ぞく。(행복해 보이는 좋은 가족)

여65 いいなとおもった。(부럽다)

여66 かぞくにいるとたのしいです。(가족과 있으면 즐거워요.)

여67 かぞくでさんぽに行っている絵。(온 가족이 산책하러 가는 그림.)

여68 外国の人でなんかどこかへ行こうとしている。やさしそうな人。かぞは
　　 いいくらしをしていると思う。(외국인이고 뭔가 어딘가로 가려고 한다. 상
　　 냥해 보이는 사람. 행복해 보이는 가족이라 생각한다.)

여69 みんなでおさんぽ、ふたりで手をつないでる人たち。(온 가족이 산책, 둘
　　 이 손을 잡고 있는 사람들.)

여70 家ぞくみんなでおでかけしている。みんなで思い出を作っている。(가족
　　 모두 외출하고 있다. 모두 추억을 만들고 있다.)

<부록 2>

본서의 기초 연구 목록

Ⅲ. 계량 언어학적 어휘연구 관련

· 2012 「한·일 초등학교 1학년 국어교과서 어휘고찰-품사별 고빈도어 비교를 중심으로-」『日本語學研究』34, 韓國日本語學會, pp.89-105 (宋正植·李美淑)
· 2013 「한·일 초등학교 2학년 국어교과서 어휘 고찰-품사별 고빈도어 비교를 중심으로」『日本語學研究』36, 韓國日本語學會, pp.147-166 (宋正植·李美淑)

Ⅳ. 의미 분야별 어휘연구 관련

· 2014a 「한·일 초등학교 1-2학년 국어교과서의 어휘 분포 연구-한·일 초등학생의 어휘 비교를 통하여-」『日本語學研究』第39輯 韓國日本語學會, pp.139-155 (李美淑)
· 2014b 「한·일 초등학교 6학년 국어교과서의 어휘 분포 대조」『日本學報』99, 한국일본학회, pp.93-107 (李美淑)

Ⅴ. 삽화 연구 관련

· 2012a 「한·일 초등학교 1-2학년 국어교과서를 통해 본 양국의 사회·문화적 가치관 연구-교과서 정책 및 삽화를 중심으로-」『日本學報』92, 韓國日本學會, pp.65-77 (李美淑·宋正植)
· 2012b 「한·일 초등학교 3-4학년 국어교과서의 삽화를 통해 본 양국의 사회·문화적 가치관 연구」『日本言語文化』23, 韓國言語文化學會, pp.467-488 (李美淑·宋正植)
· 2012c 「韓·中·日小学校低学年国語教科書の挿絵から見た三国の社会·文化的な価値観観研究」『日本研究』51, 韓國外大日本研究所, pp.324-346 (李美淑)
· 2013 「한·일 초등학교 국어교과서의 삽화에 나타난 사회·문화적 가치관 연구-저·중·고학년의 변화에 주목하여-」『日本學報』95, 韓國日本學會, pp.31-45 (李美淑)

Ⅵ. 텍스트 연구 관련

· 2015 「한·일 중학교 국어교과서의 텍스트에 나타난 사회·문화적 가치관 연구-삽화 및 어휘연구를 바탕으로-」『日本學報』105, 한국일본학회, pp.109-124 (李美淑)
· 2016 「한국과 일본의 초·중학교 국어교과서의 소설에 나타난 사회·문화적 특징 연구」『人文科學研究論叢』37-3, 명지대학교 인문과학연구소, pp.37-61 (李美淑)

책임 저자 **이미숙**

서울교육대학교, 한국외국어대학교, 일본요코하마국립대학 대학원(교육학석사), 일본 대동
문화대학 대학원(문학박사)에서 수학했으며, 한국일어교육학회 회장 및 편집위원장을 역임
함. 2017년 현재, 명지대학교 일어일문학과 교수

저·역서로 『한·일어 대조연구』(2006) 제이앤씨, 『일본어교사에게 자주하는 질문100』
(2010) 동양문고, 『초급 일본어 문법과 교수법의 포인트』(2011) 인문사, 『중급 일본어 문
법과 교수법의 포인트』(2013) 인문사, 『이중언어와 다언어의 교육』(2012) 시사일본어사
등이 있음.

공동 저자 **송정식**

한국외국어대학교, 일본나고야대학 대학원(문학박사)에서 수학했으며, 한국일어교육학회 편
집이사 및 총무이사, 한국일본언어문화학회 총무이사 등을 역임함. 2017년 현재, 인하공업
전문대학 관광경영과 부교수

저서로 『한·일 초등학교 1학년 국어교과서 어휘조사』(2012) 책사랑, 『한·일 초등학교
2학년 국어교과서 어휘조사』(2013) 책사랑, 『문형중심 기초일본어1』(2011) 새로미, 『문
형중심 기초일본어2』(2012) 새로미 등이 있음.

한·일 초등학교 국어 교과서 대조연구

초판 인쇄 2017년 2월 20일
초판 발행 2017년 3월 2일
저 자 이미숙·송정식
펴낸이 이대현
디자인 최기윤
편 집 홍혜정
펴낸곳 도서출판 역락
등 록 1999년 4월 19일 제303-2002-000014호
주 소 서울시 서초구 동광로 46길 6-6 문창빌딩 2층
전 화 02-3409-2058(영업부), 2060(편집부)
팩시밀리 02-3409-2059
이메일 youkrack@hanmail.net

ISBN   979-11-5686-747-0 93710

이 도서의 국립중앙도서관 출판예정도서목록(CIP)은 서지정보유통지원시스템 홈페이지(http://seoji.nl.go.kr)와
국가자료공동목록시스템(http://www.nl.go.kr/kolisnet)에서 이용하실 수 있습니다.(CIP제어번호: CIP2017004294)